BIM 技术应用系列规划教材

陕西普通高等学校优秀教材奖

公路 BIM 与设计案例

张　驰　王建伟　沈照庆　徐　晟　主编

高立鑫　主审

人民交通出版社股份有限公司

北京

内 容 提 要

本书为 BIM 技术应用系列规划教材之一。全书共六章,第一章主要介绍交通领域引入 BIM 的背景和目的、BIM 的基本理论知识;第二章主要介绍 BIM 应用的相关理论;第三章主要介绍 BIM 技术的软件平台,包括常见的 BIM 平台、MicroStation 简介和 PowerCivil 的基本介绍等;第四章主要介绍基于 BIM 的道路设计流程、PowerCivil 其他功能以及 LumenRT;第五章主要介绍基于 PowerCivil 的项目实例;第六章主要介绍 BIM 的发展趋势。

本书为公路 BIM 领域的入门教材,也可作为设计师、高校相关专业师生、BIM 设计爱好者的参考书。

图书在版编目(CIP)数据

公路 BIM 与设计案例 / 张驰等主编. — 北京 : 人民交通出版社股份有限公司, 2018.6

ISBN 978-7-114-14674-9

Ⅰ. ①公… Ⅱ. ①张… Ⅲ. ①交通工程—计算机辅助设计—应用软件—案例 Ⅳ. ①U491-39

中国版本图书馆 CIP 数据核字(2018)第 089832 号

BIM 技术应用系列规划教材
陕西普通高等学校优秀教材奖

书　　　名:公路 BIM 与设计案例
著 作 者:张　驰　王建伟　沈照庆　徐　晟
责任编辑:李　瑞　卢　珊
责任校对:刘　芹
责任印制:刘高彤
出版发行:人民交通出版社股份有限公司
地　　　址:(100011)北京市朝阳区安定门外外馆斜街 3 号
网　　　址:http://www.ccpcl.com.cn
销售电话:(010)59757973
总 经 销:人民交通出版社股份有限公司发行部
经　　　销:各地新华书店
印　　　刷:北京市密东印刷有限公司
开　　　本:787×1092　1/16
印　　　张:15
字　　　数:356 千
版　　　次:2018 年 7 月　第 1 版
印　　　次:2022 年 5 月　第 4 次印刷
书　　　号:ISBN 978-7-114-14674-9
定　　　价:40.00 元

(有印刷、装订质量问题的图书由本公司负责调换)

前言
FOREWORD

21 世纪初,建筑信息模型(Building Information Model,简称 BIM),先在美国得到推广和应用,随后进一步推广到欧洲、韩国、日本、中国等国家和地区。BIM 理念的引入和 BIM 技术的应用,颠覆了传统的设计理念和管理模式,对于项目的各参与方都是一次划时代的机遇和挑战。无论是现阶段的 BIM 技术软件,还是正在探索的协同管理模式,在项目全寿命周期的各个阶段都将带来一系列突破性的变革,就如同智能手机的出现一样,将重新定义整个行业。基于 BIM 所引领的技术变革、管理变革,也势必会创造出新的商业机会、商业模式和新的工作岗位。

BIM 技术在交通领域的引入和发展较建筑业晚,我国目前仍处于起步阶段,但是在国家政策不断推动和行业内部需求不断增强的大环境下,BIM 技术在交通领域的应用已经势不可挡。

本书结合交通基础设施领域工程项目的特点,详细地介绍 BIM 的相关理论、政策以及发展趋势,结合实际应用案例讲解 BIM 在交通领域各阶段的应用,并以 Bentley 平台下的 PowerCivil 软件为例系统地对建模设计流程进行介绍,并基于项目实例详细地讲解相关应用及操作。本书内容以理论结合实际为特点,以理论深化读者对 BIM 的正确认识,明确 BIM 工作中的要点,充分发挥 BIM 优势,并且以项目实例为模板讲解工作流程和操作,引导读者快速入门,掌握 PowerCivil 的操作方法,希望读者能够通过在实际项目应用中体会 BIM 理念。

本书共六章,第一章、第三章由王建伟、张驰编写,第二章由徐晟编写,第四章、第五章由张驰、王博编写,第六章由沈照庆编写。全书由张驰、王建伟负责统稿。

本书在编写过程中,参考了有关标准、规范、教材和论著,在此谨向有关编者表示衷心的感谢。由于作者水平有限,书中难免有不妥之处,请读者批评指正,意见和建议可与人民交通出版社联系或寄至长安大学(西安,710064)。

作　者
2018 年 7 月

目录
CONTENTS

第一章

BIM 概述

第一节　概　　述

　　BIM 理念自 1975 年查克·伊斯曼（Chuck Eastman）教授提出以来，经历了萌芽阶段和产生阶段，在 20 世纪末进入了发展阶段，至今已经在欧美等国家建筑、水利、交通等行业得到了相当程度的应用。引入 BIM 理念和相关技术对于改善行业产业链，提高行业效益具有极其重要的意义。

　　BIM 是建筑信息模型（Building Information Model）的简称，或者也可以理解为建筑信息管理（Building Information Management）。BIM 的基础是建筑工程项目的各项相关信息数据，通过这些基础信息数据建立三维建筑模型，通过数字信息仿真模拟建筑物所具有的真实信息。所建立的三维模型具有信息完备性、信息关联性、信息一致性、可视化、协调性、模拟性、优化性等特点。BIM 能够使建设单位、设计单位、施工单位、监理单位等项目参与方在同一平台上共享同一建筑信息模型，能够帮助项目在建造的过程中实现三维实景可视化和精细化。

　　21 世纪初，BIM 率先在美国得到推广和应用，随后进一步推广到欧洲各国以及韩国、日本、中国等国家。近年来，我国的各个行业逐步掀起了学习和应用 BIM 的热潮。目前，我国在 BIM 领域的研究才刚刚起步，主要的应用也多集中在建筑工程领域，这也是由建筑行业自身的特点所决定的。建筑行业中基本都是工点式的单体建筑，内外部建筑结构规则工整，所占区域面积小,工程实施过程中涉及的专业并不多,数据量也较小。但交通行业与建筑行业有明显差异,不同于建筑行业中单点式建筑,交通设施多呈带状分布,而且受到地形的限制较多,与地形之间的联系非常紧密;此外,一般情况下,由于房屋建筑中的机电管道较多,房屋建筑 BIM 的局部复杂程度更高,数据密度更大,而对于道路桥梁等交通设施来说,由于其所跨区域较大,地质地形较复杂,涉及专业较多,导致交通领域 BIM 的数据总量远大于建筑业 BIM 数据总量。图 1-1 和图 1-2 分别为建筑 BIM 模型和桥梁 BIM 模型图。

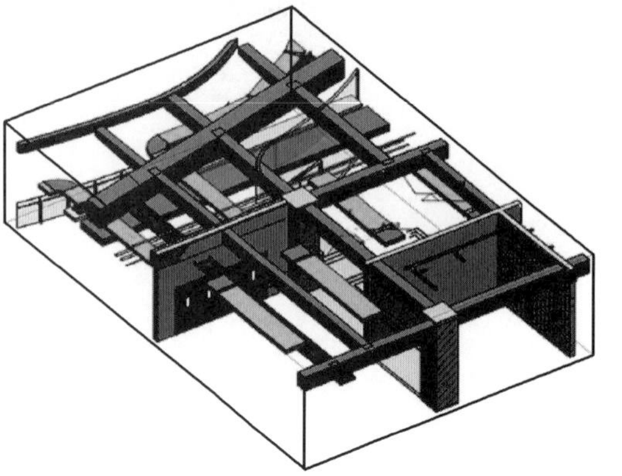

图 1-1　建筑 BIM 模型

图 1-2　桥梁 BIM 模型

总体上,就其应用而言,BIM 在建筑行业应用的成熟度要远高于其在交通行业的应用。交通行业中应用 BIM 技术面临的困难较大,但行业人士认为 BIM 的技术应用将是未来发展的必然趋势。而且近些年来 BIM 在交通行业中的应用也越来越广泛和深入,尤其是在轨道交通方面,已经有一些较为成功的案例。虽然 BIM 在交通领域的应用起步比较晚,但是其发展速度非常快。相关主管部门也在大力支持与推动 BIM 技术在铁路工程建设中的应用。特别是在2013 年,在相关主管部门的支持下正式启动了铁路建设信息化关键技术的研究,诸多勘察设计单位以及工程建设单位都相应成立了自己的 BIM 研发团队。成立这些研发团队的主要目的是对 BIM 技术进行应用研究,与此同时开展制定相关标准的工作。

目前,经过各大设计院及相关单位的努力,BIM 在交通行业的应用已经取得了较为显著的成果,其中具有代表性的成果主要有:基于航空遥感影像数据以及带状的地形数据进行大范围设计工程三维真实场景技术;基于 GIS、VR、网络、数据库等一些技术手段的数字化三维协同设计系统的研究与开发;基于航空摄影与遥感技术、虚拟现实技术的道路路线设计矢量图形系统。以上这些研究都将推进 BIM 在交通领域中的应用进程。

第二节　BIM 起源与发展

一、BIM 的起源

20 世纪末全球经济进入了飞速发展阶段,建筑业也因此得到了快速发展,同时工程项目难度不断提高,建筑物的功能愈加复杂,应用的新材料、新工艺越来越多,工程项目规模越来越大,再加上环保、安全、智能化等的要求,从而使工程项目的技术含量和复杂程度越来越高,由此引发的是附加在工程项目上的信息量也越来越大。如何管理好这些信息,进一步提升设计质量,节省工程开支,缩短工期,已经成为建筑业发展变革亟待解决的问题。人们逐步意识到,与工程项目有关的信息会对整个工程项目管理乃至整个建筑物寿命周期产生重要的影响,各种原始资料、设计图纸、施工数据与项目的生产成本及工期、使用后的维护都密切相关。对于所有与整个工程相关的信息,如果利用得好、处理得好,就能提升设计质量,节省工程开支,缩短工期,也可以惠及使用后的维护工作。因此,十分需要在建筑工程全寿命周期中广泛应用信息技术,快速处理与建设工程有关的各种信息,减少工程项目中的各种差错以及由于各种原因所造成的工程损失以及工期延误。总而言之,就是必须在建筑全寿命周期中,实现对信息的全面管理。

2004年,美国商务部和劳动统计局发布的一项研究报告表明,在1963—2003年这40年间,美国非农业行业的劳动生产率增长了一倍多,而唯独美国建筑行业的劳动生产率却越来越低。1963—2003年,信息技术经历了从起步到迅速发展而逐渐成熟的过程,非农业行业利用信息技术的发展成果促进了本行业的进步,而建筑业却没有与时俱进,依然采用传统的技术来建设越来越大和越来越复杂的项目,因而效率变得越来越低。

国际数据公司(International Data Corporation,IDC)在2002年的一项研究佐证了以上的分析。研究表明,当时全球制造业和建筑业的规模相差无几,大约为3万亿美元(1美元≈6.34元人民币),但是这两个行业各自在信息技术方面的花费确有显著差别,制造业每年花费在信息技术方面的金额大约为81亿美元,而建筑业的投入约为14亿美元,仅为制造业的17%。

在缺乏信息技术的条件下,建筑行业中还有不少人墨守传统的建筑方式和惯例,他们以纸质媒介为基础进行管理,用传统的档案管理方式来管理设计文件、施工文件和其他工程文件。人工作业方式缓慢而烦琐,还不时会出现一些纰漏、差错,给工程带来损失。尽管设计过程是使用计算机进行的,但是由于设计成果是以图纸的形式而不是以电子文件的方式提供,因此更多的设计后续工作,例如预算、招投标、项目管理等都是以图纸上的信息为依据,重新输入,然后进行下一步的工作。

在整个建筑行业面临亟须改善产业链中各环节下的信息管理方式,以及普及同时期信息技术时,BIM理念正好为建筑等行业打开了新的思路。BIM理念出现于1973年全球石油危机之后,美国各行业面临提高行业效益的问题,而提高行业效益的根本在于提高行业的劳动生产率,对于建筑业来说,其存在的最大问题就是信息管理和应用。1975年,"BIM之父"——佐治亚理工大学的查克·伊斯曼教授创建了BIM理念,他在研究课题"Building Description System"中提出"a computer-based description of-a building",为利用计算机对建筑物进行表达提供了思路,其中提到"从同一个有关元素的描述中,获得剖面、平面、轴测图或透视图……任何布局的改变只需要操作一次,就会使所有将来的绘图得到更新。所有从相同元素布局得来的绘图都会自动保持统一……任何算量分析都可以直接与这个表述系统对接……估价和材料用量可以容易地被生成……为视觉分析和数量分析提供一个完整、统一的数据库……在市政厅或建筑师的办公室就可以做到自动的建筑规范核查。大项目的施工方也许会发现,在进度计划和材料订购上这个表述系统具有的优越性。"即借助计算机语言对一个建筑物进行表达,以便于实现建筑工程的可视化和量化分析,提高工程建设效率。他还提出了尚未解决的研究领域,为下一代的建筑模型研究奠定基础。书中还介绍了大量的实例。

二十多年后出现的BIM技术证实了上述伊斯曼观点的正确性。他提出了建筑行业发展所需面对的问题。他研究的课题的 BDS(Building Description System)其实就是 BIM 技术的雏形。1999 年,伊斯曼教授出版了一本专著——《建筑产品模型:支撑设计和施工的计算机环境》,这本书是 20 世纪 70 年代开展建筑信息模型研究的第一本专著,在这本书中他回顾了二十多年来在各种期刊、会议论文集和网络上的研究工作,并介绍了 STEP 和 IFC 标准,论述了建筑模型概念支撑技术和标准,提出了新的用于建筑设计、土木工程和建筑施工的数字化表达方法和概念。

二、BIM 的发展

BIM 的发展与信息时代的发展密不可分,正是由于 20 世纪 70 年代开始的计算机技术的不断普及,人们对信息价值的认识不断提高,信息对整个社会的影响逐步提高到一种绝对重要的地位,信息量、信息传播的速度、信息处理的速度以及应用信息的程度等都以几何级的方式在增长,同时,微型计算机和图形工作站的采用,廉价而功能强大的微处理器和储存芯片的出现,使分布式计算机网络和分布式数据库得到了充分的发展,为 BIM 的诞生和发展提供了硬件基础。

1. 学术界有关建筑信息建模的研究不断走向深入

在查克·伊斯曼提出 BIM 概念之后,随着研究的不断深入,来自美国的学者罗伯特·艾什对于三维建模、施工模拟等技术做出了进一步的阐述。1999 年,建筑信息模型这个概念由美国教授托尔曼正式提出。2008 年,由查克·伊斯曼等人编写的《BIM 手册》论述了 BIM 的概念以及 BIM 技术应用于项目中的技术指南,同时有学者提出数字化城市的构建不仅依靠 BIM 技术,还需要与 GIS 技术结合。以美国为代表的西方发达国家在 BIM 的研究应用中处于世界领先地位。统计资料显示,到 2012 年,美国 BIM 应用比例已经达到了 72%,在商业设计方面更是达到了 80%。

BIM 技术在美国交通领域的应用主要集中在三维模型设计优化和方案展示、施工机械控制等方面,并逐渐在项目的维护和资产管理中得到应用,该技术在提高项目安全性、控制成本、提高效率方面展现了良好的效果。截至 2016 年,美国有 4 个州已经明确要求在设计阶段应用三维模型,有 30 个州正在对三维模型的效益进行评估或试验。在施工阶段,很多施工企业已经或正在开始试用带有自动导引(Automatical Machine Guidance,AMG)系统的设备,以求提高控制精度、节约人力成本,部分项目业主也开始利用 BIM 技术进行施工质量管理。有 2 个州已将 BIM 技术应用于运维阶段,有 32 个州正在开展评估或试验。运维阶段主要利用 BIM 技术智能采集数据、建立公路数据目录和公路资产管理,以及对已建项目三维数据模型进行维护。

在我国,BIM 的概念是由 Autodesk 公司在 2002 年引进的,但最早的说法是建筑业的生命周期管理 BLM(Building Lifecycle Management)。BIM 技术目前在我国仍处于发展阶段,应用以设计公司为主,处于这个阶段的主要原因:在技术层面,BIM 技术本身尚未完全成熟,周边技术例如 BIM 的后期显示、虚拟现实等应用于工地的技术并不成熟;在管理层面,我国与发达国家的管理方式存在很大差距,发达国家建筑项目管理较为精细,而我国管理还不够规范化。

从 2013 年开始,BIM 在我国进入了一个快速发展的阶段,北京市开始实施《民用建筑信息模型设计标准》,上海市发布了《关于本市推进建筑信息模型技术应用的指导意见》,其他一些省(自治区、直辖市)也陆续发布了 BIM 指南及设计标准等。2015 年 6 月 16 日,住房和城乡建设部(简称住建部)发布了一个推进 BIM 的指导意见,其中有两条规定:到 2020 年末,对企业,甲级的勘察设计院和特级、一级的房屋建筑施工企业必须具备 BIM 的集成应用能力;对项目,90% 的政府投资项目要使用 BIM。该指导意见对于 BIM 的发展具有相当大的扶持力度和推动作用,等同于在我国将 BIM 从一个推荐性的技术变成一个强制性的标准。

2. 相关国际标准

1)国际标准化组织相关基础类标准

国际标准化组织迄今为止已公布了如下一系列与 BIM 有关的国际标准:

(1)ISO 10303-11:2004 Industrial automation systems and integration-product data representation and exchange-Part 11:description methods:The EXPRESS language reference manual(工业自动化系统与集成 产品数据的表达与交换 第 11 部分:描述方法:EXPRESS 语言参考手册)。

(2)ISO 16739:2013 Industry Foundation Classes (IFC) for data sharing in the construction and facility management industries(用于建筑与设施管理业数据共享的工业基础类,IFC)。现在这个标准已成为用于 BIM 数据交换和建筑业或设施管理业从业人员所使用的应用软件之间实现共享的一个开放的国际标准。

(3)ISO/TS 12911:2012 Framework for building information modeling(BIM) guidance(建筑信息模型指导框架)。这是一个技术规范,该规范建立了一个技术框架以调试 BIM 模型。

(4)ISO 29481-1:2010 Building information modelling-Information delivery manual-Part1:methodology and format (建筑信息模型 信息传递手册 第 1 部分:方法与格式)。

(5)ISO 29481-2:2012 Building information models-Information delivery manual-Part2:Interaction framework(建筑信息模型 信息传递手册 第 2 部分:交互框架)。

(6)ISO 12006-3:2007 Building construction-Organization of information about construction works-Part3:framework for object-oriented information(建筑施工 施工工作的信息组织 第 3 部分:面向对象的信息框架)。

国际字典框架(International Framework for Dictionaries,IFD)也是支撑 BIM 的主要技术之一,而建立 IFD 库的概念就是源于这个国际标准。

2)工业基础类(Industry Foundation Classes,IFC)国际标准

IFC 标准是开放的建筑产品数据表达与交换的国际标准。IFC 标准由国际组织国际互用联盟(International Alliance for Interoperability,IAI)制定并维护,该组织目前已改名为国际智能建筑组织(building SMART International,bSI)。IFC 标准可应用在勘察、设计、施工到运营的工程项目全寿命周期中,迄今为止在每个项目阶段中都有支持 IFC 标准的应用软件。所有宣布支持 IFC 标准并已经通过 bSI 组织认证程序的商业软件名单已经公布在该组织的官方网站上。IAI 自 1997 年 1 月发布IFC 1.0版以来,又分别在 1998 年 7 月发布 IFC 1.5.1 版,在 2000 年 7 月发布 IFC 2.2 版,在 2006 年 2 月发布 IFC 2.3 版。2013 年 3 月,bSI 组织发布了最新的 IFC 4.0 版。

与前 4 个主要版本的 IFC 标准相比,IFC 4.0 版在参数化设计方面强化了对 NURBS(Non-Uniform Rational B-Splines)曲线和曲面等复杂几何图形的支持,增加了 IFC 扩展流程模型、IFC 扩展资源模型和约束模型。另外,MVD(Model View Definition,模型视图定义)方法已经被正式确定为 IFC 标准的一部分,并使用 MVDXML 格式(基于 XML 的 MVD 描述格式)实现了在

计算机可读与在文档中人工可读的双重可读性。同时,bSI 组织还为其提供了 IFC-DOC 工具,用于自动生成相关文档。IFC 标准采用面向对象方法进行描述,其中类被称作实体,其他概念的含义与面向对象设计方法相同。IFC 标准的体系架构如图 1-3 所示。IFC 标准的体系架构由 4 个层次构成,从下到上分别是资源层(Resource Layer)、核心层(Core Layer)、共享层(Interoperability Layer)和领域层(Domain Layer)。每层都包含一系列信息描述模块(图中的几何形状),每个信息描述模块包含对实体、类型及属性集等的定义。在定义中应遵循如下规则:每个层次只能引用同层和下层的信息资源,而不能引用上层资源;当上层资源发生变动时,下层资源不受影响。IFC 4.0 版包含 766 个实体、391 个类型(59 个选择类型,206 个枚举类型,126 个定义类型),以及 408 个预定义属性集(相对于预定义属性集,IFC 标准允许用户自己定义属性集)。

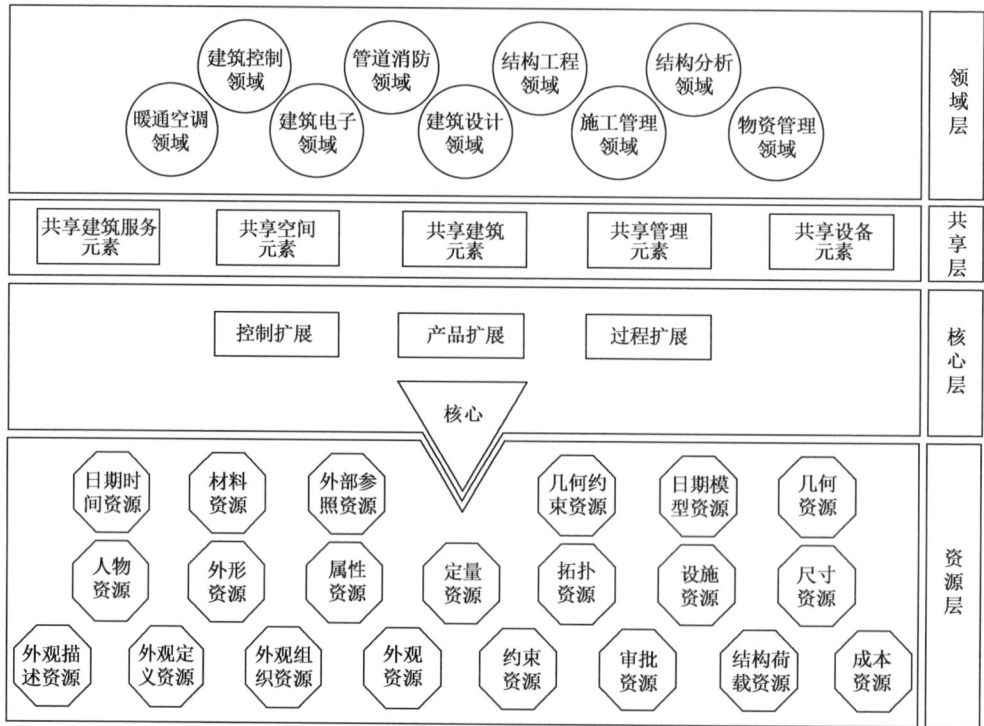

图 1-3　IFC 标准的体系架构

(1)资源层。IFC 标准体系架构中的最低层,可以被其他 3 层引用。主要描述 IFC 标准需要使用的基本信息,不针对具体专业。这些信息是无整体结构的分散信息,主要包括材料资源信息、几何约束资源信息和成本资源信息等。

(2)核心层。IFC 标准体系架构的第 2 层,可以被共享层与领域层引用。主要提供数据模型的基础结构与基本概念。将资源层信息组织成一个整体,用来反映建筑物的实际结构。该层包括核心、控制扩展、产品扩展和过程扩展 4 个部分。

(3)共享层。IFC 标准体系架构的第 3 层,主要为领域层服务,使领域层中的数据模型可以通过该层进行信息交换。它用以表示不同领域的共性信息,便于领域之间的信息共享。共享层主要由共享空间元素、共享建筑元素、共享管理元素、共享设备元素和共享建筑服务元素 5 部分组成。

（4）领域层。IFC标准体系架构的最高层，其中的每个数据模型分别对应于不同领域，独立应用。能深入到各个应用领域的内部，形成专题信息，比如暖通领域和工程管理领域。另外，还可根据实际需要进行扩展。

目前，在公路交通行业应用较多的BIM相关信息标准主要有：

（1）开放式桥梁信息模型（OpenBrIM 2.0）。由美国联邦公路局和红方程公司联合开发的一种开放式桥梁信息模型标准。

（2）LandXML。一种描述地形、公路路线、管道系统和其他土地测量相关信息和开发的数据模型标准。

（3）美国国家桥梁数据库（NBI）。主要包含桥梁的记录，如描述桥梁所有者权限、位置、路线功能分类、桥梁历史、设计标准、桥梁结构、桥梁跨径信息和一组预定义桥梁组件（包含桥面板、上部结构、下部结构、通道及涵洞等）。

（4）Bentley OpenBridgeiModel。Bentley系统软件公司2015年公布的一种桥梁信息建模标准，是Bentley公司i-model计划的一部分。

3. 制造业产品信息建模对交通BIM的启示

20世纪70年代，制造业在CAD的应用中也开始了产品信息建模（Product Information Modeling，PIM）研究。产品信息建模的研究对象是制造系统中产品的全寿命周期，目的是为实现产品设计制造的自动化提供充分和完备的信息。研究人员很快注意到，除几何模型外，工程上其他信息如精度、装配关系、属性等，也应该扩充到产品信息模型中去，因此要扩展产品信息建模的能力。

制造业对产品信息模型的研究，也经历了由简到繁、由几何模型到集成化产品信息模型这样的发展阶段，其先后提出的产品信息模型有以下几种：面向几何的产品信息模型、面向特征的产品信息模型、基于知识的产品信息模型、集成的产品信息模型。特别是STEP的发布，对集成的产品信息模型的研究起了积极的推动作用，使PIM技术研究得到飞速的发展。

20世纪90年代，美国波音公司应用PDM技术，完成了波音777飞机的无纸化设计与制造管理，美国福特汽车公司应用C3P（CAD/CAE/CAM/PDM）技术成功研发了具有世界先进水平的产品开发系统。而PDM的核心技术就是PIM技术。PDM系统能够管理产品全寿命周期内的全部信息，就是依靠建立统一的、集成的产品信息模型来实现的。

如上所述，制造业的研究工作对建筑业产生了深远的影响。查克·伊斯曼教授在回忆他开始进行实体参数化建模研究时谈到，当时他的研究就是参考了通用汽车和波音公司3D实体建模的研究成果。他领衔编写的《BIM手册》一书中也专门提到波音777飞机是如何实现参数化建模的。这充分反映了制造业信息建模研究对建筑业的影响。

目前在BIM领域里大放异彩的Revit系列软件，其核心始创团队与机械设计软件ProEngineer的核心始创团队是同一批技术人员。ProEngineer是采用参数化设计的产品信息建模软件，在全球机械制造业中占据主流地位。从这里可以看到PIM技术对BIM技术的直接影响。

4. 软件开发商的不断努力实践

20世纪80年代出现了一批不错的建筑软件。英国ARC公司研制的BDS和GDS系统，通过应用数据库把建筑师、结构工程师和其他专业工程师的工作集成在一起，大大提高了不同工种间的协调水平。日本的清水建设公司和大林组公司也分别研制出了 STEP 和 TADD 系统,这两个系统实现了不同专业的数据共享,基本能够支持建筑设计的每一个阶段。英国 GMW 公司开发的 RUCAPS(Really Universal Computer Aided Production System)软件系统采用 3D 构件来构建建筑模型,系统中有一个可以储存模型中所有构件的关系数据库,还包含多用户系统,可满足多人同时在同一模型上工作。以上软件的许多概念与现在 BIM 软件的概念是相同的。

随着对信息建模研究的不断深入,软件开发商也逐渐建立起名称各异的、信息化的建筑模型。最早应用 BIM 技术的是匈牙利的 Graphisoft 公司,他们在 1987 年提出虚拟建筑(Virtual Building,VB)的概念,并把这一概念应用在 ArchiCAD 3.0 的开发中。Graphisoft 公司声称:虚拟建筑就是设计项目的一体化 3D 计算机模型,包含所有的建筑信息,并且可视、可编辑、可定义。运用虚拟建筑不但可以实现对建筑信息的控制,而且可以从同一个文件中生成施工图、渲染图、工程量清单,甚至虚拟实境的场景。虚拟建筑概念可运用在建筑工程的各个阶段设计、出图、与客户的交流和建筑师之间的合作。自此,ArchiCAD 就成为运行在个人计算机上最先进的建筑设计软件。

VB 的概念其实就是 BIM 的概念,只不过当时还没有 BIM 这个术语。随后,美国 Bentley 公司提出了一体化项目模型(Integrated Project Models,IPM)的概念,并在 2001 年发布的 MicroStation V8 中,应用了这个新概念。

美国 Revit 技术公司(Revit Technology Corporation)在 1997 年成立后,研发出建筑设计软件 Revit。该软件采用了参数化数据建模技术,实现了数据的关联显示、智能互动,代表着新一代建筑设计软件的发展方向。美国 Autodesk 公司在 2002 年收购了 Revit 技术公司,后者的软件 Revit 也就成了 Autodesk 旗下的产品。在推广 Revit 的过程中,Autodesk 公司首次提出建筑信息模型(Building Information Model,BIM)的概念。至此,BIM 这个技术术语正式得到推广。

三、BIM 在国外的发展概况

1. 美国

美国是最早推广 BIM 应用的国家,它的一些政府机构在 BIM 的应用方面也走得比较早。美国总务管理局(General Services Administration,GSA),在 2003 年就提出了国家 3D-4D- BIM 计划,鼓励所有的项目团队都执行 3D-4D- BIM 计划。GSA 要求从 2007 年起所有招标的大型项目都必须应用 BIM。美国陆军工程兵团(United States Army Corps of Engineers,USACE)在 2006 年制定并发布了一份 15 年(2006—2020 年)的 BIM 路线图,为 USACE 应用 BIM 技术制定战略规划。在该路线图中,USACE 还承诺未来所有军事建筑项目都将使用 BIM 技术。美国海岸警卫队(US Coast Guard)从 2007 年起就应用 BIM 技术,现在其所有建筑人员都必须会应用 BIM 技术。2009 年,美国威斯康星州政府成为美国第一个制定政策推广 BIM 的州政府,要求州内造价超过 500 万美元的新建大型公共建筑项目必须使用 BIM 技术。而得克萨斯州设施委员会(Texas Facilities Commission)也提出对州政府投资的项目提出了应用 BIM 技术的要求。2010 年,俄亥俄州政府颁布了州政府的 BIM 协议,规定造价在 400 万美元以上或机电造价占项目总造价 40% 以上的项目必须使用 BIM 技术,该协议对 BIM 项目还给予付款上的优惠,并对相关程序、最终成果等作了规定。

美国是颁布 BIM 标准最早的国家,早在 2007 年就颁布了 NBIMS 的第一版,在 2012 年又发布了第二版。NBIMS 的制定,大大推动了美国建筑业 BIM 的应用,通过应用统一的标准,为项目的利益相关方带来了最大的效益。2007 年 8 月,NIST 发布了《通用建筑信息交接指南》(General Buildings Information Handover Guide,GBIHG)。该指南已经作为一个重要的 BIM 资源在建筑设计和施工中得到应用。

2. 新加坡

新加坡也是世界上应用 BIM 技术最早的国家之一。20 世纪末,新加坡政府与世界著名软件公司合作,启动 CORENET(Construction and Real Estate NETwork)项目,用电子政务方式推动建筑业采用信息技术。CORENET 中的电子建筑设计方案审批系统 ePlanCheck 是世界上第一个用于这方面的商业产品,它的主要功能包括接受采用 3D 立体结构、以 IFC 文件格式传递设计方案、根据系统的知识库和数据库中存储的图形代码及规则自动评估方案并生成审批结果,其建筑设计模块可审查设计方案是否符合有关材料、房间尺寸、防火和残障人通行等规范要求,建筑设备模块可审查设计方案是否符合采暖、通风、给排水和防火系统的规范要求,保证建筑规范和条例解释的一致性、无歧义性和权威性。新加坡政府不断应用 BIM 的新技术来对 CORENET 进行优化和改造。新加坡国家发展部下属的建设局(Building and Construction Authority,BCA)于 2011 年颁布了 2011—2015 年 BIM 的路线图(Building Information Modeling Roadmap),其目标是到 2015 年,新加坡整个建筑行业广泛使用 BIM 技术,路线图对实施的策略和相关的措施都做了详细的规划。在 2012 年 BCA 又颁布了《新加坡 BIM 指南》(Singapore BIM Guide),以政府文件形式对 BIM 应用进行指导和规范,新加坡政府要求政府部门必须带头在所有新建项目中应用 BIM。BCA 的目标是,从 2013 年起工程项目提交建筑 BIM 模型,从 2014 年起要提交结构与机电的 BIM 模型,到 2015 年实现所有建筑面积大于 5000m^2 的项目都要提交 BIM 模型。2015 年 8 月发布了《BIM 特定条款》2.0 版,同时也发布了一套指导说明,以突出介绍《BIM 特定条款》1.0 和 2.0 之间的变化及区别。在 BIM 技术的传承和教育方面,BCA 鼓励大学开设 BIM 相关课程,同时也投入了大量资源对建筑从业者进行 BIM 技术的再教育培训,并为行业内 BIM 学者设立了专业学位证书等奖项。此外,新加坡还积极举行 BIM 的相关比赛。2017 年 BCA 主办的 BIM 设计大赛就吸引了不同国家和地区的 24 个组织、18 个机构参与角逐。可以说,新加坡 BIM 技术的高速发展,离不开新加坡政府部门的大力推动,以及企业、高校的大力配合,这和我国目前 BIM 技术的发展情况类似。

3. 韩国

韩国的多个政府机构对 BIM 应用推广表现积极。韩国国土交通部、海洋部分别在建筑领域和土木领域制定 BIM 应用指南,其中的《建筑领域 BIM 应用指南》已于 2010 年颁布。该指南是业主、建筑师、设计师等应用 BIM 技术时(必要条件、方法等)的详细说明文件。土木领域的 BIM 应用指南也已立项,正在制订中。

韩国公共采购服务中心下属的建设事业局制定了 BIM 实施指南和路线图。具体的规划是在 2010 年选择 1~2 个下属的大型公共设施工程项目示范使用 BIM 技术;2011 年选择 3~4 个大型项目示范使用 BIM 技术;2012—2015 年 500 亿韩元以上建筑项目全部采用 4D(3D + 成本管理) BIM 技术;2016 年全部公共设施项目使用 BIM 技术。据了解,目前韩国主流的建筑公司都已经采用 BIM 技术,如现代建设、三星建设、GS 建设、大宇建设、空间综合建筑事务所等机构。

4. 澳大利亚

澳大利亚早在2001年就开始应用BIM技术,澳大利亚政府的合作研究中心(Cooperative Research Centre,CRC)在2009年公布了《国家数字化建模指南》(National Guidelines for Digital Modeling),同时还公布了一批数字化建模的研究案例以加强读者对指南的理解。该指南致力于推广BIM技术在建筑各阶段的运用,从项目规划、概念设计、施工图设计、招投标、施工管理到设施运行管理,都给出了BIM技术的应用指引。

5. 英国

英国在2009年颁布了第一个BIM标准《英国建筑业BIM标准》[AEC(UK)BIM Standard],这是一个通用型的标准。在2010年和2011年又陆续颁布了AEC(UK)BIM Standard for Autodesk Revit 和 AEC(UK)BIM Standard for Bentley Product,后面这两个面向软件平台的BIM标准是通用型标准的有机组成部分,和通用型标准是完全兼容的,但其内容与软件平台紧密结合,因此更适合不同软件的用户。面向ArchiCAD、Vectorworks等其他软件平台的BIM标准也将陆续颁布,这些标准规定了如何命名模型、如何命名对象、单个组件如何建模、如何进行数据交换等,方便英国建筑企业从CAD向BIM的过渡。

英国正在改革政府建筑项目的建造过程,希望借着BIM技术达到更高的效率和降低使用成本。2011年5月,英国内阁办公室发布了《政府建设战略》(Government Construction Strategy),文件要求最迟在2016年实现全面协同的3D-BIM,并将全部项目和资产的信息、文件以及电子数据放入BIM模型中。英国除了制定BIM标准外,还将应用BIM技术把项目的设计、施工和运营融合在一起,期待在未来达到更佳的资产性能表现。

目前,英国有关BIM的法律、商务、保险条款的制定基本完成,英国政府正在部署英国CO-Bie标准的应用,要求该标准应用到所有的资产报告中。

四、BIM在国内的发展概况

1. 国家层面政策

针对BIM技术的应用和发展,我国住房和城乡建设部早在2011年就开始在建筑产业领域发展研究BIM技术,并先后发布多条相关政策推广BIM技术,随后交通运输部等也相继发布了一些关于BIM的政策。

2014年住房和城乡建设部发布《建筑工程设计信息模型分类和编码标准》《建筑工程设计信息模型交付标准》《建筑工程信息模型应用统一标准》征求意见稿。

2015年5月交通运输部发布《对我国桥梁技术发展战略的思考》,研发基于BIM技术的桥梁设计、管养系统。

2015年6月住房和城乡建设部发布《关于推进建筑信息模型应用的指导意见》,明确提出推进BIM应用的发展目标,即"到2020年末,建筑行业甲级勘察、设计单位以及特级、一级房屋建筑工程施工企业应掌握并实现BIM与企业管理系统和其他信息技术的一体化集成应用。到2020年末,以下新立项项目勘察设计、施工、运营维护中,集成应用BIM技术的项目比例达到90%:以国有资金投资为主的大中型建筑;申报绿色建筑的公共建筑和绿色生态示范小区。"

2016年8月住房和城乡建设部发布《2016—2020年建筑业信息化发展纲要》。

2017年1月,针对交通行业BIM的应用,交通运输部公路局对各省(自治区、直辖市)交通运输厅(局、委)等单位发布了《关于推进公路水运工程应用BIM技术的指导意见》。随后,交通运输部办公厅于2017年9月2日颁发了《关于开展公路BIM技术应用示范工程建设的通知》。

2017年2月底,国务院办公厅印发《关于促进建筑业持续健康发展的意见》。意见指出要加强技术研发应用,加快推进BIM技术在规划、勘察、设计、施工和运营维护全过程的集成应用,实现工程建设项目全寿命周期数据共享和信息化管理,为项目方案优化和科学决策提供依据,促进建筑业提质增效。

2017年9月,交通运输部办公厅发布了《关于开展公路BIM技术应用示范工程建设的通知》。

2018年,交通运输部办公厅发文《关于推进公路水运工程BIM技术应用的指导意见》,为提升公路水运工程建设品质,落实全寿命周期管理理念,决定在公路水运工程中大力推进BIM技术的应用。

2. 地方层面政策

随着BIM技术影响的不断加强,各地方政府也先后推出相关政策。

香港房屋委员会(Hong Kong Housing Authority)是香港特区政府负责制定和推行公共房屋计划的政府机构,对BIM技术的应用非常感兴趣。早在2009年,就制定了《香港建筑信息模拟标准手册》,同时还公布了《香港建筑信息模拟使用指南》《建筑信息模拟组件库设计指南》《建筑信息模拟组件库参考资料》,形成了BIM应用资料从法规到技术资料的完整系列。根据2012年的资料,自2006年起,香港房屋委员会已在超过19个公屋发展项目中的不同阶段(包括从可行性研究至施工阶段)应用了BIM技术。

北京市在2014年5月正式发布的《民用建筑信息模型设计标准》中提出对BIM的资源要求、模型深度要求、交付要求,是为了进一步在实施过程中规范民用建筑BIM的设计。

继北京之后,上海于2014年10月发布的《关于推进建筑信息模型技术应用的指导意见》中指出,2015年起,选择一定规模的医院、学校、保障性住房、轨道交通、桥梁(隧道)等政府投资工程和部分社会投资项目进行BIM技术应用试点。2016年,BIM管理技术应用成为《上海市重大基础设施建设管理"十三五"专项规划》七大重点指标之一。2016年9月,《关于进一步加强上海市建筑信息模型技术推广应用的通知》发布,要求规模以上新建、改建和扩建的政府和国有企业投资的工程项目自2017年10月1日起全部应用BIM技术。由建设单位牵头组织实施BIM技术应用的项目,在设计、施工阶段应用BIM技术的,每平方米补贴20元,最高不超过300万元;在设计、施工、运营阶段全部应用BIM技术的,每平方米补贴30元,最高不超过500万元。

2015年9月,《广东省"互联网+"行动计划》发布。广东省人民政府提出,以加强建筑信息模型(BIM)技术应用为抓手,提升全省建筑设计、施工、管理的信息化水平。

2015年5月,深圳市《建筑工务署政府公共工程BIM应用实施纲要》和《深圳市建筑工务署BIM实施管理标准》接连发布,以加强BIM技术应用为抓手,提升全省建筑设计、施工、管理的信息化水平。2017年1月,广州市住建委联合广州市发展改革委、广州市科技创新委与广州市质量技术监督局下达《关于印发加快推进我市建筑信息模型(BIM)应用意见的通知》。

2016年3月,黑龙江省《关于推进我省建筑信息模型应用的指导意见》发布,要求从2017

年起,各地市要科学筹划,重点选择投资额 1 亿元以上或单位建筑面积 2 万 m² 以上的政府投资工程、公益性建筑、大型公共建筑及大型市政基础设施工程等开展 BIM 应用试点,每年试点项目不少于 2 个,并应逐年增加。力争到 2020 年末,黑龙江省以国有资金投资为主的大中型建筑和市政基础设施工程、申报绿色建筑的公共建筑和绿色生态示范小区,集成应用 BIM 的项目比例达到 90%。建筑行业甲级勘察、设计单位以及特级、一级房屋建筑工程施工企业基本掌握 BIM 与企业管理系统和其他信息技术的一体化集成应用。

2016 年 4 月,重庆市发布《关于加快推进建筑信息模型(BIM)技术应用的意见》,要求从 2018 年起,大型道路、桥梁、隧道工程,三层及以上的立交工程,在勘察、设计阶段必须采用 BIM 技术;2019 年起,轨道交通站点工程在勘察、设计阶段应采用 BIM 技术;2020 年起,以国有投资为主的大型房屋建筑工程,轨道交通工程,大型道路、桥梁、隧道工程,三层及以上的立交工程,全市所有公共建筑,申报金级、铂金级绿色建筑标识的居住建筑和绿色生态住宅小区,申报市级优秀勘察设计、工程质量奖项的工程,在勘察、设计、施工阶段应采用 BIM 技术。

2016 年 8 月,湖南省住房和城乡建设厅印发《湖南省住房和城乡建设厅关于在建设领域全面应用 BIM 技术的通知》,要求各单位充分认识加快推进 BIM 技术应用工作的重要意义。2018 年底前,新建政府投资的工程采用 BIM 技术,社会资本投资额在 6000 万元以上(或建筑面积 2 万 m² 以上)的建设项目应采用 BIM 技术,设计、施工等企业基本掌握 BIM 技术。到 2020 年底,90% 以上的新建项目应采用 BIM 技术,设计、施工等企业全面普及 BIM 技术。

3. 建筑行业 BIM 政策

建筑业是我国 BIM 发展的先驱行业,其他行业 BIM 发展可以借鉴建筑业的发展经验。BIM 发展的关键就是建立行业内部的统一标准,《建筑信息模型应用统一标准》(GB/T 51212—2016)已发布。标准主编单位与参编单位共同成立了"中国 BIM 发展联盟",并于 2013 年 1 月在中国工程建设标准化协会成立了"建筑信息模型专业委员会",已募集千万资金并招募国内外应用最广、用户最多的软件企业参与 NBIMS-CHN 研究,编委会提出了 Professional BIM 概念,简称 P-BIM。P-BIM 是结合中国目前的发展现状,充分发挥各参与方积极性,利用现有专业软件,在相关标准的指导下对现有专业软件按照 BIM 理念进行改造,在我国分步实现 BIM 应用的目标。P-BIM 使专业人员认识到 BIM 有利于提高自身专业的工作效率和质量,这使专业人员关注 BIM 有了原动力和切入点。P-BIM 概念提出以后,相继出现《混凝土结构设计 P-BIM 软件技术与信息交换标准》《钢结构设计 P-BIM 软件技术与信息交换标准》《砌体结构设计 P-BIM 软件技术与信息交换标准》《施工图审查 P-BIM 软件技术与信息交换标准》等一系列标准。

"中国 BIM 发展联盟"提出了建筑业 BIM 发展的路线:

(1)依托既有产品、技术和数据结构标准,依照 NBIMS-CHN 要素加以修改、完善和提升。

(2)统一全行业、各专业、各工种、各企业在建筑物建造全过程的数据标准,以最小的投入、最快速的数据贯通实现具有中国特色的 BIM 原型。

(3)集合实力软件开发商和企业用户,以实际应用为前提,由简到繁,由低到高。

(4)结合标准与实际,在事实标准的基础上,融合各方力量,借鉴国内外先进经验,逐步完善,实现 NBIMS-CHN 的跨平台 BIM 发展。

4. 交通领域 BIM 政策

《关于科技创新促进交通运输安全发展的实施意见》(交科技发〔2014〕126 号)将建筑信

息模型(BIM)技术研究与应用作为重点任务。

2015年11月24日,广东省住房和城乡建设厅发布了《关于发布2015年度城市轨道交通领域BIM技术标准制订计划的通知》。

2017年初,交通运输部公路局对各省(自治区、直辖市)交通运输厅(局、委)等单位发布了《关于推进公路水运工程应用BIM技术的指导意见》,旨在推进公路水运品质工程建设,提升公路水运工程质量,为人民群众安全便利出行和社会物资高效畅通运输提供更加可靠的保障。而应用BIM技术有助于打造品质工程,体现以人为本、本质安全、全寿命周期管理、价值工程的建设理念;有助于保障工程质量管理,使建设与运营维护相协调、工程与自然人文相和谐,工程实体质量、功能质量、外观质量和服务质量均衡发展;有助于保证工程本质安全和风险可控,促进工程结构安全、施工安全和使用安全协调发展;有助于工程建设坚持可持续发展,使公路水运基础建设项目在生态环保、资源节约和节能减排等方面得到有力保障。

BIM在公路水运基础建设项目中的价值逐渐显现,例如渝黔铁路新线白沙沱长江特大桥、济南黄河公铁两用桥、肇庆阅江大桥、港珠澳大桥等都运用BIM技术为项目保驾护航。港珠澳大桥等只是我国桥梁BIM应用发展的一个缩影,随着BIM的发展,BIM在中国交通领域的建设中必将发挥巨大作用。

第三节 BIM 概 念

一、交通BIM

交通BIM(Traffic Building Information Modeling):是在协同工作环境下建立的适用于全寿命周期各阶段的信息化交通基础设施的数字化表达。交通BIM以参数化三维动态模型为基本构成,服务于"规划—勘察—设计—施工—运营养护"全寿命周期各阶段,主要信息除包含交通设施相关信息和项目所在地区环境信息外,一般还应根据项目功能特性和阶段需求在模型中加入相关信息。

二、BIM的含义及构成

1. BIM定义的三方面描述

BIM是一个缩写,代表三个独立但相互联系的功能。

"Building Information Model"(建筑信息模型):BIM是设施的物理和功能特性的一种数字化表达,从设施的生命周期开始就作为其形成可靠的决策基础信息的共享知识资源。BIM是一个在建筑物全寿命周期内设计、建造和运营中产生和利用建筑数据的业务过程。BIM让所有利益相关者有机会通过技术平台之间的互用性同时获得同样的信息。

"Building Information Modeling"(建筑信息建模):BIM是一个建立设施电子模型的行为,具有可视化特点,具有工程分析、冲突分析、规范标准检查、工程造价、预算编制等功能。BIM是设施的物理和功能特性的数字化表达,其作为设施信息共享的知识资源,在全寿命周期中从开始起就为决策形成提供了可靠的依据。

"Building Information Management"(建筑信息管理):BIM是贯穿于设施全寿命周期的管

理系统,其作用是在设施规划、设计、生产、工作、养护等业务结构中提高质量和效率。BIM 是在整个资产生命周期中,利用数字原型中的信息实现信息共享业务流程的组织与控制。其优点包括集中的、可视化的通信,多个选择的早期探索,可持续发展的、高效的设计,学科整合,现场控制,竣工文档等——使资产模型从概念到最终拆除的全寿命周期过程中,都能得到有效地发展。

2. BIM 的含义

随着 BIM 的发展,对于 BIM 的定义与解释有了诸多版本,但迄今为止,国内外仍然没有统一的定义。本书将罗列几种较为普遍的定义。

(1)美国 M. A. Mortenson 建设项目管理咨询有限公司对 BIM 的定义

美国 M. A. Mortenson 公司将 BIM 定义为"An intelligent simulation of architecture",即"建筑的智能模拟"且此模拟必须具备以下 6 个特点:

①数字化:数字信息的应用,并可以用于设计、建造、管理的数学化方法;

②空间化:信息三维化、立体化;

③定量化:可计量化、可坐标化、可查询化;

④全面化整合及沟通设计意图、整体建筑性能、可施工性且包括施工方式方法的顺序性及经济性;

⑤可操作化:对于整个美国工程委员会及业主都可以通过具有互用性和直观性的平台进行操作;

⑥持久化:在项目生命周期的所有阶段都具有可用性。

(2)美国 McGraw-Hill Construction 建筑公司对 BIM 的定义

美国 McGraw-Hill Construction 建筑公司在题为"BIM 的商业价值"的市场调研报告中对 BIM 作了如下定义:

BIM 是创建并且利用数字化模型对项目进行设计、施工和运营维护的过程。

(3)美国国家 BIM 标准对 BIM 的定义

美国国家 BIM 标准对 BIM 的定义如下:BIM 是建设项目兼具物理特性与功能特性的数字化模型,且是从建设项目的最初概念设计开始的整个生命周期里做出任何决策的可靠共享信息资源。实现 BIM 的前提是在建设项目生命周期的各个阶段,不同的项目参与方通过在 BIM 建模过程中插入、提取、更新及修改信息,以支持和反映出各参与方职责的协同作业。

3. BIM 的构成

BIM 由产品模型、过程模型、决策模型三方面构成。

(1)产品模型:指建筑组件和空间与非空间的关系。包括空间信息,如建筑构件的空间位置、大小、形状以及相互关系等;非空间信息,如建筑结构类型、施工方、材料属性、荷载属性、建筑用途等。

(2)过程模型:指建筑物运行的动态模型与建筑组件相互作用,不同程度地影响建筑组件在不同时间阶段的属性,甚至会影响到建筑成分本身的存在与否。

(3)决策模型:指人类行为对建筑模型与过程模型所产生的直接和间接作用的数值模型。BIM 不全等于或不等于 3D 模型的信息,因为它没有描写的过程,只是产品模型。

三、BIM 模型架构

BIM(Building Information Model)是设施所有信息的数字化表达,是一个可以作为设施虚拟替代物的信息化电子模型,是共享信息的资源,也是 Building Information Modeling 和 Building Information Management 的基础。下面就具体分析一下 BIM 模型的架构。

BIM 模型并非一个单一的模型,以一条常见的山区高速公路为例,其总体 BIM 模型,是由道路模型、桥梁模型、隧道模型、机电模型以及沿线设施(一般有标志标线、收费站、服务区等)模型等构成,一般将这些称为子模型;而子模型是由一个个专业构件组成的,如道路模型是由路基路面专业构件、排水系统专业构件、道路线形专业构件等组成;同样地,专业构件是由基础模型构建而成,但是基础模型不仅是指可见的实体模型,还包括实体模型的相关属性、空间关系等信息,如路基路面专业结构,其不仅包含面层结构、路拱、边坡等可见的基础模型,还包含空间位置、路基路面结构尺寸关联关系等基础模型;而基础模型的建立就是根据基础的数据信息进行初步分类储存的过程。

所以,BIM 模型的架构分为 4 个层次,最顶层是子模型层,接着是专业构件层,再往下是基础模型层,最底层则是数据信息层,如图 1-4 所示。

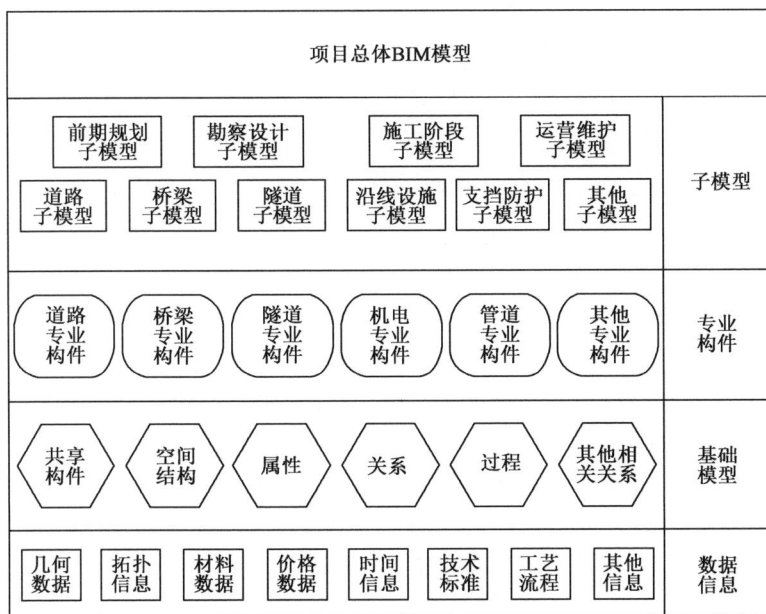

图 1-4   BIM 模型架构示意图

BIM 模型中各层应包括的元素如下:

(1)子模型层,包括按照项目全寿命周期的不同阶段创建的子模型,也包括按照专业分工建立的专业子模型。

(2)专业构件层,应包含每个专业特有的构件元素及其属性信息,如结构专业的基础构件、给排水专业的管道构件等。

(3)基础模型层,应包括基础模型的共享构件、空间结构划分(如场地、楼层)、相关属性、相关过程(如任务过程、事件过程)、关联关系(如构件连接的关联关系、信息的关联关系)等元素,这里所表达的是项目的基本信息、各子模型的共性信息以及各子模型之间的关联关系。

(4)数据信息层,应包括描述几何、材料、价格、时间、责任人、物理、技术标准等信息所需的基本数据。

第四节　BIM技术及其特点

一、BIM技术

1. BIM技术的概念

BIM技术是一项应用于设施全生命周期的3D数字化技术,它以一种在整个生命周期都通用的数据格式,创建、收集该设施所有相关的信息并建立起信息协调的信息化模型作为项目决策的基础和共享信息的资源。

BIM是"一个贯穿其生命周期都通用的数据格式",因为应用BIM想解决的问题之一就是希望所有与设施有关的信息只需要一次输入,然后通过信息的流动可以应用到设施全寿命周期的各个阶段。信息的多次重复输入不但耗费大量人力、物力成本,而且会增加出错的机会。如果只需要一次输入,又面临如下问题:设施的全生命周期要经历从前期策划,到设计、施工、运营等多个阶段,每个阶段又分为不同专业的多项不同工作(例如,设计阶段可分为建筑创作、结构设计、节能设计等;施工阶段也可分为场地使用规划、施工进度模拟、数字化建造等),每项工作用到的软件都不相同,这些不同品牌、不同用途的软件都需要从BIM模型中提取源信息进行计算、分析,提供决策数据给下一阶段计算、分析使用。这样,就需要一种在设施全生命周期各种软件都通用的数据格式,以方便信息的储存、共享、应用和流动。

目前IFC(Industry Foundation Classes,工业基础类)标准的数据格式已经成为全球不同品牌、不同专业的建筑工程软件之间创建数据交换的标准数据格式。世界著名的工程软件开发商如Autodesk、Bentley、Graphisoft、Gehry Technologies、Tekla等为了保证其软件所配置的IFC格式的正确性,并能够与其他品牌的软件通过IFC格式正确地交换数据,它们都把其开发的软件送到bSI进行IFC认证。一般认为,软件通过了bSI的IFC认证则标志着该软件产品真正采用了BIM技术。

2. BIM技术与建模技术

BIM技术是一个具有较强传递性和共享性的信息技术、专业知识、管理技术等的技术融合。很多人对什么是BIM,什么是BIM技术存在模糊的认识,对BIM技术进行过非常深入研究的伊斯曼教授等在《BIM手册》中列举了以下4种建模技术不属于BIM技术:

(1)只包含3D数据而没有(或很少)对象属性的模型

这些模型确实可用于图形可视化,但在对象级别并不具备智能,它们的可视化做得较好,但对数据集成和设计分析只有很少的支持甚至没有支持。例如,非常流行的SketchUp,它在快速设计造型上有很大的优势,但对任何其他类型的分析应用非常有限,这是因为在它的建模过程中没有知识的注入,成为一个欠缺信息完备性的模型,因而不算是 BIM 技术建立的模型,它的模型只能算是可视化的 3D 模型而不是包含丰富属性信息的信息化模型。

(2)不支持行为的模型

这些模型定义了对象,但因为它们没有使用参数化的智能设计,所以不能调节其位置或比例。这带来的后果是需要大量的人力进行调整,并且可能导致其创建出不一致或不准确的模型视图。

前面介绍过,BIM 的模型架构是一个包含数据模型和行为模型的复合结构,其行为模型支持集成管理环境,以及各种模拟和仿真的行为,在支持这些行为时,需要进行数据共享与交换;不支持行为的模型,其模型信息不具有互用性,无法进行数据共享与交换,不属于用 BIM 技术建立的模型。因此,这种建模技术难以支持各种模拟行为。

(3)由多个定义建筑物 2D 的 CAD 参考文件组成的模型

由于该模型的组成基础是 2D 图形,不能确保所得到的 3D 模型是一个切实可行的、协调一致的、可计算的模型,因此该模型所包含的对象只能够实现关联显示、智能互动。

(4)在一个视图上更改尺寸而不会自动反映在其他视图上的模型

这说明了该视图与模型欠缺关联,反映出模型中的信息协调性差,从而难以发现模型中的错误。一个信息协调性差的模型,不能算是 BIM 技术建立的模型。

目前的确有一些号称应用 BIM 技术的软件使用了上述不属于 BIM 技术的建模技术,这些软件能支持某个阶段计算和分析的需要,但由于其本身的缺陷,可能会导致某些信息的丢失,从而影响到信息的共享、交换和流动,难以支持模型在设施全生命周期中的应用。

二、BIM 设计与传统设计对比

1. 设计信息在整个设计过程中完整度更高,数据价值挖掘更深入

传统的设计方法以图纸为中心,在"规划—初步设计—施工图设计—施工—运营管理"的全生命阶段中,往往会因为不同专业或不同阶段间图纸的传递而造成项目信息的损失或失真,而以 BIM 技术为核心的设计方法以工程信息为中心,BIM 信息在全生命各阶段中的传递都是连续的、无损的。基于 BIM 与图纸的管理在各阶段的信息总量对比如图 1-5 所示。

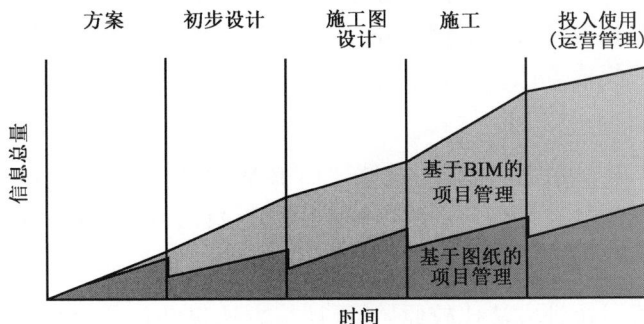

图 1-5 基于 BIM 与图纸的管理在各阶段的信息总量对比

2. 浅层次重复工作量减少,工作重心偏向更深层次方案优化、技术论证

采用传统的设计方法,设计人员需要花费大量的人力和时间在制图和协调上,而在关系到设计质量的方案设计、专业设计等核心工作上的投入不足,间接造成后期修改工作量的增加。

而 BIM 设计会根据模型自动出图,甚至做到无纸化施工,提高了设计效率、质量,使设计师更关注于方案比选、专业技术设计、优化、协同等核心工作,减少了后期的重复设计工作量。

3. 计算与绘图实时关联

传统的设计方法一直存在绘图与计算脱轨,图形与计算结果不一致,图形与计算不能保持实时关联等问题。而 BIM 设计不仅能够解决绘图与计算脱轨的问题,还可以支持人工干预和调整。

4. 附属设施信息完备,可以实现运维工况模拟

传统设计中仅以二维 CAD 图块表示机电设施,设备数据不全,在运营阶段进行设备维修更换时,由于设备信息缺失会造成很多困扰,影响正常的运营维护。而 BIM 设计不仅可以全方面地记录设施的信息,还能够实现运营阶段的工况模拟,能够校核相关计算,合理选择相关设施。

5. 平面、立面及剖面实时相互关联

传统设计中,平面、立面以及剖面之间相互割裂,视图创建时修改工作量巨大,不能及时关联修改。而 BIM 设计则由模型自动生成相互之间的实时关联,可以根据设计需要创建多点剖面。

6. 通过碰撞检查协同设计,提高空间利用率,合理设置预留洞

传统设计在机电管线布置、复杂的地下空间利用等方面难以避免设计冲突和管线碰撞,这些问题在设计阶段难以发现,一般到了施工阶段才会显现,从而导致施工停滞、工期延误、资源浪费等情况,而 BIM 设计中三维视角的碰撞检查能够在初步设计阶段将问题反映出来,同时协同设计的特点在很大程度上提高了效率,在管线布置、地下空间规划、工程预留洞布置等方面体现出极大的优势,降低设计误差,节省大量的人力和空间资源。

7. 设计模型储存大量信息,信息提取调用更直接

传统设计中图形一般都是由 CAD 中点、线、圆组成,配合标注以说明所有的设计信息,其信息储存类型和表现形式单一,难以表述复杂的设计项目,从而使新材料、新工艺、新技术在设计阶段难以配合运用。而 BIM 设计中图元基本都是由信息模型表现,其除了包含三维几何信息、空间位置、材料、结构类型等基本信息外,还可以根据项目需求输入其他信息,其信息直接储存于信息模型之中,提取方便、不易丢失。

8. 一维、二维、三维的信息完全融合

传统设计中一维与二维信息完全不关联。而 BIM 设计中一维、二维、三维的信息实现了完全融合,可以依据低维度设计创建高维度模型,展开设计,避免大量的重复性工作。

9. 工程量及材料数量统计的准确性更高

传统设计中,工程量统计方法比较原始,因计算方法复杂往往会增加较多的工作量,且计算多为估算,精度较差,对于大型复杂工程误差较大。而 BIM 设计中模型会保护三维信息数据、材料数据,可以根据需求统计相关工程量、材料用量,且计算精度高,统计信息可信度高。

10. 设计信息的流动与传递关系

传统的设计软件因为各专业之间采用不同极数软件,专业之间没有任何设计信息的传递,

只是最基础的二维图纸的配合。而 BIM 设计可以实现模型和信息的跨平台转换和传递,最大限度地利用各专业的设计成果。

相比于传统设计,BIM 设计优势如表 1-1 所示。

BIM 设 计 优 势 表 1-1

序号	设 计 优 势	内 容 描 述
1	三维设计	项目各部分拆分设计,便于特别复杂项目的方案设计、建档、项目的质量优化
2	可视设计	项目全范围可视化设计,便于业主决策,减少返工量
3	协同设计	多个专业在同一平台上设计,实现了高效的协同设计
4	设计变更	各部分实时关联,一处修改,处处更新,计算与绘图融合
5	碰撞检测	通过碰撞检测,解决机电管道碰撞问题
6	提高质量	采用阶段协同设计,减少错漏碰缺,提高图纸质量
7	自动统计	可自动统计工程量并生成材料表
8	节能设计	支持整个项目绿色、节能、环保、可持续发展

三、BIM 技术特点

1. 可视化

可视化三维设计是 BIM 的一个明显特点,这一点也是伊斯曼教授在早期 BIM 原型时期就提出的。目前 BIM 可视化技术的研究不仅实现了最初设想的实时剖切和视图关联功能,还不断结合虚拟现实技术(Virtual Reality,VR)和增强现实技术(Augmented Reality,AR)等前沿视觉技术,使得可视化在当前阶段成为 BIM 最引人关注的特点。

BIM 的可视化特性并非华而不实,其主要价值在于提高设计阶段的工作效率,降低其他阶段工作人员读图的难度,使得施工人员在读图时的失误率显著降低,尤其在碰撞检测、施工模拟以及工程审查方面有很大的优势。

现在的工程项目由于对功能、外观等方面的要求不断增多,工程项目的复杂程度极高,而传统的二维设计,只能通过互不关联的三视图与剖切图表达所有的设计内容,利用这种设计方式,对复杂建筑物或者大型交通项目来说,其工作量极大,而且往往表达效果一般,会在许多方面造成大量的施工失误。2008 年北京奥运会的主赛场——鸟巢,其戏剧化弧形外观由无数根钢板搭建而成,很难用图纸进行说明,再加上其内部复杂的雨洪利用系统与各类管线系统,不可避免出现大量的设计碰撞问题,采用传统设计在施工时会造成极大的困扰,而 BIM 的可视化特性在处理这些问题方面表现出极大的优势,如图 1-6 所示,在设计阶段提高了工作效率,在全生命周期内方便各方面的工作,对于行业内部来说是一次革命性的进步,提高了整个行业内的生产效率和技术水平。可视化操作有助于项目团队进行一系列分析,有利于提高生产效率、降低生产成本和提高工程质量。

图 1-6 鸟巢 BIM 模型

2. 参数化

参数化设计是BIM与传统三维设计最显著的一个区别。参数化设计包含两个方面：一个是参数化图元，另一个是参数化修改引擎。BIM设计软件中图元信息是以参数形式保存在文件之中，而在传统的三维设计中，图元是以数字图像或其他形式在文件中保存的。参数化的一个特点就是其能够实时提取相关信息并且可以进行参数化修改。参数的内容除了三维几何信息外，还包含空间位置、材质等基础模型和数据信息层内容，这对于后期各阶段不同专业的信息共享和协同作业具有非常重要的意义，同时保证了数据信息在传递过程中的准确性。除此之外，模型参数化也为模拟分析计算奠定了基础，进一步提高了数据信息的应用价值；参数化修改引擎为参数更改提供了一套非常智能的系统，能够将用户对模型结构的修改实时关联反映出来，实现视图、标注的智能化修改。在传统设计方法中，修改不能一次实现，会给设计人员增加很多工作量。而使用BIM可以提高工作效率，保证图纸的一致性，减少设计误差。

3. 协调性

协调性体现在两个方面：一是在参数化数据之间创建实时、一致性的关联，结合可视化的特性，能够实现智能互动和关联显示；二是协同工作，这也是BIM的一大优势，能够实现多人在同一个文件中分区，同时进行创建、修改工作，并且每个人都能得到最新的设计信息。

对于协调性的第一个方面，主要体现在数据关联上，表现在图纸一致性和模型智能化上。对于传统的设计方法，数据之间不关联，平面、立面以及各剖切面之间不关联，使图纸信息不一致，修改时会带来非常大的工作量，而在BIM设计中只需要修改一次，与模型同源的图纸、图表都会自动实时修改，不仅避免了大量的修图工作，还保证了图纸的一致性。这种关联特性，在模型智能化上也非常关键，比如在道路设计中往往会出现横断面变化的道路，设计中只需要对路面结构的各个关键点进行逻辑关联，生成走廊带时就会根据路线智能化处理过渡段，不需要单独处理，同样的护栏等模型在曲线处也会智能地根据路线进行调整，极大地减少设计人员的工作量，提高了工作效率，节省了大量的时间，从而使设计人员更多地将精力投入到方案的研究思考之中。

对于协调性的第二个方面，协同工作能够极大程度地改善现有工作流程中存在的同时段人员利用率难以提高的问题。BIM协同工作是在建立"工作文件分区"和"数据库双向读取"的基础上，首先根据专业或部门分工将该阶段下的项目总体BIM工作文件进行分区，随后将数据库与工作电脑相关联或采用"云技术"实现关联，保证数据库双向读取的可行性，在这个基础上就能实现最基本的协同工作。这里需要说明的是，由于目前相关数据计算方法仍需要进一步研究，大多数计算机性能不能满足相关数据共享的需求，如果协同工作采用"工作共享模式"，即每个专业各自设置成为一个或多个工作集，所有工作集均集成于一个总的模型文件中，就会引起各类计算机卡顿、延迟、崩溃等问题，所以现阶段较多采用的方式是"模型链接"模式，即将各个专业或模型的某个部分分别保存为一个独立的模型文件，所有文件通过链接的方式插入到总模型文件中。

协同工作模式的建立是对行业内部工作模式进行的一次优化改善，传统的设计方法由于工作文件无法实时共享、协同处理，往往出现同时期人员利用率不高，增加工作周期，导致工作效率难以提升，只能通过加班的方式来赶工期，成为行业内部的一个弊病。因此建立协同工作模式，充分提高工作效率，才能从根本上解决这些行业弊病。

4. 模拟性

模拟性也是BIM与三维模型的一个显著区别。传统的三维模型仅仅能够实现"看"的效果,由于其只有模型的几何和颜色信息,所以不能根据需要在这个基础上进行真正意义上的模拟,而BIM涵盖了模拟仿真所需要的模型和相关数据,能够进行深层次的模拟分析,这为相关的研究人员提供了便利,减轻了以往模拟研究中需要的海量数据分析计算和单独建模的工作。

模拟性主要应用在两个方面:方案模拟、性能分析。方案模拟主要是指有关项目方案的模拟演示,例如:应急疏散方案的演示,施工区交通控制的模拟演示,运营阶段的模拟,4D的施工模拟,5D人、机、料调控模拟和成本控制等;性能分析主要指针对单个设计的功能特性进行模拟分析,例如:视距验算、能见度检验、排水分析、灯光模拟等,利用BIM的模拟功能,能够使许多计算、分析验证工作更加简便。

5. 优化性

优化性不是BIM独有的特性。在传统设计中,前辈们利用自己的智慧发明了许多优化设计的方法,这些方法在BIM设计中依然发挥着极大的作用。但是由于传统设计方法的缺陷,优化过程需要大量的人力去进行分析计算,并且数据量极大,大量的误差难以避免,优化消耗了大量的工作精力且往往无法达到预期效果。但是在BIM的基础上,由于其可视化的表达方式、参数化的信息储备以及协调性的相关功能,使得其在优化过程中能够实现更好的效果,减少了大量的重复工作。

6. 信息完备性

BIM与传统设计的实质性差异就在于信息的存储和利用上,所有的特性都是建立在信息的科学存储和高效利用上,而信息完备则是这一切的前提,因此BIM模型包含的信息必须全面且完整,其信息一般包含主要设施的三维几何、拓扑关系、材质、空间位置以及功能特性,除此之外,地质环境、施工工序、时间进度、成本、人机料、工程对象的逻辑关系等都是BIM信息的重要组成部分。

项目BIM信息贯穿于全寿命周期中"规划—勘察—设计—施工—运营养护"的各个阶段,其完备程度是一个不断提高的过程,因此在各个阶段应该注重信息的录入工作,这样才能不断提高BIM的实用价值,使得其在后面的阶段或其他工作中发挥更大的作用。信息的完备性为BIM模型发挥其他功能提供了良好的基础条件,从而实现了可视化、优化分析、模拟仿真等一系列功能。

第五节 信息时代交通建设领域面临的挑战

基础交通建设作为影响国家社会和经济发展的重点工作,国家一直保持高度重视,而且每年投入大量的资金和人力,以保证基础交通满足社会发展的需求,带动区域经济的快速发展。自20世纪90年代开始我国交通建设进入了飞速发展阶段,随着社会发展步伐的进一步加快,基础交通建设的战略意义不断增强,导致了其项目的难度越来越大,再加上环保、低碳、智能化、安全性等要求,交通建设项目的信息量越来越大,不同专业间协同工作的效率难以提高,不同阶段间信息传递的准确性不能保证,再加上传统设计方法的限制为交通建设领域的发展带来许多困难,导致近年来交通建设领域不如房屋建筑以及其他行业发展迅速。

目前交通建设领域面临诸多问题亟待解决:

(1)交通项目信息管理手段滞后;

(2)交通领域内的传统设计方法存在诸多短板;

(3)急需控制成本,提高效率;

(4)设计缺陷难以避免,设计变更难度大。

一、交通项目信息管理手段滞后

随着交通建设行业近年来的快速发展,基础交通建设项目的规模越来越大,项目难度越来越高,刷新世界纪录的项目也屡见不鲜,再加上新技术、新工艺、新材料的引进,以及对项目安全、环保、低碳、智能化的要求,使交通建设项目信息量不断增多,对于项目信息的准确性、时效性、完整度、系统性有了更高的要求,项目信息的共享程度、读取效率和发掘深度成为影响工程质量和工程效益的重要因素。

目前,我国交通建设行业各业务领域、各地区信息化发展不平衡、不协调、不深入、不可持续等问题仍较为突出,信息化比率低。由于缺乏有效的信息技术手段,加上工程对象的单体性、工程信息的庞大复杂性等原因,目前建设项目对决策、设计、施工、运营各个阶段的信息实行分离管理,信息的传递仍以纸介质为主,信息协同性差,信息表达不明确,信息利用价值低。在交通行业现代化、工业化、信息化融合的整体战略下,信息化将作为提高交通行业效率和利润的有效途径之一,在未来发挥重要作用。

二、传统设计方法存在诸多短板

交通建设领域内的传统设计方法以 CAD 为主,配合相关专业的设计软件进行设计,不同专业间初期往往独立设计,相互之间协作程度低,设计后期需要耗费大量时间协调修改;不同阶段不同单位间的信息传递以图纸为载体,传递效率低,信息完整度低,造成大量的信息丢失;制图和协调耗费大量的人力和时间,而在方案比选和技术论证方面投入精力不足;新技术、新工艺以图纸和文字的方法传递信息,难以保证效率和准确度;在设计复杂构造物,尤其是面对复杂管线、复杂曲面、多维度构造物设计时,利用二维设计极易出现大量误差和冲突,导致施工进度缓慢,甚至无法施工;设计变更是影响工程效益的一个重要因素,传统设计中"错、碰、漏、缺"几乎是不可避免的。使用 2D 图纸进行协调时,往往是事倍功半,花费大量的时间却只能发现部分表面的问题,难以发现根本性问题,这样必然在后续工程中造成大量的设计变更。

(1)不同专业间协作度低,后期协调修改工作量大;

(2)制图协调耗费大量工作时间;

(3)新方法、新工艺难以在设计中表达;

(4)二维设计难以实现复杂构造设计;

(5)设计缺陷难以避免,设计变更难度大。

三、急需控制成本提高效率

一个行业的收入增长主要依赖行业的劳动生产率和行业的发展速度。如果行业劳动生产效率高,按照中国目前效率优先原则必然带来个人收入提高,吸引其他行业精英人士加入该行业,促进行业总体发展;如果行业发展速度加快,易形成规模经济、范围经济或者正外部效应,从而使行业的生产成本相对下降,相当于提高了生产率,个人的收入也会提高。从逻辑上看,行业的个人收入、行业生产率、行业发展速度有着相互依赖的关系。行业生产率高、个人收入高、发展速度快会形成相互促进的良性循环,行业生产率低、个人收入低、发展速度缓慢形成相互制约的恶性循环。随着时间推移,高、低收入行业间的收入差距就会越来越大。因此,对于刚刚经历快速发展时期的交通建设领域,行业发展速度必然会相对降低,如何面对这一挑战,核心解决方法还是在于进一步提高劳动生产率。如何进一步提高交通建设行业的劳动生产率,直接的解决方法就是在保证质量的前提下,进一步缩短工期、控制成本。

四、实现交通设施建设的绿色环保

近年来国家相关部门不断出台相关政策和指导意见,不断强调节能、低碳、安全以及智能化等主题在交通基础建设中的重要性,并且结合地方进一步推广落实相关政策,因此节能、低碳、安全以及智能化这些新的关注点,将会给项目各方带来新的发展方向,为传统的行业模式和工作流程,带来新的挑战。

第六节　BIM 与交通建设

BIM 是依赖三维数字模型表达工程全生命周期的信息,这些信息为交通规划、设计、施工、运营维护等阶段目标的实现提供可靠依据,并支持跨专业共享数据,以达到协调设计。BIM 技术可以在项目设计阶段实现协同设计,在施工阶段实现建造过程一体化和在运营阶段实现对建筑物的智能化维护和设施管理。2007 年斯坦福大学有一项调查,通过对 32 个工程项目案例的调研总结发现,使用 BIM 可以节省成本 10%、缩短工期 7%。实践证明,BIM 技术在工程项目中的应用,不仅能够缩短建筑工程所需时间、精确地控制建设成本,同时还可以帮助提高决策效率和设计质量,对于实现整个项目的集中化、精细化管理起到至关重要的作用。该技术在国际工程界受到高度重视,是参与国际工程建设市场竞争必备的能力之一。如今,BIM 的发展潮流已势不可挡,成为世界建筑行业的主流发展趋势。纵观 BIM 在交通领域的发展,虽然其起步较晚,但发展却十分迅速。将 BIM 技术引入交通领域,对于交通领域而言将是一场颠覆性的变革,其意义是深远的。

一、BIM 在交通领域的价值潜力

目前,交通行业的设计工作流程包含对设计人员与各种不同专业人员建立的独立模型不断进行讨论和协调,在每一次讨论的基础上开展设计工作,如此不断地循环,随后对独立模型进行人工整合,再不断地检查修正,最终得到设计结果指导建造施工。在这个过程中经常出现不同专业难以同步设计的情况,多个部门等待一个部门的情况,使得工作时间利用率低。同时由于部分专业使用的工作平台不一样,无法达到完全的信息转换,而基于图纸的信息传递方式容易出现信息缺失,使得设计信息的完整性和准确性难以保证。改图出图是设计院比较烦琐的一项工作,在设计工作后期,一旦出现方案修改,往往需要再次重复改图出图的工作,加大工作量的同时也降低了工作效率。在施工和其他阶段也存在很多类似的问题,因此通过变革现

有的行业模式来解决这一系列问题显得十分必要,而 BIM 理念的提出和相关技术的发展为行业变革提供了一个方向。

BIM 并不是传统意义的技术,而是一种全新的设计理念,目的是建立一个建筑信息平台,整合工程项目全寿命周期的信息,创建一个实时共享的数据库,并利用双向关联的数据处理系统和可视化系统,实现操作可视化、模型参数化以及相关模拟优化功能。引入 BIM 理念对于交通建设领域的发展具有革命性意义,利用 BIM 理念重新规划现有的设计工作流程,充分发挥 BIM 的信息完备性、可视化、参数化、协调性、模拟性、优化性的优势,以解决传统工作模式存在的时间利用率低、重复性工作量大、信息传递完整度低、准确性差等问题,从根本上提高整个行业在各阶段的工作效率。

BIM 理念的一个特点就是与各阶段所需要处理的工作相融合,在 BIM 技术的基础上,根据各个阶段的工作需求,结合相关的技术理论,不断发展 BIM 技术,因此 BIM 技术实质上为工程技术方法的创新和发展提供了一个新的平台,利用这个平台去处理和解决相关的工程问题。

1. 规划阶段

项目规划阶段包括酝酿建设意图、前期调查研究、编写项目建议书、编制项目可行性研究报告等诸多内容。此阶段,在项目可行性研究报告中需要有依据地评价项目的可行性和工程费用估算的合理性,才能做出科学的决策。利用 BIM 技术进行设计管理的项目可以将与项目有关的所有信息保存在该项目信息共享平台上,待需要时可以随时调取不同深度和类型的信息,如果新项目与已有项目相类似,就可以借鉴已有项目的设计方案、施工、运营管理、投资额等信息,作为新项目可行性和费用估算及节能环保等评价的依据,有利于对新项目做出科学的论断。传统的场地分析存在诸如定量分析不足、主观因素过重、大量数据信息无法处理等弊端,而 BIM 结合地理信息系统(Geographic Information System,GIS) 对场地及拟建的工程项目进行建模,通过其强大的计算功能,迅速得出科学的分析结果,帮助评估项目在规划阶段场地的使用条件和特点,从而做出最理想的场地规划、交通流线组织关系、建筑布局等关键决策。

2. 勘测阶段

近年来,国内外学者陆续将 BIM 及 GIS、GPS 引入到公路勘测设计中,而且倾斜摄影、LIDAR 数据扫描、实景建模等技术日趋成熟,这些技术可以自动完成许多耗时的任务,有助于简化项目工作流程。使用 BIM 可以在一致的软件环境中完成所有任务,包括直接导入原始勘测数据、利用最小二乘法平差、编辑勘测资料、自动创建勘测图形和曲面;能够以等高线或三角形的形式来展现曲面,并创建有效的高程和坡面分析;还可将曲面作为参考,创建与源数据保持动态关联的智能对象,同时将任何坡型生成曲面模型。

3. 设计阶段

(1)道路建模。BIM 可以帮助我们更高效地设计工程模型,例如创建动态更新的交互式平面交叉路口模型;利用内置的部件和常用设计规范即可快速地设计环岛,包括交通标志和路面标线等。由于施工图和标注将始终处于最新状态,可使设计者集中精力优化设计。

(2)工程计算与分析。利用复合体积算法或平均断面算法,更快速地计算现有曲面和设计曲面之间的土方量。使用生成的土方调配图表,分析适合的挖填距离、要移动的土方数量及移动方向,确定取土坑和弃土堆的可能位置。从道路模型中可以提取工程材料数量,进行项目成本分析。

(3)自动生成施工平面图。自动生成标注完整的横断面图、纵断面图和土方施工图等,使用外部参考和数据快捷键可生成多个草图,利用与模型中相同的图例生成施工图纸。

(4)轻松处理变更与评审。因为数据直接来自 BIM 模型,所以其更新方便,可迅速响应设计变更。如今的工程设计流程较之前更为复杂,设计评审通常涉及非 CAD 使用者但又是对项目非常重要的团队成员,BIM 利用更直观的方式让整个团队的人员参与设计评审。

(5)协同设计。道路工程师可以将纵断面、路线和曲面等信息直接传送给结构工程师,以便其在软件中设计桥梁、箱形涵洞和其他交通结构物。

(6)可持续环保设计,提供高质量图纸。工程师可以根据可靠的场地现状模型和设计约束来评估设计方案,推出更具创新性的环保设计,帮助客户达到可持续发展的效果。通过模型与文档之间的智能关联,无论是否发生变更,都交付高质量的设计和施工图纸。

4.施工阶段

基于 BIM 的碰撞检测与施工模拟对结构构件及管线进行综合的碰撞检测和分析,对项目整个建造过程或重要环节及工艺进行模拟,提前发现设计中可能存在的问题,减少施工中的设计变更,优化施工方案和资源配置。与 BIM 技术相关联的设施工具近年来不断发展,如放样机器人、运载机器人、三维扫描仪等,都在不断提升相关工作质量和效率。

5.运营养护阶段

多年来,研究学者陆续将 BIM 技术及 GIS 技术引入到公路信息化管理中,在公路建设、路政执法和资产管理方面取得了较好的效果。美国联邦公路局将 GPS、GIS 及多媒体视频等技术应用到公路资产管理,可迅速定位查看损坏的公路资产,有效地保证了道路的安全。

二、BIM 在交通建设中的应用

1.碰撞检查(图 1-7)

以我国某城市轨道交通机电工程为例,运用 BIM 三维技术在施工前期进行碰撞检查,根据碰撞报告对管线进行调整、避让,从而在实际工程开始前发现问题,减少在建筑施工阶段可能存在的错误和返工,避免人力、物力浪费,达到降本增效的效果。最后施工人员可以利用碰撞优化后的方案,进行图纸会审、施工交底、施工模拟,提高了施工质量,同时也提高了与业主沟通的能力。

2.模拟施工(图 1-8)

利用 BIM 技术的模拟施工、有效协同三维可视化功能及时间维度,可以进行进度模拟施工。能够随时随地直观快速地将施工计划与实际进展进行对比,同时进行有效协同,施工方、监理方,甚至非工程行业出身的业主、领导都能对工程项目的各种问题和情况了如指掌。利用 BIM 技术进行协同,可使信息交互更加高效,加快反馈和决策后传达信息的效率。利用模块化的方式,在一个项目的 BIM 信息建立后,下一个项目可类同地引用,达到知识积累的目的。

3.虚拟漫游及后期成果展示

宣传展示用的四维渲染动画,可通过虚拟现实让业主有代入感,给人以真实感和直接的视觉冲击,配合投标演示及施工阶段调整实施方案,直接展示出施工成果,极大地提高了四维渲染效果的精度与效率。

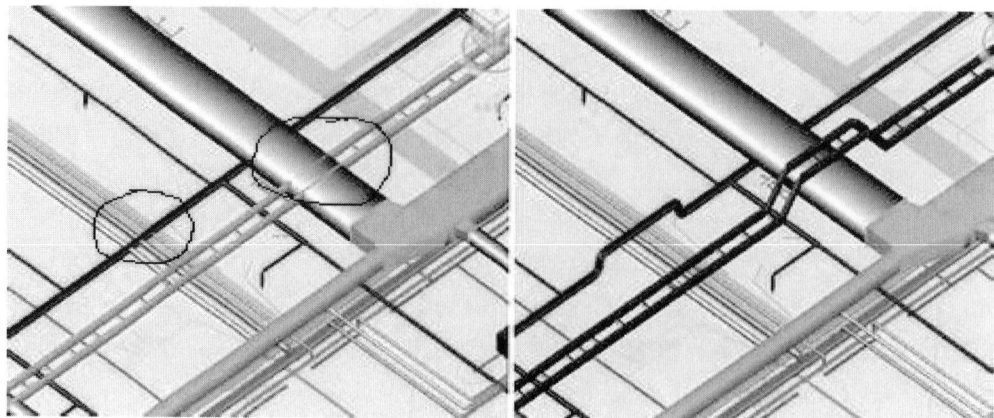

图1-7 碰撞检查

图1-8 模拟施工图

4. 图纸及文档管理

在项目管理中,不同专业的模型可以通过 BIM 集成技术进行多专业整合,不同专业设计图纸、二次深化设计、变更、合同、文档资料等信息可以与专业模型构件进行关联,基于 BIM 技术能够查询或自动汇总任意点的模型状态、模型中各构件对应的图纸和变更信息以及各个施工阶段的文档资料。同时可通过浏览器随时浏览工程模型,进行相关图档的查询、审批及沟通,从而为现场办公和跨专业协作提供极大的便利。

5. 道路实景建模

道路实景建模的实现是借助于 Bentley 公司旗下非常强大的一款名为 Context Capture 的三维实景建模软件。建模初期需要通过无人机对待建模区域进行图像采集。图像采集主要是借助于安装在无人机下的高清相机来完成的。

Context Capture 是全球应用最广泛的基于数码照片生成全三维模型的软件解决方案。其前身是由法国 Acute3D 公司开发的 Smart 3D Capture 软件,Bentley 公司已于 2015 年全资收购

Acute3D 公司,并将其软件产品更名为 Context Capture。

Context Capture 的特点是能够基于数字影像照片全自动生成高分辨率真三维模型。照片可以来自于数码相机、手机、无人机载相机,或航空倾斜摄影仪等各种设备。适用的建模对象尺寸从近景对象到中小型场所、街道,甚至整个城市。基于 Context Capture 生成的模型可达到毫米级精度,用户可以分析/掌握现有条件,进行风险管理、安防管理、监督建筑/施工项目以及培训地面工作人员等,从而优化决策、降低风险、减少成本。目前 Context Capture 软件已在全国上百家工业及科研单位得到了广泛应用。具体的建模流程如图 1-9 所示。

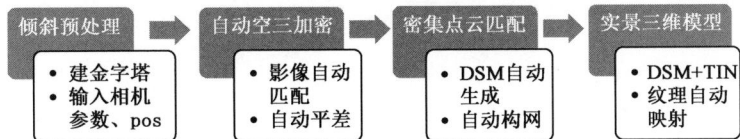

图 1-9 建模流程

6. 工程管理(图 1-10)

BIM 技术在工程管理中的应用包括:可将每天的工作内容、工程进度、材料投入数量、人员及设备投入数量、工程质量、隐蔽验收、内业资料、视频监控、门禁管理、安全管理等一系列因素全部整合在一起;共享信息数据和远程监控施工;基于网络实现文件、图纸和视频的提交、审核、审批及利用。项目各参与方通过网络协同平台,进行工程洽商、协调,实现施工质量、安全、成本和进度的管理和监控。

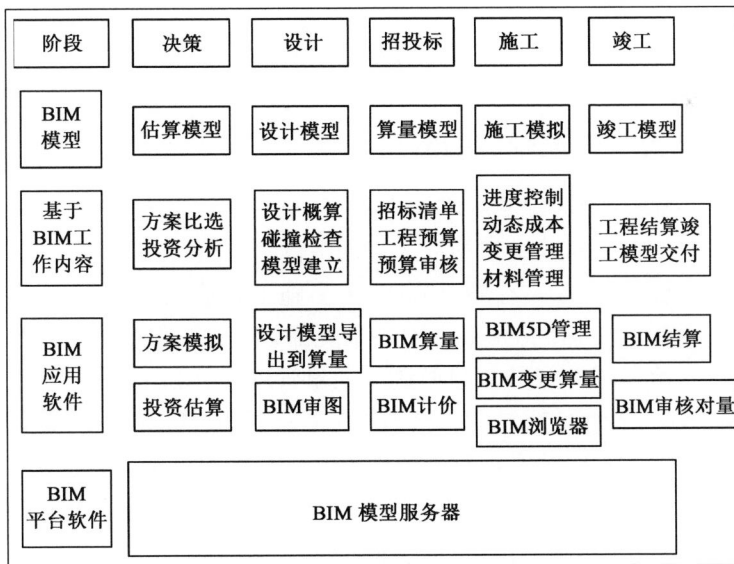

图 1-10 BIM 工程管理

7. 多专业协调(图 1-11)

各分包专业之间的组织协调是建筑工程施工顺利实施的关键,是加快施工进度的保障,其重要性毋庸置疑。目前,无缝线路铺设、道岔铺设、线路和信号标志安装、车挡及附属设备安装、人防门和防淹门门槛及地台浇筑、消防、强弱电等各项工作由于受施工场地、专业协调、技术差异等因素的影响,不可避免地存在很多局部的、隐性的、难以预见的问题,容易造成各专业在建筑某些平面、立面位置上产生交叉、重叠,无法按施工图作业。借助于 BIM 技术的可视化、参数化、智能化特性,进行多专业碰撞检查、净高控制检查和精确预留预埋,或者利用基于BIM 技术的 4D 施工管理,对施工过程进行预模拟,根据问题对各专业进行事先协调,可以减少因技术错误和沟通错误带来的协调问题,减少返工,节约施工成本。

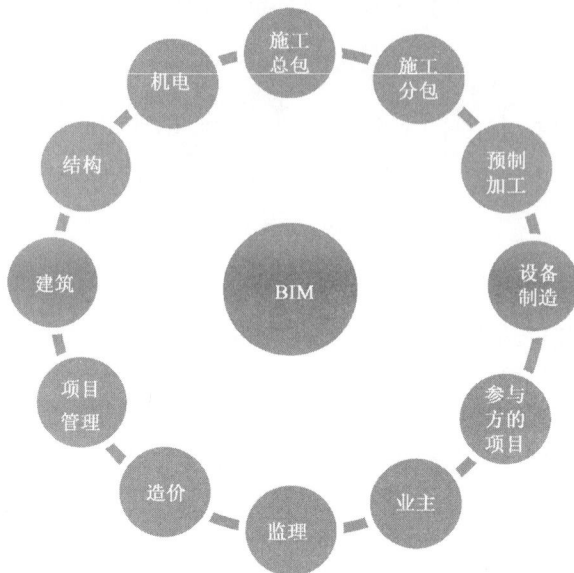

图 1-11 多专业协同设计

三、BIM 技术在美国交通领域的应用现状

BIM 技术在美国公路等交通领域的应用主要集中在三维模型设计优化和方案展示、施工机械控制等方面,并开始在项目的维护和资产管理中得到应用,在提高项目安全性、控制成本、提高效率方面展现了良好的效果。在施工阶段,很多施工企业已经或正在开始尝试使用带有自动导引(Automatical Machine Guidance,AMG)系统的设备,以求提高控制精度、节约人力成本,部分项目业主也开始利用 BIM 技术进行施工质量管理。有 2 个州已将 BIM 技术应用于运维阶段,有 32 个州正在开展评估或试验,运维阶段主要利用 BIM 技术智能采集数据、建立公路数据目录和公路资产管理,以及实现对已建项目三维数据模型的维护。

1. 项目立项和设计阶段的应用

项目立项阶段,可以利用 BIM 技术的可视化三维模型向业主及公众阐述、展示设计方案,并在更广泛的范围内听取意见,以获得支持,目前很多案例都取得了良好的效果。基于可视化的设计方案优化如图 1-12 所示。

在设计阶段,利用 BIM 技术进行模拟分析、虚拟建造,可提前发现设计中存在的不足。部分案例认为,采用 BIM 技术有效提高了技术复杂、方案多变工程设计方案优化的效率,降低了设计成本,并大幅减少了建设期间的变更。

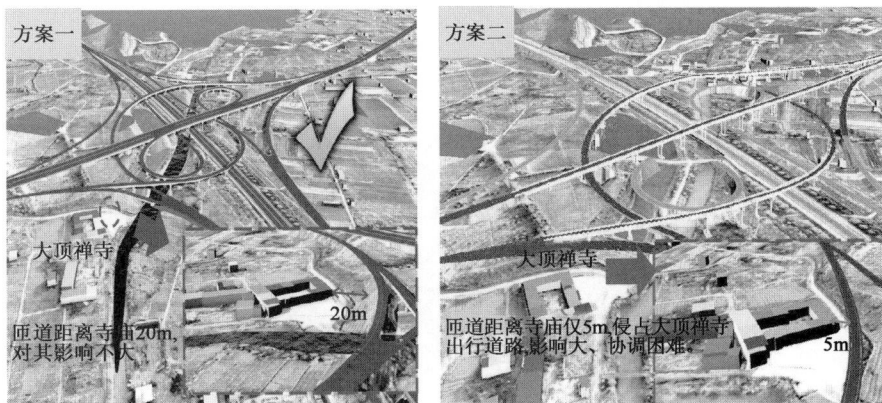

图 1-12　基于可视化的设计方案优化

2. 施工进度和造价控制

通过 BIM 技术将 3D 模型和时间维度进行结合,形成 4D 模型,可以更方便地模拟施工进度,更加准确地协调施工顺序,减少在时间维度上的冲突,使施工进度安排更为合理。如位于达拉斯沃斯堡大都会区、总长 10.4km(6.5mile)的美国 161 号收费高速公路 4 段项目,包含 45 座桥梁和两处大型立体交叉,总投资 4.16 亿美元(1 美元≈6.37 元人民币),主体工程要求在 15 个月内完成。建设方通过 BIM 4D 模型进行施工进度模拟,改进施工进度安排,协调项目各参与方,有效控制了项目工期,使项目在规定的时间内顺利完成。

在 4D 模型的基础上,增加各模型构件相关的成本信息,形成了包括成本的 5D 模型(反映与实际成本数据相关的时间、空间、工序维度关系的数据库),将成本汇总、统计、拆分对应,可实时读取建造过程中的成本清单,便于更精确进行施工过程中的备工备料,更有效地进行成本控制。如总长 13.5 英里的北塔兰特高速公路,总造价为 25 亿美元,通过在 4D 模型基础上对 BIM 模型进行划分,增加成本信息,采用电子化工作流程,实时获取相关的材料和人工成本信息,实现精细化工程成本管控的尝试。

据介绍,目前有 9 个州正在尝试使用 4D 和 5D 技术来改进项目工程管理方法,以提供更准确的项目成本估算。

3. 施工中的应用

美国人工成本高,为降低工程成本,一些企业已经开始利用 BIM 模型作为 AMG(图 1-13)的施工控制信息,代替施工放样测量,以提高施工质量和效率,目前主要是在土方和路面施工中尝试应用这一技术。在建的北卡罗来纳州 U－0071 东联络线工程项目中,部分设备就采用了这一技术。

目前达到的技术水平是在施工机械上加装控制电脑和测量定位、控制及传感设备,通过导入 BIM 三维设计数据,提供施工控制数据,指导操作手作业,并利用 GPS 进行精准定位施工。

总的来看,BIM 技术在美国交通行业的应用仍处于起步阶段,虽然已经获得了一定的效益,吸引了很多关注,但多数人仍然认为 BIM 技术只是对现有技术的改进和提高,并未引起行业颠覆性的变化。与房屋建筑领域不同,在交通领域 BIM 技术带来的效益尚不明确,仅处于尝试和观望阶段。

图1-13　智能施工机械(AMG)

4.运营维护中的应用

美国已有将三维设计模型应用于项目运维阶段的案例,如将3D数据运用于公路数据目录和公路资产管理,并根据实际情况修正3D模型,建立基于完工状态、更准确的3D模型等。BIM模型中所有信息,包括项目的空间信息、材料、数量等维护阶段需要的信息,会利用统一的数据格式存储起来,并在项目使用期间不断丰富。

BIM模型结合运营维护管理系统后,能够发挥在空间定位和数据记录方面的优势,更合理地制订维护计划,提高维护效率。对一些重要工程和设备还可采用跟踪维护工作历史记录的方式,对设备的适用状态提前做出评判。如9.5英里长的美国I-15州际公路改扩建工程项目,包括5处互通立交和24座桥梁,通过创建一个项目综合框架并搭建企业级工程管理平台管理项目的所有文件资料,建立了竣工BIM系统,该系统可以通过网页和移动终端快速掌握工程建设细节、历史维护情况等运营维护期间所需信息,并对这些信息进行实时更新。

四、BIM技术在交通领域推广应用所存在的问题

BIM技术在交通领域全面推广应用,还面临无标准或标准不统一、软件不成熟、硬件配置不满足要求、投资回报期长等问题和困难。

1.涉及专业种类多且差异性强

建筑工程是工点工程,交通工程是线路工程。一个公路或铁路项目涉及的专业种类很多,尤其以铁路项目更为繁杂,主要包括勘察(地质、测量)、土建(线路、桥梁、隧道、路基、轨道、站场)、机械(机车、车辆)和"四电"(通信、信号、电力、电气化)等工程类别。上述专业既具有典型的行业特色,又具有显著的自身特点,这种细化的分工导致专业接口多,专业间界面复杂,信息很难在整个项目中实现集成和形成闭环。如何实现同一项目不同专业间信息的充分共享和关联,对BIM技术提出了更高的要求。

2.行业标准不成熟

BIM需要在项目整个寿命周期不同参与方的各种软件间交换信息,如CAD软件、性能分析软件、施工管理软件、运营管理软件以及审核WEB平台。在BIM应用方面起步较早的一些国家相继制定了各自的BIM标准,但均局限于建筑工程领域,并未涵盖交通行业。当前国际上比较主流的BIM核心建模软件都集中在国外,国内各行业普遍缺乏大型软件开发商,在制

定 BIM 数据标准方面面临很多尴尬和困难。中国交通 BIM 标准发展路径如图 1-14 所示。

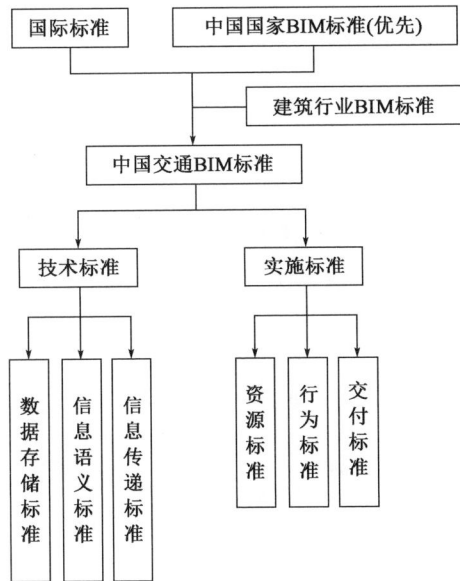

图 1-14 中国交通 BIM 标准发展路径

结合带状的交通工程线长点多、结构形式不一、场地条件多变、涉及专业众多、软件需求差异化大等特点,行业标准的制定必然是一项系统而又复杂的工程。目前实际情况是同一大型软件开发商开发的系列软件之间数据交换很方便,但不同厂商软件之间缺乏交互性,上述不同阶段、不同功能的主流软件又属于不同的软件厂商,如 CAD 系列软件属于 Autodesk 公司,用于性能分析的 Ansys、Midas、桥梁博士等软件则分属于其他公司,这些软件间大部分没有 BIM 接口,不同软件建立的三维模型数据格式也不相同,不能实现数据间直接调用。

目前交通行业缺乏明确而权威的 BIM 标准格式,交通领域 BIM 标准应该在与国际标准接轨的同时,优先满足国家 BIM 标准的要求,然后借鉴建筑行业 BIM 标准的一些成熟的做法,以形成一个完整的标准体系,包括技术标准和实施标准,其必须能够支持软件开发和工程应用。技术标准包括数据存储标准、信息语义标准、信息传递标准,其主要目标是为了实现项目建设全生命周期内不同参与方间的互操作性,用于指导和规范交通领域 BIM 标准软件开发。实施标准是技术标准的使用规范,主要用于在规划、设计、施工、建设管理、运营维护等具体操作层面实施 BIM 标准。

3. 综合数据处理技术急需提高

BIM 与 GIS 的融合是 BIM 技术在交通行业应用的一个方向。交通领域工程项目与沿线地质、水文、地形等空间地理信息密切相关,每一类别空间地理信息因素的异同都可能引起线形、桥位、桥型等设计方案的巨大变化,而满足设计深度要求的空间地理信息数据是海量的,对该数据的建模一定程度上超过主体结构的 BIM 模型,需要采用云计算技术。今后在开展交通领域辅助设计软件开发时,要统筹兼顾 BIM 和 GIS 的数据标准和集成平台等,实现两者的优势互补和良好融合。

GIS 是一个专门管理地理信息的计算机软件系统,它不但能分门别类、分级分层地去管理各种地理信息,而且还能将它们进行各种组合、分析等。目前,GIS标准化和数字化程度高,比较成熟,可以辅助 BIM 模型搭建周边地理环境的大场景,提高 BIM 模型的建筑性能信息完备性。从一定意义上来说,GIS 技术也属于 BIM 技术范畴,但由于其专业特点而自成一体,两者研究的对象不同、尺度不同,有机结合才能发挥各自强大的优势。基于 BIM 的交通基础设施全寿命周期的建养流程如图 1-15 所示。

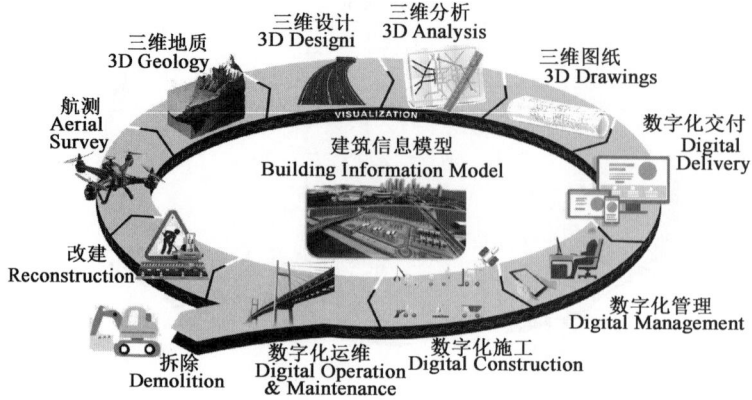

图 1-15　基于 BIM 的交通基础设施全寿命周期的建养流程

第二章

BIM 应用

第一节　BIM 在设施全寿命周期中的应用框架

BIM 理念及相关技术在工程领域中的应用水平是行业中最关心的焦点问题。对 BIM 在设施全寿命周期中的应用框架,可以从不同的角度来描述。本章主要从技术角度和实施规划角度介绍 BIM 在设施全寿命周期中的应用框架,对 BIM 技术在设施全寿命周期不同阶段中的应用、不同参与方的应用和应用的层次以及对造价、进度、质量三大目标管理的帮助进行概要性介绍。

一、基于 BIM 服务器搭建 BIM 应用系统的框架

BIM 应用是与计算机和网络系统密切相关的,如何从软硬件的角度搭建起 BIM 应用系统的框架是 BIM 应用的必要条件。

从第一章的介绍可知,BIM 的应用很广泛。从纵向来说,BIM 的应用覆盖设施的全寿命周期,这个全寿命周期从设施的策划、设计、施工一直延伸到运营,直到被拆除或者毁坏;从横向来说,BIM 的应用覆盖范围从业主、设计师、承包商到房地产经纪人、房屋估价师、抢险救援人员等各行各业的人员。因此,要搭建起 BIM 系统的应用框架,必须考虑到其应用的广泛性。这种广泛性除了包括应用人员、应用专业的广泛性之外,还包括应用阶段、应用地域和应用软

件的广泛性。

BIM 应用的广泛性给 BIM 系统应用框架的搭建提出了很高的要求,必须保证在设施全寿命周期中的 BIM 应用充分实现信息交换。

自从互联网问世后,网络的系统结构从局域网的客户机/服务器(Client/Server)结构发展到了浏览器/服务器(Browser/Server)结构,这两种系统的结构各有优缺点。在目前的 BIM 应用系统中,主要为这两种结构,或者是将两种结构混合使用。根据有关的研究分析,由于目前服务器的性能所限,应用 BIM 时的信息交换主要以文件方式进行。

由于在计算机上应用的软件出自不同的计算机公司,不同品牌软件的文件格式各不相同,当在网上交换文件时,一般来说,使用 A 品牌软件的计算机用户很难打开 B 品牌软件生成的文件,除非交换文件的双方约定输出文件都使用相同的文件格式。事实上,目前很多 BIM 应用还是以各个品牌软件采用各自公司的文件格式为主。在第一章也曾提及,目前建筑业的信息表达与交换的国际技术标准是 IFC 标准,要求 BIM 应用的输出都按照 IFC 格式输出。虽然有些软件输出的文件格式中也有 IFC 格式,但还没有完全达到国际标准的要求。总之,目前信息交换的文件方式不管是 IFC 格式还是非 IFC 格式,信息交换效果都是打了折扣的。

已经有研究指出,基于文件的 BIM 信息交换和管理具有如下的不足:

(1)无法形成完整的 BIM 模型;

(2)变更传播困难;

(3)无法实现对象级别(object level)的数据控制;

(4)不支持协同工作和同步修改;

(5)无法进行子模型的提取与集成;

(6)信息交换速度和效率是瓶颈问题;

(7)用户访问权限管理困难。

如何解决以上这些问题呢?最好的办法是在系统中直接传递、交换 IFC 格式的数据,这样就可以减少数据转换的环节,避免数据丢失、信息传递缓慢等问题。为达到此目的,需要在 BIM 的应用系统中设置可以存储、交换 IFC 格式数据的服务器,这种服务器称之为 BIM 服务器(BIM Server)。BIM 服务器和 BIM 知识库(BIM Repository)一起,组成 BIM 应用的数据集成与管理平台。

BIM 服务器就是在目前普遍使用的服务器中安装一类称之为 BIM Server 的软件,在 BIM 服务器内部的所有数据都是直接以 IFC 格式保存的,不需要另外进行解释或转换。这样,BIM 服务器就可以进行 IFC 格式的数据转换,如图 2-1 所示。

IFC 标准目前已经成为主导建筑产品信息表达与交换的国际技术标准。此外,国际标准化组织(ISO)就 BIM 应用中信息交换的问题已经发布了 ISO 29481-1:2010 和 ISO 29481-2:2012 两项标准,主要是有关信息传递手册(Information Delivery Manual,IDM)的相关规定,其分别规定了 BIM 应用中信息交换的方法与格式以及交互框架。一般将这两个标准统称为 IDM标准。IDM 标准规范了如何构建 IFC 格式的数据,这样 IFC 格式数据的传递就有了标准。

BIM 服务器的创建是实现以上国际标准的手段。BIM 服务器采用安装在服务器端的中央数据库进行 IFC 数据存储与管理,用户可以通过系统网络上传 IFC 数据到 BIM 服务器,并将数据保存到数据库中。BIM 服务器能理解 IFC 结构,并支持用户使用 IFC 格式的 BIM模型。

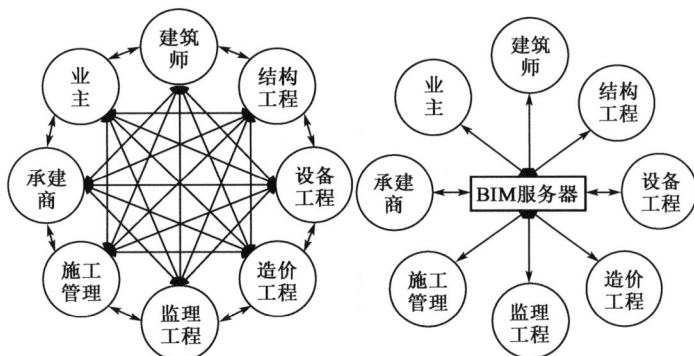

图 2-1 采用点对点方式进行交流与基于 BIM 服务器实现信息集成共享

用户进行相关应用时可通过 BIM 服务器提取所需的信息,同时也可以对模型中的信息进行扩展,然后将扩展的模型信息重新提交给服务器,这样就实现了 BIM 数据的存储、管理、交换和应用。

再进一步,如果 BIM 服务器实现以集成 BIM 为基础,就可以实现对象级别的数据管理以及权限配置,能支持多用户协作和同步修改。

目前,BIM 服务器的研究正在不断发展之中。一些现有的 BIM 服务器产品问世的时间并不长,它们的系统架构和功能仍处于发展阶段。它们中的大多数尚不能满足 BIM 服务器要实现对象级管理的需求。虽然如此,这种 BIM 服务器却是未来 BIM 应用系统的发展方向。

目前国外发布的基于 BIM 服务器的数据集成和管理平台主要有:IFC Model Server,EDM-Model Server,BIM Server(an open source server),Autodesk Collaborative Project Management,Bentley ProjectWise Integration Server,Graphisoft ArchiCAD BIM Server,EuroSTEP Share-Space Model Server 等,它们各有优点和不足之处。现在国内也有了相应的研究。相信假以时日,这类 BIM 服务器会发展得越来越好,使 BIM 的应用规模以及效率都有较大的提高。

二、项目决策、实施和运营过程中 BIM 的应用框架

BIM 的实施与传统的 CAD 应用有很大的区别,CAD 主要是在建筑阶段应用,而 BIM 的应用则涉及项目中各个阶段、多个企业、多个专业乃至多个团队。因此,一个项目决定应用 BIM,就应当首先通过确定其目标以及实施计划,搭建整个 BIM 的应用框架。

对于项目级基于 BIM 的应用系统,首先要考虑跨企业、跨专业等问题。项目级基于 BIM 的 IT 系统大多数都是采用局域网和互联网混合使用的模式。因此,需要配置强有力的中心服务器以应付日常各种运行的需要,并且要特别注意系统的安全性。

在项目的全寿命周期中,基于 BIM 的应用系统还会接收多种数据采集设备的数据输入,如激光测距仪、3D 扫描仪、GPS 定位仪、全站仪、高清摄像机等,系统需要为这些设备预留各种接口。

目前,随着云计算技术的发展,采用云计算技术构建项目级基于 BIM 的系统平台可以解决跨企业、跨专业、大数据量等问题。

以上是从硬件角度谈项目级基于 BIM 的应用系统框架的搭建。以下从实施计划角度谈项目级基于 BIM 的应用框架的搭建。

为项目制订 BIM 实施规划的作用是为了加强整个项目团队成员之间的沟通与协作,更

快、更好地完成项目交付,减少因各种原因造成的工程浪费、延误和质量问题。同时也可以规范 BIM 技术的实施流程、信息交换以及支持各种流程的基础设施的管理与应用。

搭建项目级基于 BIM 的应用框架需要做好如下四方面的工作:前期准备工作、确定建模计划、制订沟通和协作计划、制订技术规划。现分别说明如下。

1. 前期准备工作

当一个要应用 BIM 的项目启动之时,需要建立起核心协作团队,做好项目的描述,明确项目宗旨及目标,制订好协作流程规划。更进一步地,还需要考虑好项目阶段的划分,明确各个阶段的阶段性目标。

BIM 应用的核心协作团队,可以由业主、建筑师、总承包商、供应商、有关分包方等各个利益相关方各派出至少一名代表组成,负责完成本项目 BIM 应用的实施计划,创建本项目协同管理系统中有关的权限级别,监督整个计划的执行。

根据项目和团队特点确定当前项目全寿命周期中 BIM 的应用目标和具体应用范围,明确本项目究竟是全过程都应用 BIM 技术,还是只在某一阶段或者某些范围内应用 BIM 技术。根据应用目标和具体应用范围制订出针对本项目 BIM 应用的实施过程与步骤,还要通过研究和讨论对标准过程与步骤的可行性进行验证。

而协作流程规划,则与项目的管理模式有关。现在的管理模式有设计—招标—建造模式、设计—建造模式、风险施工管理模式、IPD 模式等多种管理模式。在不同的管理模式中,参与项目各方在不同阶段所承担的工作内容是不尽相同的,从而导致其协作流程计划也不同。所以在项目伊始,需明确采用哪一种管理模式,从而确定协作流程。

2. 确定建模计划

应用 BIM 技术的过程是对一个 BIM 模型不断完善的过程,一个"modeling"的过程。确定建模计划,也等于建立起整个项目 BIM 应用的实施流程。

(1)确定建模标准与细节

在制订建模计划之前,各个利益相关方要指定专人担任建模经理负责建模工作。建模经理负有许多责任,包括在各个阶段确认模型的内容、确认模型的技术细节、将模型的内容移交到另一方、参加设计审阅和模型协调会议。为了把涉及多个专业、众多人员的 BIM 应用搞好,建模之前要明确建模标准和模型文档的交付要求,确定好模型组件的文件命名结构、精度和尺寸标注、建模对象要存储的属性、建模详细程度、模型的度量制等。

例如,在项目的设计过程中,建筑师以及相关专业的设计师会在总的 BIM 模型下生成若干个子模型,描述各专业的设计意图,总承包商则会制作施工子模型对施工过程进行模拟以及对可施工性进行分析。施工方应对设计方的子模型提出意见,设计方也应对施工方的子模型提出意见。由于整个项目的建模工作量很大,因此,有必要在建模前规划好相关的要求、细节。

(2)建立详细建模计划

按照 BIM 应用的实施流程,根据不同阶段的要求建立详细的建模计划。可以按照如下阶段进行划分:设计阶段、方案设计阶段、详细设计阶段、施工图阶段、机构协调投标阶段、施工阶段、物业管理阶段。详细的建模计划应当包括各个阶段的建模目标、所包含的模型以及模型制作人员的角色与责任。

应用 BIM 模型进行相关分析是 BIM 技术的重要应用,也是提高工程质量、缩短工期、降低成本的关键步骤。通常应用不同的子模型来进行相关的分析,如可视化分析、结构分析、能效分析、冲突检测分析、材料算量分析、进度分析、绿色建筑评估体系分析等。因此,在确定详细的建模计划后,也需要制订详细的分析计划,列出分析所用到的模型、明确由谁负责分析、预计需要的分析工具、预计在项目的什么阶段进行等。

3. 制订沟通和协作计划

沟通与协作是BIM应用中的重要环节,制订详细的项目沟通计划和协作计划对于BIM技术的实施十分必要。

(1)沟通计划

沟通计划包括信息收发和通信协议、会议的议程与记录、信函的使用等。

(2)协作计划

协作计划包括较为广泛的内容,大的分类包括文档管理、投标管理、施工管理、成本管理、项目竣工管理。

其中文档管理包括批复和访问权限管理(确定拥有更新权、浏览权和无权限的范围)、文件夹维护、文件夹操作通知(对文件夹结构进行操作时确定能接收相关通知的个人、群组或整个项目团队)、文件命名规则、设计审阅等。

投标管理的目标是怎样能够实现更快、更高效的投标流程。

施工管理包括施工过程的协调与管理、质量管理、信息请求(Request For Information,RFI)管理、提交的文件管理、日志管理、其他施工管理和业务流程管理等。

成本管理包括对预算、采购、变更单流程、支付申请等流程的管理,进而达到优化成本管理的目标。

项目竣工管理包括竣工模型和系统归档两项内容,其中竣工模型的详细程度应等同于建模的详细程度,并应列出竣工模型应包含的对象和不包含的对象。

4. 制订技术规划

为了项目BIM应用的实施,必须制订可行的项目技术规划。该规划涉及软件选择以及系统要求和管理方面。

(1)软件选择

软件选择的原则是能够最大限度地发挥基于BIM软件工具的优越性,因此应当注意软件的选择。以下介绍若干类软件的选择原则。

①模型创建的软件基于数据库平台,支持创建参数化的、包含丰富信息的对象,支持对象关联变化、自动更新,支持文件链接、共享和参照引用,支持IFC格式。

②模型集成的软件能够整合来自不同软件平台多种格式的设计文件,并可用于模型仿真。

③碰撞检测/协调模型的软件能够对一个或多个设计文件进行碰撞检测分析,能够生成碰撞检测报告(含碰撞列表和直接图示)。

④模型可视化的软件支持用户以环绕、缩放、平移、按轨迹、审核和飞行方式快速浏览模型。

⑤模型进度审查的软件支持用户输入进度信息,以可视化方式模拟施工流程。

⑥模型算量的软件能够从设计文件中自动提取材料的数量,并能与造价软件集成。

⑦协同项目管理系统应能支持基于 Web 的远程访问,支持不同权限的访问,支持通过系统生成的邮件进行通信,支持在系统浏览器查看多种不同格式的图形和文本文件,具有文档管理、施工管理、投标管理等功能,支持成本管理控制和根据系统信息生成报表。

以上软件都需要具备能够直接从 BIM 模型中提取相关信息的能力。

(2)系统要求和管理

系统要求和管理包括两方面的计划,即工具计划以及协同项目管理计划。

其中,IT 工具涉及模型创建、冲突检测、可视化、排序、仿真和材料算量等软件的选择,因此必须要做好安排,使硬件与上述所选择的软件相匹配。同时还要落实好资金来源、数据所有权、管理、用户要求等。

协同项目管理的计划包括协同项目管理系统的使用权限、资金来源、数据所有权、用户要求、安全要求(异地储存镜像数据、每日备份保存信息、入侵检测系统、加密协议等)等。

三、企业级 BIM 的应用框架

企业级 BIM 的应用一般目标都比较长远,整个基于 BIM 的 IT 系统都比较大,终端机很多,而且系统还可能与企业的办公自动化系统连接,运行的数据量很大,在系统中有可能要遇到某些瓶颈问题,系统管理复杂,系统的安全性是重点要注意的问题。采用云计算技术构建企业级 BIM 的系统平台对解决跨部门、跨专业、大数据量、运行瓶颈等问题有很大帮助。

企业级 BIM 应用框架的搭建应当与企业发展的长远目标密切相关,采用 BIM 技术将对企业的运营产生巨大的影响,大大提高企业的竞争实力,这将有助于企业为客户提供优质的服务,为企业在市场竞争中获取更大的利益。因此,在搭建应用框架时,要明确企业推行 BIM 的宗旨,明确自己的目的和要达到的目标。

为了搞好企业 BIM 的应用,企业应当在总经理的领导下,成立实施 BIM 的职能部门,各专业部门要指定专人负责本部门的 BIM 应用事宜,各专业部门 BIM 应用的负责人组成企业 BIM 应用的核心团队,领导和统筹 BIM 的应用工作。

搭建整个企业级 BIM 应用框架需要做好如下五方面的工作:建模计划、人员计划、实施计划、公司协作计划、企业技术计划。下面分别进行介绍。

1. 建模计划

(1)制订详细的建模计划和建模标准

企业在项目实施过程中,会在总的 BIM 模型下生成若干个子模型,用于不同的方面。例如,施工子模型用于模拟施工过程,并对可施工性进行分析。这时,BIM 应用的核心团队和协作单位的人员一起对施工子模型进行协调,提出修改意见。其他子模型也会有这样的应用和协调过程。

因此,企业要制订好建模计划和建模标准。在建模计划中,列出模型名称、模型内容、在项目的什么阶段创建以及创建工具等,并在建模前对相关的要求、细节做好计划。而建模标准包括模型的精度和尺寸标注的要求、建模对象要具备的属性、建模详细程度、模型的度量制等。

(2)制订详细的分析计划

在确定了详细的建模计划后,需要制订详细的分析计划。通常是应用不同的子模型来进行相关的分析,例如可视化分析、结构分析、能效分析、冲突检测分析、材料算量分析、进度分析、绿色建筑评估体系分析等。这里,就有相应的分析子模型创建问题,同时也需要制订分软件计划,以便于配置相应的分析软件。为了使分析能与设计无缝链接,初始建模人员需要根据分析计划在建模的过程中加入相关的属性信息。

2.人员计划

企业要把人员计划做好,因为人员对BIM应用水平的高低起了很关键的作用。人员计划包括对企业结构、员工技能、人员招聘和培训要求的分析。

由于企业应用了BIM,原有的企业结构组成可能不适应了,一些专门服务于BIM应用的新部门、新岗位会改变企业的结构,因此需要分析企业结构。这些分析应包含对当前企业结构的分析和对未来应用BIM技术后企业结构的建议。

其次是对员工技能的分析。应用BIM技术后,需要员工掌握新的技能,因此需要对企业当前员工已有的技能进行分析,并对所需技能及掌握此类技能的人数提出建议。

有些岗位确实需要招聘新员工,因此也需要对所需新员工的类型和人数进行分析并做出招聘计划。

无论是新员工还是老员工,都需要参加BIM技术应用的培训,才能满足企业应用BIM的要求。培训计划需要列出要培训的技能类型、培训对象、培训人数和培训课时数。

3.实施计划

企业的实施计划包括沟通计划、培训计划和支持计划。

(1)沟通计划

企业在实施BIM技术后会在企业结构、运营等方面发生一系列重大改变,这些改变也许会对尚未适应新变化的员工心理上造成一些困惑。沟通计划是为了保证企业的平稳过渡,制订出如何根据企业的实际情况与员工进行有效沟通的计划。

(2)培训计划

BIM技术是新的技术,必须对员工进行培训才能有效地实施BIM技术。培训计划要明确培训制度、培训课程、培训对象、培训课时数、待培训人数、培训日期等。培训对象除了本企业员工外,还可以是合作伙伴。

(3)支持计划

企业在应用BIM技术的过程中涉及很多软硬件和技术装备,购买这些软硬件和技术装备时,软硬件厂商会承诺提供必要的支持。支持计划需要列出相关的支持方案,包括软硬件名称、支持类型、联系信息和支持时间等。

4.公司协作计划

公司协作计划是为本企业内部的员工在BIM应用的大环境下,实现高效的沟通、检索和共享BIM技术创建的信息而制订的。应当充分评估企业原有的沟通与协作制度在BIM应用大环境下的适应性,根据评估结果确定如何利用原有的沟通与协作制度或提升原制度。

在BIM应用中,沟通、检索和共享的主要问题是文档的管理,员工应能够根据所授予的权限,在指定的文件夹中上传、下载、查看、编辑、批注文档。

5.企业技术计划

企业技术计划关系到实施BIM技术所需要的能力,包括软硬件和基础设施的情况。需要评估企业的技术能力、软硬件和基础设施的情况,然后根据实际情况制订出企业的技术计划。该计划包括软件选择要求、硬件选择要求等。

（1）软件选择要求

软件选择的原则是能够最大限度地发挥 BIM 工具的优越性，因此应当注意软件的选择。这一点可参照前面项目级基于 BIM 的应用系统中的介绍。

（2）硬件选择要求

根据企业当前的实力、硬件情况以及要实施的 BIM 技术，确定企业的硬件计划。

第二节　BIM 技术在设施全寿命周期的应用

前面已经介绍过，BIM 有着很广泛的应用范围，从纵向上可以跨越设施的整个寿命周期，在横向上可以覆盖不同的专业、工种，使得在不同阶段、不同岗位的人员都可以应用 BIM 技术开展工作。本节将介绍 BIM 技术在设施全寿命周期各个阶段的应用。

2009 年，美国宾夕法尼亚州立大学的计算机集成化施工研究组（The Computer Integrated Construction Research Program of the Pennsylvania State University）完成一个项目，其研究结果见《BIM 项目实施计划指南》（BIM Project Execution Planning Guide）第一版，到了 2010 年又发表了 BIM Project Execution Planning Guide 的第二版。在该指南中，对美国建筑市场上 BIM 技术的常见应用进行了调查、研究、分析、归纳和分类，得出 BIM 技术的 25 种常见应用（图 2-2）。

这 25 种应用跨越了设施全寿命周期的四个阶段，即规划阶段（项目前期策划阶段）、设计阶段、施工阶段、运营阶段。

在我国也有类似的研究，该类研究借鉴美国对 BIM 应用的分类框架，结合目前国内 BIM 技术的发展现状、市场对 BIM 应用的接受程度以及国内工程建设行业的特点，对中国建筑市场 BIM 的典型应用进行归纳和分类，得出四个阶段共 20 种典型应用（图 2-3）。

由于建筑业的工序在国内外基本上大同小异，所以图 2-2 与图 2-3 的确有许多相同之处，如"场地分析""数字化建造""资产管理"等；有些应用字面上不同但实质上是一样的，例如，前者的"设计创作"和后者的"可视化设计"，前者的"记录模型"和后者的"竣工模型交付"。但对于有些应用，二者的划分尺度不一样，如后者把前者的"节能分析""采光分析"和"绿色建筑评估"统一用"性能化分析"代替。前者的"3D 协调"与后者的"管线综合"类似，但后者的描述过于狭窄，好像仅限于管线的碰撞分析，而没有考虑结构梁柱引起的净空高度不够问题，因此还是前者的描述更为合理和全面。后者的"物料跟踪"是前者没有的，这是一项利用无线射频识别（Radio Frequency Identification，RFID）技术，把建筑物内各个设备、构件贴上 RFID 电子标签，以实现对这些设备、构件的跟踪管理。

以下分别就规划阶段（项目前期策划阶段）、设计阶段、施工阶段和运营阶段 BIM 的应用进行概括性介绍。

一、BIM 在项目前期策划阶段的应用

1. 概述

项目前期策划阶段对整个建筑工程项目的影响是很大的。前期策划做得好，随后进行的设计、施工就会进展顺利。而前期策划做得不好，将会对后续各个工程阶段造成不良的影响。美国著名的 HOK 建筑师事务所总裁帕特里克·麦克利米（Patrick MacLeamy）提出具有广泛影

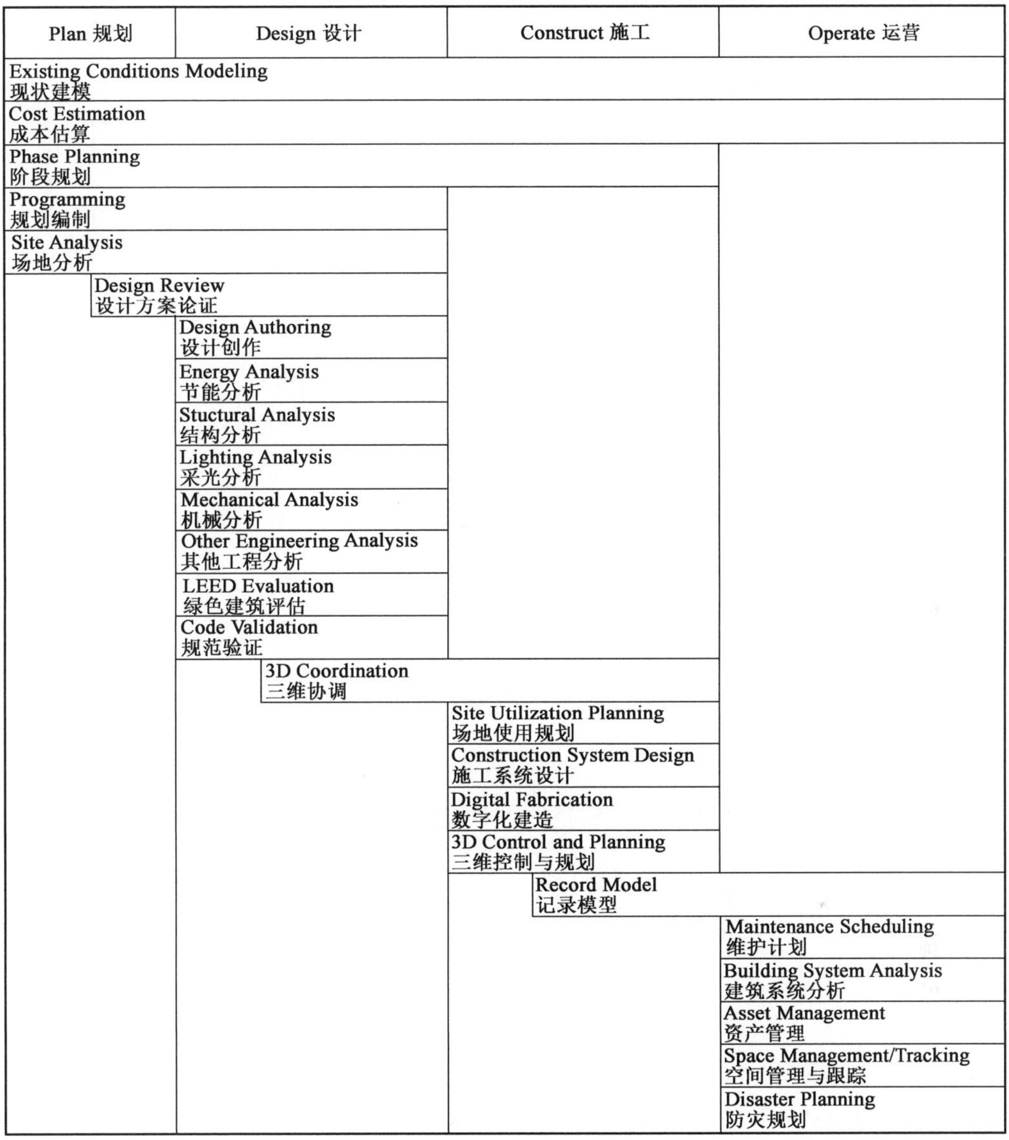

Plan 规划	Design 设计	Construct 施工	Operate 运营
Existing Conditions Modeling 现状建模			
Cost Estimation 成本估算			
Phase Planning 阶段规划			
Programming 规划编制			
Site Analysis 场地分析			
	Design Review 设计方案论证		
	Design Authoring 设计创作		
	Energy Analysis 节能分析		
	Stuctural Analysis 结构分析		
	Lighting Analysis 采光分析		
	Mechanical Analysis 机械分析		
	Other Engineering Analysis 其他工程分析		
	LEED Evaluation 绿色建筑评估		
	Code Validation 规范验证		
	3D Coordination 三维协调		
		Site Utilization Planning 场地使用规划	
		Construction System Design 施工系统设计	
		Digital Fabrication 数字化建造	
		3D Control and Planning 三维控制与规划	
		Record Model 记录模型	
			Maintenance Scheduling 维护计划
			Building System Analysis 建筑系统分析
			Asset Management 资产管理
			Space Management/Tracking 空间管理与跟踪
			Disaster Planning 防灾规划

图 2-2 美国 BIM 技术的 25 种常见应用

响的麦克利米曲线(MacLeamy Curve),如图 2-4 所示,清楚地说明项目前期策划阶段的重要性以及实施 BIM 技术对整个项目的积极影响。

图 2-4 分析了项目的寿命周期进程中的相关事物随时间变化的一些趋势。图中的曲线 1 代表了影响成本和功能特性的能力(ability to impact cost and functional capabilities),它表明在项目前期阶段的工作对于成本、建筑物的功能影响力是最大的,越往后这种影响力就越小。而曲线 2 则代表了设计变更的费用(cost of design changes),它的变化显示了在项目前期改变设计所花费的费用较低,越往后期费用就越高。这也与潜在的项目延误、浪费和增加交付成本有着直接的关联。

	规划	设计	施工	运营
BIM应用	BIM模型维护			
	场地分析			
	建筑策划			
	方案论证			
		可视化设计		
		协同设计		
		性能化分析		
		工程量统计		
		管线综合		
			施工进度模拟	
			施工组织模拟	
			数字化建造	
			物料跟踪	
			施工现场配合	
			竣工模型交付	
				维护计划
				资产管理
				空间管理
				建筑系统分析
				灾害应急模拟

图 2-3　BIM 技术在我国的 20 种典型应用

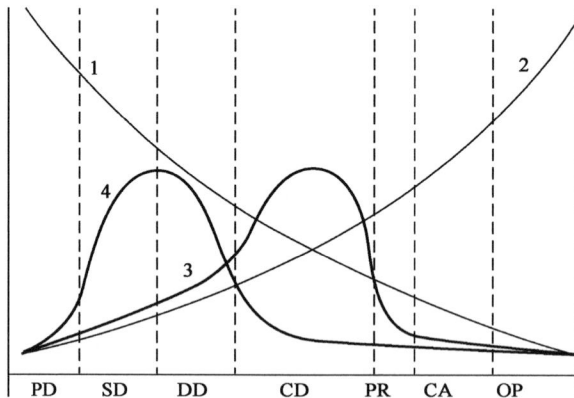

图 2-4　麦克利米曲线(MacLeamy Curve)

PD：Pre-design（设计前期）；SD：Schematic design（方案设计）；DD：Design development（扩充设计）；CD：Construction documenta-tion（施工图）；PR：Procurement（采购）；CA：Construction administeation（施工管理）；OP：Operation（运营）。1-Ability to impact cost and functional capabilities（影响成本和功能特性的能力）；2-Cost of design changes（设计变更的费用）；3-Traditional design process（传统的设计过程）；4-Preferred design process（优选的设计过程）

　　出于上述原因,在项目的前期就应当及早应用 BIM 技术,使项目所有利益相关者能够早点参与项目的前期策划,让每个参与方都可以及早发现各种问题并做好协调,以保证项目的设计、施工和交付能顺利进行,减少各种不必要的浪费和延误。

　　项目中使用 BIM 技术在前期需要做的工作很多,包括现状建模与模型维护、场地分析、成本估算、阶段规划、规划编制、建筑策划等。现状建模包括根据现有的资料把现状图纸导入基于 BIM 技术的软件中,创建出场地现状模型,包括道路、建筑物、河流、绿化以及高程的变化起伏情况等,并根据规划条件创建出本地的用地红线及道路红线,生成面积指标。

　　在现状模型的基础上,根据容积率、绿化率、建筑密度等建筑控制条件创建工程的各种建筑体块方案,创建体量模型。做好总图规划、道路交通规划、绿地景观规划、竖向规划以及管线综合规划。然后就可以在现状模型上进行概念设计,建立起建筑物初步的 BIM 模型。

随后可以根据项目的经纬度,借助相关的软件采集此地的太阳及气候数据,并基于 BIM 模型数据利用相关的分析软件进行气候分析,对方案进行环境影响评估,包括日照环境影响、风环境影响、热环境影响、声环境影响等的评估。对某些项目,还需要进行交通影响模拟。

在项目前期的策划阶段,不可忽略的一项工作就是投资估算。对于应用 BIM 技术的项目,由于 BIM 技术强大的信息统计功能,在方案阶段,可以获取较为准确的土建工程量,既可以直接计算本项目的土建造价,大大提高估算的准确性,同时还可提供对方案进行补充和修改后所产生的成本变化。这可用于不同方案的对比,权衡出不同方案的造价优劣,为项目决策提供重要而准确的依据。这个过程也使设计人员能够及时看到他们设计上的变化对于成本的影响,可以帮助抑制由于项目修改引起的预算超支。

应用 BIM 技术的项目,投资估算阶段烦琐的各类计算工作,可以通过计算机自动处理,大大减轻了造价工程师的工作量,造价工程师可以利用省下来的时间从事更具价值的工作,如确定施工方案、评估风险等,这些工作对于编制高质量的预算非常重要。专业的造价工程师能够细致考虑施工中许多节省成本的专业问题,从而编制出精确的成本预算。这些专业知识可以为造价工程师在成本预算中创造真正的价值。

最后就是阶段性实施规划和设计任务的编制。设计任务书应当体现出应用 BIM 技术的设计成果,如 BIM 模型、漫游动画、管线碰撞报告、工程量及经济技术指标统计表等。

2. 应用案例

(1)加拿大嘉士伯(Jasper)国家公园内的酒店

加拿大艾伯塔省埃德蒙顿市的 HIP 建筑师事务所,在 2005 年承担了在加拿大嘉士伯国家公园设计一家新酒店的任务。该酒店共三层,建筑面积18000 平方英尺,最多可容纳 120 位旅客。由于新酒店靠近联合国教科文组织认定的世界文化遗址,因此酒店业主决定该酒店采用可持续发展设计思想,这也是酒店业主对保护环境的承诺,并确定了按照 LEED 绿色建筑评级系统的黄金级标准设计。为此 HIP 建筑师事务所从项目一开始就采用基于 BIM 的软件进行策划和设计。

为了在环绕酒店基地的落基山的山谷中对这幢建筑准确地定位,设计人员利用 Revit 软件根据现有的地形图为基地四周的山地创建了地形模型,并利用这个模型进行了全年的日照分析,以求出在什么位置可以利用山体地形实现遮阳。通过这些信息,确定酒店建筑的最佳朝向,可以在盛夏季节的下午实现最大程度的遮阴,同时合理地确定屋檐尺寸,以尽量减少对太阳热能的吸收。

设计人员还研究了很多种不同的设计方案及它们的能源需求,他们充分利用室内空间以实现较好的节能。设计人员将 BIM 模型数据和加拿大能源效能模拟软件结合进行基本能源分析。分析表明,初步设计所需能源比他们设定的能源少,能源利用率比传统建筑提高了50%。

BIM 技术的应用还为他们后来申请 LEED 证书带来了很多方便,模型中的大量信息包括有关材料的数据,如回收物、可更新的材料、来自 500 英里(1 英里)半径以内的材料等可以通过基于 BIM 的软件自动筛选和分类,省去了通常申请绿色证书需要这方面的手工筛选以及计算过程。

(2)某住宅区项目

该住宅区项目是位于我国中部地区某城市目前在建的一个大型住宅区项目,该项目占地面积110689m²、建筑面积44万多平方米,容积率3.33,建筑密度17.82%。该项目在立项时就有意被打造成一个高档的绿色住宅区。

该项目从策划开始就采用BIM技术,经过一段紧张的工作,项目设计团队得出了A、B两个住宅区规划方案。当地的规划部门倾向于采用方案B。

项目设计团队觉得应当根据高档的绿色住宅区的定位来决定方案的取舍。于是,他们利用建立好的BIM模型,对各种影响环境的参数进行详细的模拟计算,通过数据来决定采取哪一个方案。模拟条件为夏至日,屋外温度33.6℃,风向为夏季主风向东南方,风速6.94m/s。

当进行室外风环境计算评价时,设计团队发现,在方案A中,夏季风通过目标区域建筑群时风的流动性好,能在区域内形成风带,使整个区域通风良好,可减轻区域热岛效应,有利于建筑物的通风散热,可降低空调使用率,从而实现节能环保。而对于方案B,夏季风通过目标区域建筑群时风的流动性较好,但与方案A相比较,风速在区域内形成的风带不明显,对于建筑群的通风散热不如方案A好。

通过利用基于BIM模型的量化分析,规划部门通过了方案A的报批,加快了政府部门的报建流程。

（3）维多利项目

维多利项目位于美国得克萨斯州达拉斯市中心维多利地区的一个铁路堆场,该铁路堆场将被改造作为Victory Park发展项目的组成部分。该项目是一座六层高、占地1.6公顷（1公顷=10 000m²）、有135 000平方英尺的办公及零售两用的建筑。项目于2006年8月启动,项目前期策划阶段,在业主认可概念设计后设计团队用BIM技术建立了数字化的概念成本模型,并探讨了多个设计修改方案以及评估不同建筑性能置换方案的成本,同时进行成本估算,最后将计算成本概算结果提交给业主。项目使用的核心软件是DProfiler,相对于其他的基于BIM技术的软件,DProfiler主要的强项是其所建的模型与成本信息是直接关联的。DProfiler软件包集成了RSMeans数据库的成本数据,这使得设计团队对各种设计选项能进行快速的计算。

使用DProfiler进行估算与传统的人工估算方法相比,生成估算结果的时间可减少92%,类似的项目误差在1%以内。因此,设计团队可以有更多时间和精力探索更多可行的方案。

项目每个构件和装配部件与数据库中的成本项目是相关的,当设计团队在模型中更换构件时,成本估算会实时更新,设计师可以看到估算的信息。

建立与成本项目相关的参数化模型中重要的一步是输入包括项目地区邮政编码等的项目相关信息,这使项目组得以考虑项目区域相关的成本因素。

如果概念设计模型和相应的成本估算因超出预算而不能在业主预计的框架范围内实现,则团队将评估多种成本估算方案,比如更改层高,通过增加或减少楼层来扩充或减少面积,或者评估当前平面布置及调整平面为更有效的平面。

设计选项还包括在外窗幕墙系统采用反光镀膜玻璃来处理南面及西面太阳的直接照射,代替更为昂贵的金属板遮阳系统。

设计团队还可以输入诸如租赁面积等不同的设计参数,这会直接影响业主的财务预算,但在这个项目中并未这样做。将模型与预算直接关联的好处在于可以获得实时的反馈,包括建筑成本估算、运营的收入及支出。业主通常将这些信息视为资产信息,这种根据实际的建筑参数而获得快速地对设计选项进行估算的能力是非常有价值的。

该项目业主的反馈是:"通过对价格影响因素的建模,我们可以确认更好的面向市场的产品。潜在客户有很高的要求,我们必须提供合适的建筑及租赁价格来使他们满意。"

概念阶段的成本估算对业主和设计团队都有好处。这些好处包括:

①减少成本概算时间。节约时间有两方面原因:一是参与概算的人员大大减少;二是烦琐的工料估算工作交由计算机计算比传统的人工方式可减少大量时间。

②实时、准确的成本估算。对所有项目进行统计,减少了潜在的估计错误,参数化的模型保证了材料估算的准确性。而实时性的估算结果有利于设计团队分析设计变更带来的财务影响。

③估算结果的可视化。成本估算以3D图形的方式呈现,可以减少人工估算时因疏忽而造成的潜在错误。比如说,估算人员忽略了建筑物的某个部分,在3D视图中这部分会显示,因而发现估算的错误。

二、BIM在项目设计阶段的应用

1. 概述

从BIM的发展历史可知,BIM最早的应用就是在建筑设计领域,然后扩展到建筑工程的其他阶段。

BIM在建筑设计领域的应用范围很广,无论在设计方案论证,还是在设计创作、协同设计、建筑性能分析、结构分析,以及在绿色建筑评估、规范验证、工程量统计等许多方面都有广泛的应用。

BIM为设计方案的论证带来了很多便利。由于BIM的应用,传统的2D设计模式已被3D模型所取代,3D模型所展示的设计效果十分方便评审人员、业主和用户对方案进行评估,甚至可以就当前的设计方案讨论可施工性、如何削减成本和缩短工期等问题,经过审查最终为修改设计提供可行的方案。由于采用可视化方式进行,可获得来自最终用户和业主的积极反馈,使决策的时间大大减少,有助于达成共识。

设计方案确定后就可深化设计,BIM技术继续在后续的建筑设计中发挥作用。由于基于BIM的设计软件以3D的墙体、门、窗、楼梯等建筑构件作为构成BIM模型的基本图形元素,整个设计过程就是不断确定和修改各种建筑构件的参数,全面采用可视化的参数化方式进行设计。而且该BIM模型中的构件实现了数据关联、智能互动,所有的数据都集成在BIM模型中,其交付的设计成果就是BIM模型。各种平、立、剖2D图纸,各种3D效果图、3D动画都可以根据模型随意生成。这就为生成施工图和实现设计可视化提供了方便。由于生成的各种图纸都是来源于同一个建筑模型,因此所有的图纸和图表都是相互关联的,同时这种关联互动是实时的。在任何视图上对设计做出任何更改,就等同对模型的修改,都可以实时在其他视图上关联的地方反映出来,这就从根本上避免了不同视图之间出现的不一致现象。

BIM技术为实现协同设计开辟了广阔的前景,使不同专业甚至是不同地区的设计人员都能通过网络在同一个BIM模型上展开协同设计,使设计能够协调地进行。

以往应用2D绘图软件进行建筑设计,平、立、剖各种视图之间不协调的事情时有发生,即使花了大量人力、物力对图纸进行审查,仍然不能彻底解决不协调的问题。有些问题到了施工时才被发现,给材料、成本、工期造成了很大的损失。应用BIM技术后,通过协同设计和可视化分析就可以及时解决上述设计中的不协调问题,保证了施工的顺利进行。例如,应用BIM技术可以检查建筑、结构、设备平面图布置有没有冲突,楼层高度是否适宜楼梯布置与其他设计布置是否协调,建筑物空调、给排水等各种管道布置与梁柱位置有没有冲突和碰撞,所留的空间高度、宽度是否恰当等,这就避免了使用2D的CAD软件做建筑设计时容易出现的不同视图、不同专业设计图不一致的现象。

除了做好设计协调之外,BIM模型中包含的建筑构件的各种详细信息,可以为建筑性能分析(节能分析、采光分析、日照分析、通风分析等)提供条件,而且这些分析都是可视化的。这样,就为绿色建筑、低碳建筑的设计,乃至建成后进行的绿色建筑评估提供了便利。因为BIM模型中包含了用于建筑性能分析的各种数据,同时各种基于BIM的软件提供了良好的数据交换功能,只要将模型中的数据通过诸如IFC、gbXML等交换格式输入到相关的分析软件中,很快就能得到分析结果,为设计方案的最终确定提供保证。

BIM模型中信息的完备性也大大简化了设计阶段对工程量的统计工作。模型中每个构件都与BIM模型数据库中的成本项目是相关的,当设计师在BIM模型中对构件进行变更时,成本估算会实时更新,而设计师随时可看到更新的估算信息。

以前应用2D的CAD软件做设计,由于绘制施工图以及后期的调整工作量很大,建筑师无法花很多的时间对设计方案进行精心的推敲。而应用BIM技术进行设计后,建筑师能够把主要的精力放在建筑设计的核心工作——设计构思和相关的分析上。只要完成设计构思,确定BIM模型的最后构成,即可根据模型生成各种施工图,用时很少。由于BIM模型良好的协调性,因此在后期需要调整设计的工作量很少。这样,建筑设计的质量可得到保证。

以前,工程量统计是一个通过人工读图、逐项计算的体力活,需要大量的人员和时间。而应用BIM技术后,通过计算软件即可从BIM模型中快速、准确地提取数据,得到准确的工程量计算结果,从而提高工作效率。

2. 应用案例

BIM技术自问世起,就得到建筑界的青睐,并迅速应用在建筑业中。以下通过一些实例来介绍BIM在建筑设计中的应用。

(1)国家游泳中心

国家游泳中心是为迎接2008年北京奥运会而兴建的比赛场馆,又名"水立方"。其建筑面积约5万m^2,设有1.7万个座席,工程造价约6亿元。

设计方案是由中国建筑工程总公司、澳大利亚PTW公司和ARUP公司组成的联合体设计,设计体现出"水立方"的设计理念,融建筑设计与结构设计于一体。

"水立方"设计的灵感来自于肥皂泡泡以及有机细胞天然图案的形成,建筑灵感实现的关键在于结构设计。设计人员设想采用的建筑结构是3D的维伦第尔式空间梁架(Vierendeel space frame),根据国家游泳中心的设计,这个空间梁架每边都长175m、高35m,空间梁架的基本单位是一个由12个五边形和2个六边形所组成的几何细胞,设计的表达以及结构计算都非常复杂。设计人员借助于BIM技术,以实现他们的设计灵感。他们应用Bentley Structural和MicrostationTriForma制作了一个3D细胞阵列,然后根据国家游泳中心的设计形成造型,细胞阵列的切削表面形成这个混合式结构的凸缘,而结构内部则形成网状,在3D空间中一直重复,没有留下任何闲置空间。

如果采用传统的CAD技术,"水立方"的结构施工图是无法画出来的。"水立方"整个图纸中所引用的所有钢结构的图形都来自于他们采用的基于BIM的软件,用切片方式切出来。

由于设计人员应用了 BIM 技术,在较短的时间内完成了包含复杂几何图形的设计以及相关的文档,他们赢得了 2005 年美国建筑师学会(American Institute of Architect, AIA)颁发的"BIM 大奖"。

(2)塞拉利昂公路项目中的一段桥梁 BIM 应用

桥梁在设计阶段,设计和出图工作量很大,利用传统的图纸表达方式,钢筋等材料的统计工作不仅繁杂,而且容易出错。另外,桥梁设计与施工工艺环节联系紧密,如果能在设计阶段提前把桥梁的施工过程模拟出来,就可以基本避免实际施工中可能出现的一系列问题。有效应用 BIM 技术,不仅能够提高桥梁设计的效率和质量,减少变更及返工,节约工程资金,保障施工周期,同时有助于实现桥梁工程的创新性和先进性。

以塞拉利昂公路项目中的一段桥梁为例,探讨 BIM 技术在桥梁工程中设计阶段的应用可行性、必要性以及应用价值,开发了参数化族库及运维阶段监测数据与 BIM 模型的接口。通过在桥梁项目设计阶段建立的 BIM 模型,完成设计检查、工程量清算、建立施工图模板、出施工图及 4D 模拟施工进程等应用,为 BIM 技术在桥梁工程设计阶段的应用提供一条有效的技术路线,并为 BIM 在其他项目设计阶段的应用建立标准,积累经验。

目标项目是一个旧路改造项目,桥梁位于塞拉利昂首都 Free down 东线主干公路网中,跨越 Orugo 河。河面已有一座旧桥,拟建新桥的桥位与之基本一致。在设计阶段,应用 BIM 技术依次要经过建模、设置出图模板、出施工图、施工模拟、运维阶段应用等主要过程。

①建立 BIM 模型

本项目桥梁的 BIM 模型建模有两个特点:一是精度高,按照钢筋级的永久结构模型建立;二是充分考虑施工阶段的应用性,模型中包括了相邻旧桥模型和连接桥梁的前后公路段。

使用 Autodesk Revit 建立了大量的参数化桥梁结构族库,并定制了相关的视图样板和明细表模板,可供以后相似工程使用。根据测绘、地质、线路等基础数据,设计人员利用参数化的族库,建立了新旧桥梁的 BIM 模型和两侧公路的 BIM 模型。族库包括标准梁、承台、走道板、道路标志等。同时,借助于 Autodesk Revit 的开放接口 API,桥梁工程师还开发出桥梁下部结构的参数化钢筋配置模块,为每一种不同类型的桥墩和桥台快速布置实体钢筋,以便钢筋图的生成和钢筋数量统计。

②设计合理性和冲突检查

BIM 模型在设计阶段对于设计校核、碰撞检查和工程量统计工作有明显的优势。建模过程中发现的设计图错误在正式施工前就得到了澄清或勘误。另外,材料清单可以通过模板自动生成,将模型创建的清单与原始二维设计图纸比对,可查出工程量统计中的问题。BIM 最基础的一项功能就是可以进行冲突检查。在传统工作方式下,不同专业之间的设计人员采用二维平面图进行交流,既不直观,又容易出现不协调的情况。而设计中专业间的不协调有可能给施工带来巨大的成本追加。在本项目的桥梁设计中,设计人员使用 Autodesk Revit 的工作集和链接管理,将模型进行整合和问题检测,大大降低了施工过程中出错的可能性。

③设置出图模板,创建二维施工图

通过三维 BIM 模型,直接生成二维图纸,也是 BIM 的优势之一。模型与图纸的关联性可以保证出图的准确性和质量。目前,BIM 应用的阻碍之一是建模比较费时,效率不高。而对于后期图纸的质量保证提升了 BIM 的应用价值。

④施工模拟4D技术

BIM模型信息与施工相关联称作施工模拟4D。4D BIM技术可以通过BIM模型对整个工程的施工过程进行模拟,将各个施工专业的三维建筑模型及其各自的施工计划导入Autodesk NavisWorks中,然后对各个专业的施工进度进行模拟,分析各个专业施工进度的合理性以及配合的协调性,以便于对施工计划进行调整,同时还可以掌握施工预算等信息。桥梁的设计和施工是紧密关联的,对各种桥梁根据不同的地形、施工条件采用不同的合理施工方法是桥梁工程中需要解决的关键问题。大型构件的吊装是桥梁施工过程中不可缺少的一道工序,如何正确安排大型构件的吊装工序,将直接影响到桥梁工程能否顺利完成并达到施工进度和质量的要求。本项目根据原有旧桥和当地的施工条件,采用几种不同的施工方法模拟施工,使得最终的施工方法更合理、更科学。

三、BIM在项目施工阶段的应用

1.概述

在当前国内经济蓬勃发展的大背景下,建设工程的市场巨大,对比我国近年来房地产行业与建筑业的产值利润,房地产行业毛利润率年平均达30%左右(2007年后),而建筑业产值利润率仅为3.6%(2011年),究其原因应当是多方面的,但其中的一个重要原因,就是建筑业的企业管理落后,生产方式陈旧,导致错误、浪费不断,返工、延误常见,劳动生产率低下。从本章前面的图2-4(麦克利米曲线图)也可以看出,在施工阶段,对设计的任何修改,都会带来巨大的成本负担。如果不在施工开始之前,把设计存在的问题找出来,就需要付出高昂的代价。如果没有科学、合理的施工计划和施工组织安排,也需要为造成的窝工、延误、浪费付出额外的费用。

根据以上分析,施工企业对于应用新技术、新方法来减少错误、浪费,消除返工、延误,从而提高劳动生产率的积极性是很高的。生产实践证明,BIM在施工中的应用可以为施工企业带来巨大价值。

事实上,伴随着BIM理念在我国建筑行业内认知和认可度的不断提升,BIM技术在施工实践中的优越性和其显著的应用效果,为建筑企业的施工生产活动带来极为重要和深刻的影响。

BIM技术在施工阶段应用如下:3D协调/管线综合、支持深化设计、场地使用规划、施工系统设计、施工进度模拟、施工组织模拟、数字化建造、施工质量与进度监控、物料跟踪等。

BIM在施工阶段的应用,主要有赖于应用BIM技术建立的3D模型。3D模型提供可视化的手段,为参与项目的各方展现2D图纸所不能给予的视觉效果和认知角度,这就为碰撞检测和3D协调提供了良好的基础。同时,可以建立基于BIM的包含进度控制的4D施工模型,实现虚拟施工。更进一步,还可建立基于BIM的包含成本控制的5D模型。这样可合理安排施工,减少返工,控制成本,为创造绿色、环保、低碳施工等方面提供有力支持。

应用BIM技术可以为建筑施工带来新的面貌。

(1)可以应用BIM技术解决一直困扰施工企业的难题——各种碰撞问题。在施工开始前,利用BIM模型的3D可视化特性对各个专业(建筑、结构、给排水、机电、消防、电梯等)的设计进行空间协调,检查各个专业管道之间的碰撞问题以及管道与房屋结构中梁、柱的碰撞问题。如发现碰撞则及时调整,这就能较好地避免施工中管道发生碰撞和拆除重新安装的问题。

上海市的虹桥枢纽工程,由于没有应用 BIM 技术,仅管线碰撞一项损失就高达 5000 多万元。

(2)施工企业可以利用 BIM 模型对施工计划和施工方案进行分析模拟,充分利用空间和资源,消除冲突,得到最优施工计划和方案。特别是在复杂区域应用 3D 的 BIM 模型,直接向施工人员进行施工交底和作业指导,既直观又方便。

(3)通过应用 BIM 模型对新形式、新结构、新工艺和复杂节点等施工难点进行分析模拟,可以改进设计方案,实现设计方案的可施工性,使原本在施工现场才能发现的问题尽早在设计阶段就得到解决,以达到降低成本、缩短工期、减少错误和浪费的目的。

(4)BIM 技术为数字化建造提供坚实的基础。数字化建造的大前提是要有详尽的数字化信息,而 BIM 模型正是由数字化的构件组成,所有构件的详细信息都以数字化的形式存放在 BIM 模型的数据库中。而像数控机床这些用作数字化建造的设备需要的就是这些描述构件的数字化信息,这些数字化信息为数控机床提供了构件精确的定位信息,为数字化建造提供了必要条件。通常需要应用数控机床进行加工的构件大多数是一些具有自由曲面的构件,它们的几何尺寸信息和顶点位置的 3D 坐标都需要借助一些算法才能计算出来,这些通过 2D 的 CAD 软件是难以完成的,而在基于 BIM 技术的设计软件中则可以实现。

其实,施工中应用 BIM 技术最令人称道的一点就是对施工实行科学管理。

(5)通过 BIM 技术与 3D 激光扫描、视频、照相、GPS(Global Positioning System,全球定位系统)、移动通信、RFID(Radio Frequency Identification,射频识别)、互联网等技术的集成,可以对现场的构件、设备以及施工进度和质量实时跟踪。

(6)通过 BIM 技术和管理信息系统集成,可以有效支持造价、采购、库存、财务的动态和精确管理,减少库存开支,在竣工时可以生成项目竣工模型和相关文档,有利于后续的运营管理。

(7)BIM 技术的应用提高了施工方与其他方的沟通有效性,业主、设计方、预制厂商、材料及设备供应商、用户等可利用 BIM 模型的可视化特性与施工方进行沟通,提高效率,减少错误。

2. 应用案例

(1)BIM 技术在隧道施工中的应用

在隧道施工中可以通过 BIM 4D 虚拟施工来进行演练。4D 虚拟施工是对 3D 几何空间模型添加时间维度,虚拟推演实际施工过程。具体来说,就是将 BIM 模型与施工组织进度计划相关联,以进度驱动模型的虚拟仿真。技术路线如下:

①建立 3D 数字模型,赋予每一构件施工工序属性参数。

②编制工序的时间任务项数据源。

③集成模型和工序时间数据源,在虚拟仿真环境中实现模型的虚拟建造,同时进行实时的过程交互,虚拟推演施工方案,动态检查方案的可行性及存在的问题,优化调整施工装备、工艺等。基于 BIM 的虚拟施工方案流程见图 2-5。

图 2-6a)展示了隧道 4D 虚拟施工过程,对超前支护、初期支护、仰拱填充和二次衬砌所有结构节点进行动态施工模拟。图 2-6b)展示了施工进度信息和横道图,对每个构件进行施工流水段、时间的定义。从图 2-6 可清晰查看所有构件的施工顺序和时间节点,通过对比分析施工计划和实际施工进度的状态,便于项目管理者实时掌控施工进度,确定最好的施工顺序和时间节点,快速调整施工资源,随时为制订物资采购计划提供及时、准确的数据支撑,对项目成本管控提供技术支持,以实现项目精细化施工管理。

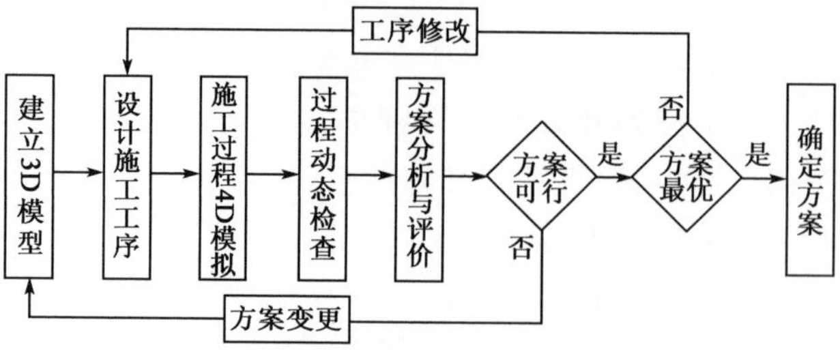

图2-5　基于 BIM 的虚拟施工方案流程图

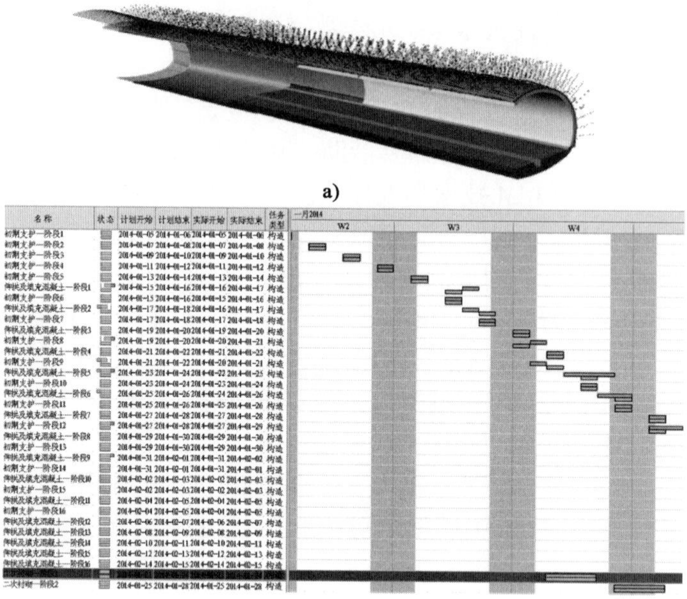

a)

b)

图2-6　隧道 4D 虚拟施工过程
a)剖视图;b)施工进度横道图

　　传统的二维 CAD 图纸表达工程结构节点设计时,需要平面图结合多个剖面图才能表达清楚,而 BIM 以三维数字模型为基础,可真实表达工程结构节点的空间几何形状、位置与功能关系,将复杂空间的设计变得更加直观,达到"所见即所得"的效果,且可以进行 360°视角的空间可视化,便于施工作业人员理解图纸,避免因对图纸理解不清而产生的施工错误。

　　复合式衬砌隧道的环向施工缝需设置中埋式橡胶止水带,纵向施工缝需设置中埋式钢边橡胶止水带。图2-7a)是 CAD 图,图2-7b)是 BIM 模型。通过两者对比可知,利用三维模型对现场施工员和班组进行技术交底更直观,效果显著。

　　(2)BIM 技术在永川长江大桥施工中的应用

　　永川长江大桥施工中,施工人员利用 BIM 技术搭建的桥梁模型与施工进度表相结合,对施工过程进行详细的模拟,由项目管理人员与 BIM 建模师共同发现问题、解决问题。这个过程主要基于项目人员的建议调整施工过程,更新 BIM 模型,直到最后获得项目人员认可,其过程如图2-8 所示。

图 2-7 CAD 与 BIM 模型对比(尺寸单位:mm)

a)CAD 平面图;b)BIM 模型

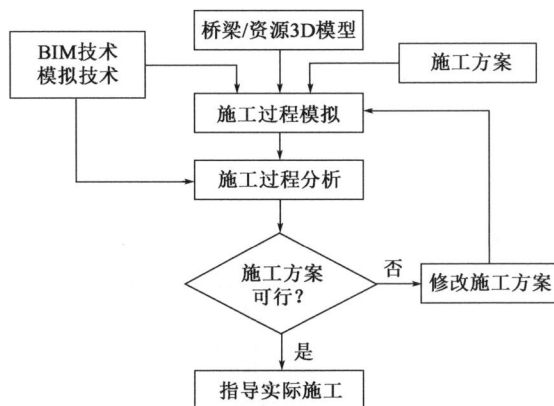

图 2-8 永川长江大桥 BIM 技术施工技术路线图

通过 BIM 技术中的可视化施工过程模拟,可实时指导真实的施工过程,让工人能够提前更好地理解施工工艺、流程、协作方式、安全隐患,不仅可以减少施工问题的产生,还可以提高管理人员的管理效率、减少管理中出现的问题。能够提前发现并解决桥梁施工过程可能出现的问题,改变了传统的管理思维模式,即由"被动管理"转变为"主动管理"。例如在斜拉桥钢箱梁合龙施工的整个过程(包括桥面吊机、劲性骨架等)中,重点应用了 BIM 模型进行虚拟合龙。

另外永川长江大桥钢箱梁的施工管理中,钢箱梁共分为 41 个梁段(6 种类型):标准梁段 36 个(A、B、C 型),合龙段 1 个(F 型),钢混结合段 2 个(E 型),特殊段 2 个(D 型),对于每个钢箱梁,在现场施工过程中要完成拼装、焊接、螺栓连接及相关作业。并且对钢箱梁在施工中的制作顺序、存放位置、运转周期均需要认真考虑,稍有不慎将制约到工程进度,影响施工的顺利进行。传统的材料管理基本依据 EXCEL 表格进行。基于 BIM 技术可视化的动态管理,对相关钢箱梁的物流信息数据进行有效的记录和管理,在桥梁工程施工中,可很大程度上缓解钢筋梁施工中的压力。并且在工人进入施工现场前,观看钢箱梁的信息及施工过程的模拟,有利于提高生产组织,加快工序衔接,提升项目管理质量。

3. BIM 技术在连续梁桥施工管理中的应用

在湖润 1 号大桥施工过程中,BIM 技术发挥了极大的优势,为项目部的精细化管理提供了可靠的技术支持,具体应用体现在以下几个方面。

(1)复核图纸,查漏补缺

传统的二维设计图纸往往存在一定的设计错误。由于这些设计错误产生的设计变更会造成施工单位停工或窝工,也会给建设、施工单位带来巨大的经济损失,湖润 1 号大桥施工中也同样难免出现类似情况。通过三维建模,可提前发现问题,找出错误,规避损失和风险的发生。

(2)三维交底,避免返工

构造复杂的湖润 1 号大桥,如果全靠技术员通过二维施工图发挥空间想象力,即使经验丰富的工程师,尚且需要花费较多的精力完全理解图纸,对于新入职或者入职时间不长的年轻技术员,由于没有大桥施工的工程经验,势必导致读图用时较长,且难免有读错图的情况发生,从而使得技术交底出现偏差,导致返工现象。对湖润 1 号大桥运用 BIM 技术以后,将二维图纸转换为 3D 模型,不但方便了技术员读图,也使技术交底变得简单,提高了技术员读图的效率和准确度,实现了可视化技术交底,减少了返工。

(3)建模提量,事半功倍

湖润 1 号大桥应用 BIM 技术,可以实现智能计算,快速提取工程量,在施工阶段出现设计变更时,能够快速地完成变更前后工程量和工程造价的计算、差异比较分析,在很大程度上降低设计变更带来的工作压力。

(4)精建细算,用量控制

按湖润 1 号大桥实际施工节段针对性建模,进一步提高工程量预算的精细度,精确各个阶段的材料用量。严格地讲,湖润 1 号大桥施工图纸有全桥工程数量统计表。但是光有一个总量是远远不够的,施工过程中需要的往往是施工到某一个阶段之后,下一个阶段的钢筋混凝土材料用量。即使是分节段悬臂施工的主梁,在施工图中有各梁段分段施工的工程数量统计表,还是不够完全和细致,而且也不一定百分之百准确。对于湖润 1 号大桥的高大且有变截面的空心桥墩,施工中不可避免地要分段浇筑,而且随着时间的推移,工程的进展,每一个阶段的施工用量都需要精确掌握,这样才方便指导施工。湖润 1 号大桥根据实际施工节段,利用 BIM 针对性建模算量,精准预估结构混凝土方量。

四、BIM 在项目运营维护阶段的应用

1. 概述

运营维护阶段是建筑物全寿命周期中最长的一个阶段。这个阶段管理工作质量的提升,

依靠运营维护的科学安排,从而提高运营质量,降低运营成本。

美国国家标准与技术研究院(National Institute of Standards and Technology, NIST)在2004年进行了一项调查研究,目的是预估美国重要的设施行业(如商业建筑、公共设施建筑和工业设施)的效率损失。研究报告指出:根据访谈和调查回复,在2002年不动产行业中每年的互用性成本量化为158亿美元。这些费用的2/3由业主和运营商承担,大部分费用用在设施持续运营和维护中。

的确,不少设施管理机构仍然在重复低效率的工作。如采用人工计算建筑管理的各种费用时,在大量纸质文档中寻找有关设备的维护手册会花费很多时间,甚至花费大量时间搜索竣工平面图但是毫无结果,最后才发现他们从一开始就没收到该平面图。这正是前面说到的因为没有解决互用性问题而造成的工作效率低下。

因此,提高设施在运营维护阶段的管理水平,降低运营和维护的成本问题亟须解决。

随着BIM的出现,设施管理者看到了希望的曙光,特别是一些应用BIM进行设施管理的成功案例使管理者们信心倍增。由于BIM中包含建筑物全寿命周期高质量的建筑信息,业主和运营商便可降低由于缺乏操作性而导致的成本损失。

在运营维护阶段,BIM可有如下应用:竣工模型交付、维护计划、建筑系统分析、资产管理、空间管理、分析防灾计划与灾害应急模拟。

将BIM应用到运营维护阶段后,运营维护管理工作将呈现新的面貌。施工方竣工后,应对建筑物进行必要的测试和调整,按照实际情况提交竣工模型。由于从施工方接收了用BIM技术建立的竣工模型,运营维护管理方就可以根据运营维护管理工作的特点,对竣工模型进行补充、完善,然后以BIM模型为基础,建立起运营维护管理系统。

这样,运营维护管理方得到的不只是常规的设计图纸和竣工图纸,还能得到反映建筑物真实状况的BIM模型,其中包含施工过程记录、材料使用情况、设备的调试记录及状态等与运营维护相关的文档和资料。BIM能将建筑物空间信息、设备信息和其他信息有机地整合起来,结合运营维护管理系统,可以充分发挥空间定位和数据记录的优势,合理制订运营、管理、维护计划,尽可能减少运营过程中的突发事件。

BIM可以帮助管理人员进行空间管理,科学地分析建筑物空间现状,合理规划空间布局,确保其充分利用。同时,应用BIM可以处理各种空间变更的请求,合理安排并记录空间的使用、出租、退租的情况,还可以在租赁合同到期前设置到期自动提醒功能,实现空间的全过程管理。

应用BIM还可以大大提高各种设施和设备的管理水平。通过BIM建立维护工作的历史记录,以便跟踪设施和设备的状态,对一些重要设备的适用状态提前预判,并自动根据维护记录和保养计划提示到期需保养的设施和设备,对故障设备从派工维修到完工验收、回访等均进行记录,实现过程化管理。此外,BIM模型的信息可以与停车场管理系统、智能监控系统、安全防护系统等连接,由后台集中控制和管理,实现各个系统之间的互联、互通和信息共享,有效地帮助管理人员进行运营维护管理。

以上工作都属于资产管理工作,如果基于BIM的资产管理工作与物联网结合起来,就能很好地解决资产的实时监控、实时查询和实时定位问题。

基于BIM模型丰富的信息,可以应用灾害分析模拟软件模拟建筑物可能遭遇的各种灾害与发展过程,分析灾害发生的原因,根据分析制订防止灾害发生的措施,以及制订各种人员疏散、救援支持的应急预案。灾害发生后,以可视化方式将受灾现场的信息提供给救援人员,帮救援人员迅速找到通往受灾现场的最佳路线,采取合理的应对措施,提高救灾的成效。

2. 应用案例

(1)BIM技术在武汉国际博览中心运维管理中的应用

①空间管理

基础信息:模型建模规划中规定的空间几何参数;竣工后对展馆实际商业空间中的广告和展位资源的利用情况信息进行增删改查。

管理内容:管理广告牌、展位的租赁信息,优化展馆空间划分。

②设备管理

基础信息:利用BIM模型传递建筑物设备及管线的设计信息,建立设备的档案资料。

管理内容:管理各设备的使用年限和性能;对于综合管线,建立上下游拓扑关系,快速查找应急方案对应的设备位置及编号;管理设备运行状态;及时反馈设备故障信息以及确定设备的巡视周期。

(2)BIM技术在浦东国际机场T1航站楼运维管理中的使用

①空间信息查询:利用BIM技术查询三维建筑模型中的区域、区域内的空间、房间以及构件信息。查询结果以标识标明或表格数据输出。

②空间租务管理:对航站楼出租的空间、出租情况进行统计查询。

③设备信息管理:主要包括航站楼主体及围护结构的相关设施的信息查询及维护。

④设施维护计划:由用户制订维护计划,当到达时间节点后,系统自动提醒用户启动检测流程。

⑤设备报修管理:用户可在线填写报修单,系统可自动提醒责任部门启动维修。

(3)BIM技术在既有桥梁运维管理中的应用

大型桥梁结构形式复杂,运维管理难度很大,BIM技术的引入,将有利于改变上述状况。应用BIM技术,对既有桥梁进行三维模型创建,以三维数字化的形式,整合桥梁既有条线三维模型和数据信息,实现对既有桥梁的直观展示和竣工资料的综合管理。并且,通过进一步采集桥梁运行过程中的动态数据,形成既有桥梁的运维管理数据库,图形可视化展示既有桥梁的运维管理过程及结果,为既有桥梁维护策略制订、健康状态评估提供数据依据。

①运维过程及结果的可视化展示,便捷直观

可视化展示,可以细化到大桥上每一个系统的细节查看。模型对每个构件进行编码,方便查看属性信息以及位置分布信息。构件信息关联,可追溯性强,通过信息平台可以关联相应的系统图纸,提高运维管理水平,提升工作绩效。

②结构化工程数据资料,建立完整的桥梁技术档案

既有桥梁BIM模型的构建过程是在CAD竣工图纸的基础上,结合现场实际情况,利用BIM系列软件分别对桥梁的结构、机电、给排水、消防等专业进行BIM信息构建,针对桥梁的实际管理需求,对子系统进行重新分类,并进行结构化梳理,形成健全完整的数据库,便于二次利用,为既有桥梁维护策略制订、健康状态评估提供数据依据,满足管理单位不同层级和部门的管理需求。

③精确的维保工作量统计,维保合同成本评估

通过既有桥梁BIM模型,可以快速对构件、设备数量、桥面面积进行统计分析,大大减少

烦琐的人工操作和潜在错误。通过 BIM 获得的准确的工程量统计信息,可以用于维护过程中的成本估算以及对预算范围内不同维护方案的比较,选择符合需求的维保供应商。

④灾害应急模拟,优化应急预案

利用 BIM 及相应灾害分析模拟软件,可以在灾害发生前,模拟灾害发生的过程,分析灾害发生的原因,制订避免灾害发生的措施以及应急预案。当灾害发生后,BIM 模型可以给救援人员提供紧急状况点的完整信息,有效提高突发状况应对能力。此外,BIM 能及时获取建筑物及设备的完整信息,清晰呈现出桥梁紧急状况的位置,甚至规划出到紧急状况点最合适的路线,救援人员可以据此做出正确的现场处置,提高应急行动的成效。

第三节 不同项目参与方的 BIM 应用

工程项目建设是一个复杂的过程,有众多的参与方。有些参与方直接参与工程建设,有的是间接参与。下面列举几个项目不同参与方的 BIM 应用:

(1)政府机构

当前我国政府机构处于由管理型向服务型转变的过程,传统的粗放式管理模式已不能满足高速发展的城市建设的需要,BIM 技术在工程建设全寿命周期的应用,能够辅助政府机构实现城市精细化管理的目标。重点项目管理办公室等政府机构,作为城市公共基础设施的建设主体,利用 BIM 技术可以提升和优化工程质量、成本、工期等的控制水平。

作为工程建设行业管理部门的政府机构,可以通过颁布相应政策、法规,编制相关技术标准,引导行业应用 BIM 技术,提高行业精细化管理水平。

(2)业主方

业主作为 BIM 应用的受益方之一,是 BIM 推广的原动力。应用 BIM 有助于业主更清楚地表达自己的想法,更好地与其他项目参与方沟通。在项目的初期阶段,业主可以组织其他参与方参与项目的规划,结合业主的期望和不同专业参与方的意见,尽可能地发现并解决项目在实施阶段可能出现的问题,保证项目在实施时按计划顺利进行。

对于自营型项目的业主,BIM 可以帮助业主在运营期更好地管理项目。应用了 BIM 技术的项目在竣工时会将带有丰富项目信息的 BIM 模型交给业主,这些模型在项目今后漫长的运营期内将发挥重要的作用。通常,一个工程项目的运营成本是其工程造价的 3 倍。因此,主要生成于建造阶段的 BIM 模型将给自营型项目的业主带来巨大的价值。

总之,BIM 应用的费用不过是工程投资的千分之几,却可以提高整个项目的建筑性能、抗风险能力、协同与控制能力以及后期运营的可控性。这会让越来越多的高端业主意识到 BIM 的实用价值并付诸实践。

(3)设计方

设计方是 BIM 技术使用的主力,BIM 的社会认同度和发展生命力均来自设计领域的普遍应用。如今的建筑设计行业,设计师早已不再满足于完成设计任务,而更加关注整个项目从设计到后期的执行过程是否满足高效、节能等要求,期待从更加全面的领域创造价值。BIM 能够从项目之初就帮助设计师进行可行性分析研究,注重提升能源利用率,争取更佳的环保表现、改善室内环境以及减少浪费,力求项目品质的完美。

同时,在传统设计领域,本专业的设计工作是串行、孤立、松散的。而采用 BIM 协同设计之后,整个工作方式变成了并行、交互、融合。以前,整个设计院的设计时间短于画图的时间,画图的时间短于改图的时间。采用 BIM 以后,设计修改变得简单。因为在 BIM 模型中,所有数据、图形的修改都非常方便,设计师向业主展示以及沟通也更加直观和便捷。

BIM 的应用有利于设计方与施工方的配合,与传统的二维图纸设计相比较,BIM 技术的三维模型设计成果能更直接地让施工方接受,而且不易存在理解上的误差,更有利于设计成果的交流。

(4)施工方

施工方是 BIM 的集中应用者,也会在具体的应用中获取巨大的收益。集中表现在以下方面。

三维碰撞检查:施工过程中相关各方有时需要付出几十万、几百万,甚至上千万的代价来弥补由设备管线碰撞等引起的拆装、返工和浪费。BIM 技术的应用能够完全避免这种无谓的浪费。应用 BIM 技术进行三维管线的碰撞检查,不但能够消除各种碰撞,优化工程设计,减少在施工阶段可能出现的错误损失和返工的可能性,而且可以优化净空和管线排布方案。

虚拟施工:施工方可以随时随地直观快速地知道施工计划及其进展情况,使施工方、监理方,甚至非工程行业出身的业主都对工程项目的各种问题和情况了如指掌。BIM 技术与施工方案、施工模拟和现场视频监测结合,可以大大减少建筑质量问题、安全问题,减少返工和整改。

三维模型校验:目前的三维可视化技术可以直观地将工程建筑模型与实际工程对比,考察理论与实际的区别。同时,业主通过建筑模型与实际工程的对比可以对施工过程及建筑物相关功能性进行进一步评估,从而提早制订措施,对可能发生的情况做及时地调整。

(5)预制加工商

建筑业的发展一直在向制造业看齐,有人提倡"像造汽车一样去盖房子"。因此,预制加工商需要参与到工程项目建设的过程中。根据以往的二维图纸进行构件的预制加工由于难度大、效率低,很难形成规模化生产。

BIM 的引入可以让建筑业的构件加工使用智能化数控加工,和制造业的配件加工一样准确。标准化构件的 BIM 模型包含实体构件的所有信息,预制加工商可以根据项目标准化构件的 BIM 模型进行标准化构件的预制加工,再将构件运到工程现场进行装配,这样可以大大提高施工效率。

(6)材料设备供应商

工程项目实体是由原材料和相关设备组合装配而成的,所以要想保证工程项目的顺利进行,就必须保证工程材料和设备供应的及时性。BIM 应用下的材料供应是实时的,通过4D/5D模拟,可以得到项目实时的材料需求,从而制订出及时合理的材料供应计划。供应商不用担心由于临时的变动造成材料设备供应出现紧缺或积压,从而与施工方或者建设方产生相互扯皮的情况。

应用 BIM 技术,供应商可以从项目前期就参与到项目工作中去,了解项目的特点、进度、施工工艺以及材料使用计划,可以针对单独项目制订具有针对性的材料或设备生产计划,以匹配项目对材料和设备的需求。以一种主人翁的身份参与到项目中去,可以改进供应商与其他参与方的合作关系和合作方式,更好地为工程项目服务。

第四节 BIM 技术在项目目标管理中的应用

一、BIM 技术与工程项目造价控制

1. BIM 技术在工程项目造价控制中的应用

造价控制的目的就是为项目投资实现增值。工程项目造价控制分为两个阶段,即:项目计划阶段和合同管理阶段。对于每个阶段,应用 BIM 技术后都能提高造价控制的效率和水平。

（1）项目计划阶段

项目计划阶段主要是对工程造价进行预估,应用 BIM 技术可以为造价工程师提供各设计阶段准确的工程量、设计参数和工程参数,这些工程量和参数与技术经济指标结合,可以计算出准确的预算,再运用价值工程和限额设计等手段对设计成果进行优化。

同时,基于 BIM 技术生成的工程量不是简单的长度和面积的统计,专业的 BIM 造价软件可以进行精确的 3D 布尔运算和实体减扣,从而获得更符合实际的工程量数据,并且可以自动形成电子文档进行交换、共享、远程传递和永久存档。准确率和速度上都较传统统计方法有很大的提高,有效降低了造价工程师的工作强度,提高了工作效率。

（2）合同管理阶段

在合同管理阶段,工程造价控制的主要工作是通过对细部工程造价信息的抽取、分析和控制,从而控制整个项目的总造价。

应用 BIM 技术的造价文件不仅仅是抽象的数字,而是由实体支撑,可以提取项目各部位准确的工程量。同时,算量软件与造价软件之间无缝衔接,变更引起的模型变化与造价变化同步。当项目发生工程变更时,可以用变更信息及时修正 BIM 模型,从而准确统计出变更的工程造价。造价工程师根据"项目当前造价＝合同造价＋变更工程造价"原理,可以动态监控建设项目的当前造价,为投资人批准变更提供专业意见和建议,协助投资人对投资进行严格的控制,充分利用建筑模型进行造价控制。同时,BIM 技术可框图出价,通过条件统计和区域选择即可生成阶段性工程造价文件,便于进度款的支付统计,以及进行工程造价的多算对比。将 BIM 模型数据上传到服务器端,项目管理团队通过互联网可以快速准确获得工程量及工程变更数据,造价工程师、承包商、业主可使用网络共享的 BIM 数据模型实现网上工程量对数业务。

基于 BIM 技术的 5D 模拟（3D 模型＋进度＋造价）可以帮助项目管理者实时了解工程项目的造价情况,为项目实施过程中的相关决策提供依据。5D 模拟过程如图 2-9a）、b）、c）、d）、e）、f）所示。

2. BIM 技术在工程项目造价控制中应用的优越性

BIM 技术在建设项目造价控制信息化方面有着传统技术不可比拟的优势,对于提升建设项目造价控制信息化水平、提高工程造价行业效率,乃至改进整个造价行业的管理流程,都具有十分重要的积极意义。

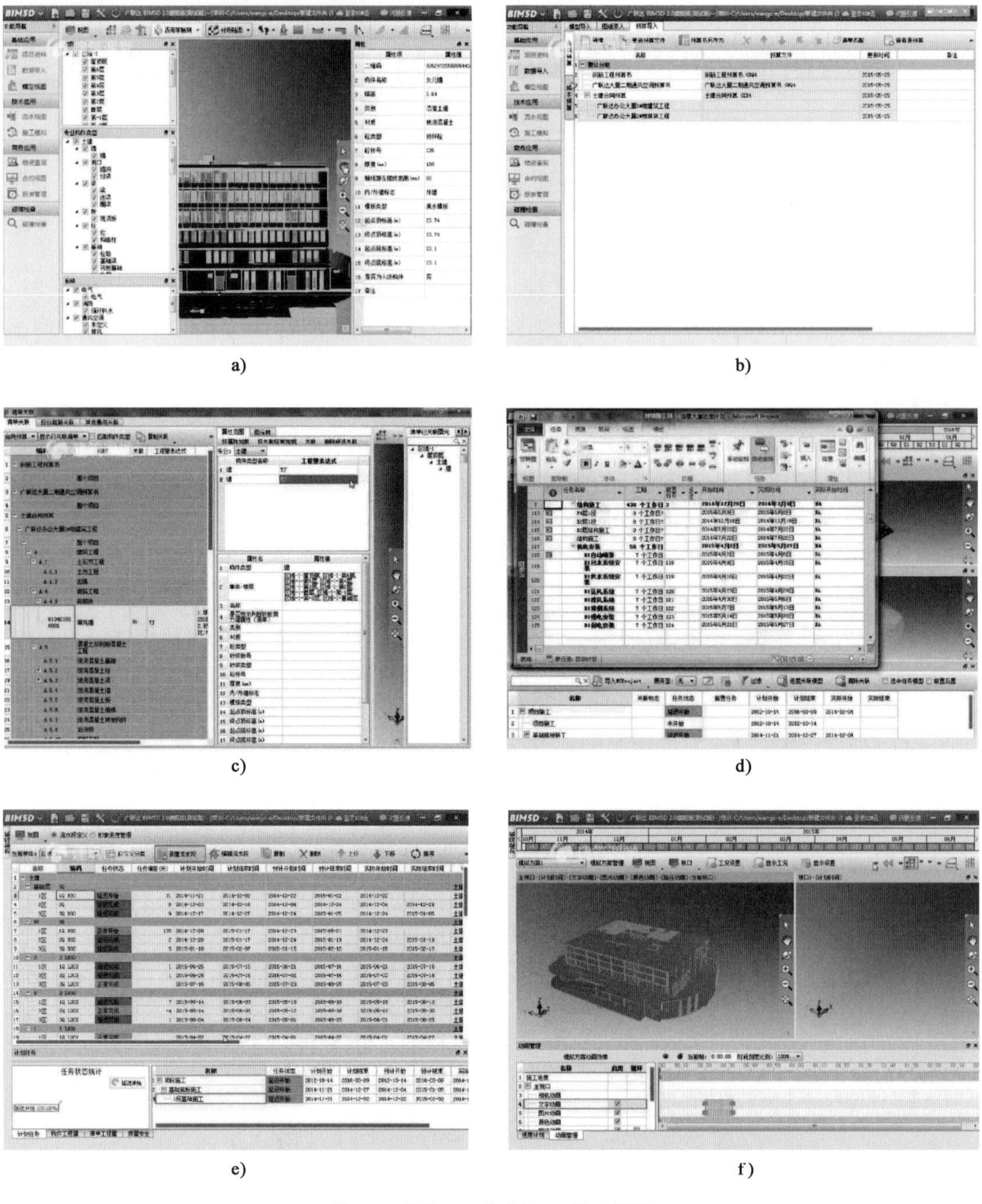

a)

b)

c)

d)

e)

f)

图2-9　基于BIM技术的5D施工模拟

a)模型整理与核查;b)关联预算清单;c)确定计算模式;d)关联进度计划;e)绘制流水段;f)5D模拟

（1）提高算量工作的效率和准确性

BIM技术模型较传统二维图纸一个很大的区别就是能够把建筑、结构、机电等信息完整有效的保存下来,并且能快速准确的统计工程量,提出分析报告。BIM模型中由于每一个构件都是和现实中的实际物体一一对应的,所含的信息也都是可以直接拿来运算的,因此计算机在BIM模型中可以根据构件本身的属性,如类型、尺寸、数量等进行快速识别分类,当需要进行工程量统计时,计算机和智能软件可以根据不同的分类迅速做出自动统计,如图 2-10 所示。

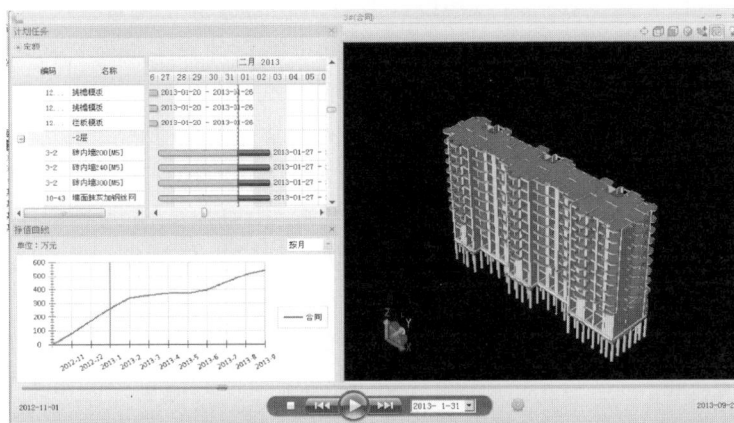

图 2-10　BIM 技术工程量自动统计

工程量计算是编制工程预算的基础,与传统方法比,BIM 的自动算量功能可以使工程量计算工作摆脱人为因素的影响,更加客观。利用建立的三维模型进行实体减扣计算,对于规则或者不规则构件的工程量都可以同样准确计算。同时,基于 BIM 的自动化算量方法将造价工程师从繁琐的劳动中解放出来,使造价工程师有时间投入到更有价值的工作中,如询价、评估风险等,并可以利用节约的时间编制更精确的预算。

在造价控制方面,BIM 技术的应用所发挥的最大效益体现在工程量的统计和核查方面。BIM 模型的建立可以生成具体的工程数据,通过对比二维设计下的工程量报表和基于 BIM 技术的工程量统计,发现了大量二维数据的偏差。分析其原因主要是:二维图纸面积计算时往往会忽略立面面积;跨越多张二维图纸的项目可能被重复计算;线性长度在二维图纸中通常只计算投影长度等。这些偏差直接影响着项目造价的准确性。通过结合 BIM 的数据统计消除这些偏差后,项目总费用可降低达 20.03%,同时保证了造价数据的准确性。

(2)合理安排资源,做好实施过程成本控制

苏州星海生活广场项目(图 2-11)位于苏州工业园区地铁一号线星海街站。运用 BIM 技术后,减少信息请求 30%,减少人力、物力浪费 20%,减少设备二次采购 5%。

图 2-11　苏州星海生活广场项目

3.控制设计变更

设计变更在实际工程中频繁发生,传统的方法又无法很好的应对。首先,我们可以利用 BIM 技术的模型碰撞检查工具尽可能减少变更的发生。同时,当变更发生时,利用 BIM 模型

可以把设计变更内容关联到模型中,只要稍加调整模型,相关的工程量变化就会自动反映出来,不需要重复的计算。甚至我们可以把设计变更引起的造价变化直接反馈给设计师,使他们清楚的了解设计方案的变化对工程造价产生了哪些影响。

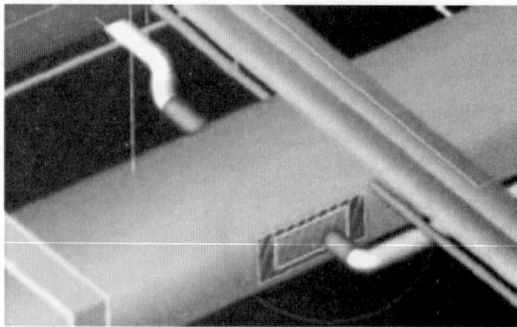

图2-12　苏州星海生活广场项目

例如常州九洲花园2.1.2期建设项目中利用BIM模型快捷地检查在三维空间环境下各专业的碰撞情况,检查出人防地下车库机电安装工程中进水管与风管发生碰撞(图2-12)、消防系统与风系统发生碰撞等几百处碰撞,利用变更条件进行BIM维护,提前反应施工设计问题,避免返工与浪费,提高了项目的造价控制水平和成本控制能力。

4. 方便历史数据的积累和共享

工程项目结束后,所有数据要么堆积在仓库,要么不知去向,今后碰到类似项目,如要参考这些数据就很难得到。而且以往工程的造价指标、含量指标,对今后工程的估算和审核具有非常大的借鉴价值,造价咨询单位视这些数据为企业核心竞争力。利用BIM模型可以对相关指标进行详细、准确的分析和抽取,并且形成电子资料,方便保存和共享。

5. 有利于项目全过程造价控制

全过程造价控制是为确保建设工程的投资效益,在工程项目的整个寿命周期中,围绕工程造价所进行的全部业务行为和组织活动。基于BIM技术的造价控制在项目建设的各个阶段都发挥着重要作用。

(1)决策阶段

在项目投资决策阶段,可以利用以往BIM模型的数据,如类似工程每平方米造价,估算出投资拟建项目需要的费用。根据BIM库的历史工程模型进行简单调整,估算项目总投资,提高准确性。

(2)设计阶段

设计阶段设计师可以利用BIM模型的历史数据做限额设计,设计限额指标由建设单位独立提出,可以参考以往类似项目,利用BIM模型测算造价数据,一方面可以提高测算的准确度,另一方面可以提高测算的深度。设计完成后,利用BIM模型快速做出概算,并且核对设计标准是否满足要求,控制投资总额,发挥限额设计的价值。

(3)招投标阶段

随着工程量清单招投标在我国建筑市场的逐步应用,建设单位可以利用BIM模型短时间内快速准确地提供招标所需的工程量。对于施工单位,由于招标时间紧,靠手工来计算,多数工程很难对招标单位提供的清单量逐一进行核实,只能对部分工程,部分子项进行核对,难免出现误差。利用BIM模型可以快速核对工程量,避免因量的问题导致项目亏损。

(4)施工阶段

将BIM技术的碰撞检查工具用于施工阶段的图纸会审中,可以在正式施工前解决施工图纸中存在的问题,从而减少签证和返工。另外,建设单位可以利用BIM技术合理安排资金,审核进度款的支付。特别是对于实际变更,可以快速调整造价,并且关联相关构件,便于结算。

同时,施工单位可以利用 BIM 模型按时间、按工序、按区域算出工程造价,便于成本控制,做精细化管理。

（5）结算阶段

BIM 模型提供了准确的结算数据,确保工程结算的快速准确,结算的大部分核对工作在施工阶段完成,减少了甲乙双方的互相扯皮,加快了工程决算的进度。

6.有利于工程造价不同维度的多算对比

对于施工单位来说,造价控制中最重要的一环就是成本控制。而成本控制最有效的手段就是进行工程项目的多算对比。三个维度,即:时间、工序、区域(空间位置)维度。这就要求能够快速高效的拆分、汇总实物量和造价的预算数据,以往的手工预算是无法支撑这样巨大的工作量的。基于 BIM 模型可以实现不同维度的多算对比,因为 BIM 模型可以赋予工程构件时间信息、工序信息、区域位置信息等。在数据库支撑下,可准确快速实现任意条件的统计和拆分,保证短周期、多维度成本分析的需要。

二、BIM 技术与工程项目进度控制

1. BIM 技术在工程项目进度控制中的应用

BIM 技术在进度控制中的应用主要是通过 4D 虚拟施工来实现的,具体步骤如下:

（1）通过三维模型设计软件建立工程项目各专业模型。

（2）根据项目的资源限制和总工期需求,编制工程项目的进度计划,并应用进度控制优化方法,进行工期优化,得到项目优化后的工期和优化进度计划。

（3）将 3D 模型的构件与进度表联系,形成 4D 模型以直观展示施工进程。一般通过两种方式实现:一是根据进度计划中各工作的开始、结束时间,给三维模型中的对应构件逐一附加时间值。二是将外部进度计划编制软件,如 Project、P6 等编制好的进度计划与三维模型相关联,也可生成 4D 模型,这种方法要求进度计划中的各工作名称与三维模型中的对应构件名称相同,计算机才能进行自动关联。

4D 模型建立好之后,在软件平台上 3D 模型就可以根据计划、实际完成情况来分别表示"已建""在建""延误"等模型形象。"已建"的模型用清晰表示,在建的模型用紫色表示,同时在屏幕的左上方显示"在建"的时间,如果有必要的话,对于没有按计划施工的"延误"模型,还可以用其他颜色来表示,如图 2-13 所示。这样的形象表达基本上不用专业的解释,绝大部分人都能看懂。清晰的沟通可以缩短沟通的时间,甚至减少沟通的次数,4D 虚拟施工就是"清晰"沟通的一个有效的方法。

施工进度计划的制定和执行都必须明白整个施工流程、工程量的多少、人员的配置情况等。BIM 技术可以通过 4D 虚拟施工技术,对计划的制定、执行和调整都带来很大的改进。

（1）进度计划制定

BIM 模型的应用为进度计划制定减轻了负担。进度计划制定的依据除了各方对里程碑式时间点的要求和总进度要求外,重要的依据就是工程量。一般该工作由手工完成,繁琐、复杂且不精确,通过应用 BIM 软件平台,这项工作简单易行。利用 BIM 模型通过软件平台整理统计数据,可精确核算出各阶段所需的材料用量,结合国家颁布的定额规范及企业实际施工水平,可以简单计算出各阶段所需的人员、材料、机械用量。

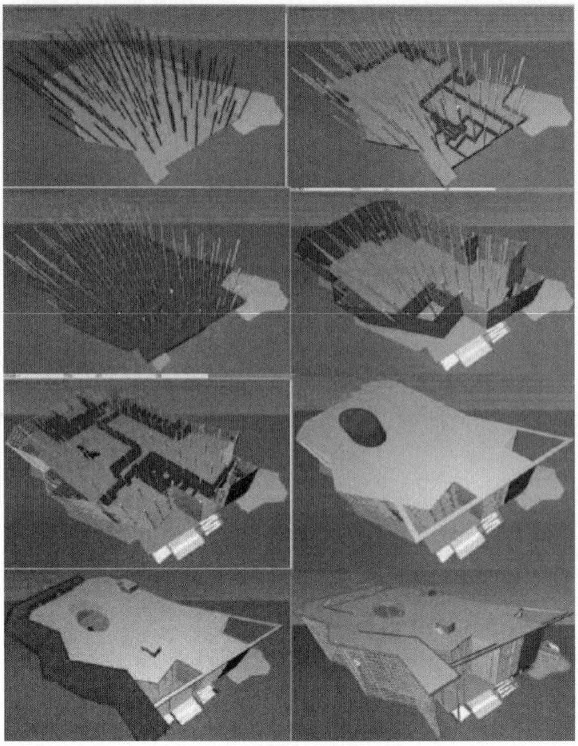

图 2-13　4D 虚拟施工过程

BIM 技术的应用让进度控制有据可循、有据可控。利用 BIM 技术进行施工管理时,把经过各方充分沟通和交流建立的 4D 可视化模型和施工进度计划作为施工阶段工程实施的指导性文件。在施工阶段,各专业分包商都将以 4D 可视化模型和施工进度为依据进行施工的组织和安排,充分了解下一步的工作内容和工作时间,合理安排各专业材料设备的供货和施工时间,要求各施工单位按图(模型)施工,防止返工、进度拖延的情况发生。

(2)进度计划控制

BIM 的 4D 模型是调整进度工作有力的工具。当变更发生时,可通过调整 BIM 模型使管理者直观了解变更方案带来的工程量及对进度的影响,管理者以变更的工程量为依据,及时调整人员物资的分配,将由此产生的进度变化控制在可控范围内。同时在施工管理过程中,可以通过实际施工进度情况与 4D 虚拟施工进行比较,直接的了解各项工作的执行情况。当现场施工情况与进度预测有偏差时,及时调整并采取相应的措施。通过不断对比进度计划与企业实际施工情况,调整进度计划安排,使企业在施工进度控制工作上能全面掌控。

2. BIM 技术在工程项目进度控制中应用的优越性

传统方法虽然可以对前期阶段所制定的进度计划进行优化,但是由于其可视性弱,不易协同,以及横道图、网络计划图等工具自身存在着缺陷,所以项目管理者对进度计划的优化只能停留在部分程度上,即优化不充分。这就使得进度计划中可能存在某些没有被发现的问题,当这些问题在项目的施工阶段表现出来时,对建设项目产生的影响就会很严重。

基于 BIM 技术的进度控制通过虚拟施工对施工过程进行反复的模拟,让那些在施工阶段可能出现的问题在模拟的环境中提前发生,逐一修改,并提前制定应对措施,使进度计划和施工方案最优,再用来指导实际施工,从而保证项目的顺利完成,见图2-14。

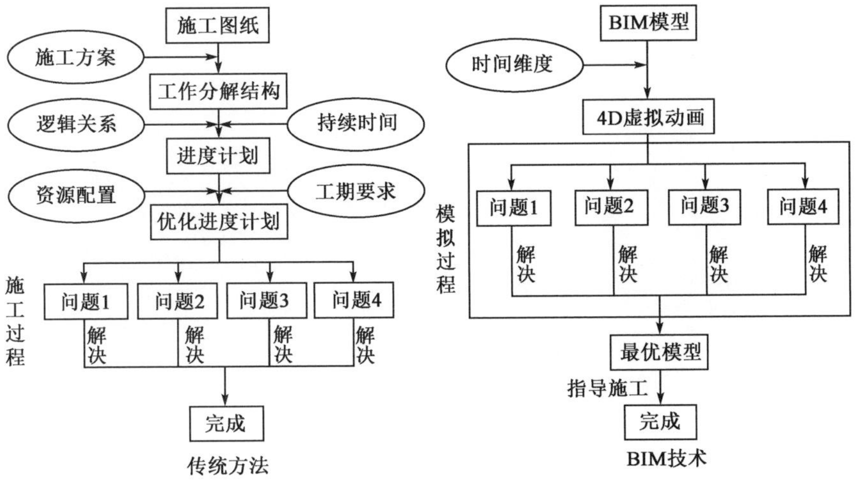

图2-14 传统方法与基于BIM技术的进度管理实施过程对比

通过以上BIM技术和传统方法在工程项目进度控制中的应用比较,我们不难发现,BIM技术在进度控制中有其自身的优越性,具体表现在以下几个方面。

(1)BIM包含了完整的建筑数据信息

BIM模型与其他建筑模型不同,它不是一个单一的图形化模型,BIM模型包含着完整的建筑信息,从构件材质到尺寸数量,以及项目位置和周围环境等。因此,通过将建筑模型附加进度计划而成的虚拟建造可以间接地生成材料和资金的供应计划,并且与施工进度计划相关联,根据施工进度的变化进行同步自动更新,将这些计划在施工开始之前与业主和供货商进行沟通,让其了解项目的相关计划,从而保证施工过程中资金和材料的充分供应,避免因为资金和材料的不到位对施工进度产生影响。

三维模型的各个构件附加时间参数形成了4D模拟动画,计算机可以根据所附加的时间参数模拟实际的施工建造过程。通过虚拟建造,可以检查进度计划的时间参数是否合理,即各工作的持续时间是否合理,工作之间的逻辑关系是否准确等,从而对项目的进度计划进行检查和优化。

将修改后的三维建筑模型和优化过的四维虚拟建造动画展示给项目的施工人员,可以让他们直观地了解项目的具体情况和整个施工过程。这样可以帮助施工人员更深层次地理解设计意图和施工方案要求,减少因信息传达错误而给施工过程带来的不必要问题,加快施工进度和提高项目建造质量,保证项目决策尽快执行。

例如天津港国际邮轮码头项目,该项目位于天津港东疆港区南端岸线,是天津港历史上最大的邮轮码头工程。水工码头部分码头前沿线长625m、宽65.05m,采用高桩梁板结构。可停靠目前世界上最大的22万吨豪华邮轮,设计年接待游客能力达50万人次。设计方案采用CCDI提出的"水上丝绸"这一别致而深具内涵的设计理念,见图2-15。

如图2-15可知,该项目造型复杂,异型设计多,施工规模大、工期短、难度高,让天津港项目组的设计师和工程师们感到棘手。通过BIM技术的应用,借助三维技术的高度仿真和形象表达等特点,设计师实现了业主对项目所有要求的表达,并在施工配合阶段向施工单位展示了身临其境的三维可视化模型,得到业主和施工方的一致好评。由于BIM技术的应用,只用九天的时间完成建筑、结构、给排水、暖通、电气等五个专业的建模,也只用两个月的时间就给业主提交了所有专业的施工图,大大缩短了项目的设计周期。

图 2-15　天津港邮轮码头效果图

（2）BIM 技术基于立体模型,具有很强的可视性和操作性

BIM 的设计成果是高仿真的三维模型,设计师可以以第一人称或者第三人称的视角进入到建筑物内部,对建筑进行细部检查;可以对某个建筑构件的空间位置、三维尺寸和材质颜色等特征进行精细化地修改,从而提高设计产品的质量,减低因为设计错误对施工进度造成的影响;还可以将三维模型放置在虚拟的周围环境之中,环视整个建筑所在区域,评估环境可能对项目施工进度产生的影响,从而制定应对措施,优化施工方案。

图 2-16　祥运热力办公楼项目效果图

例如沈阳市建筑设计院祥运热力办公楼项目,是沈阳市祥运热力公司的二期工程,用地面积约为 $36815m^2$,位于沈阳市浑南新区,并且在主要干道的沿街。项目本身属五星级商业办公楼性质,层数较高,建筑高度达到 110m,建筑单体地下设两层,地下一层设置一部分停车位,地下二层为设备用房。地上部分一到三层为商业用房,以餐饮、服装、娱乐、健身及商业营业厅为主;办公建筑为 30 层双塔楼,是一个地标性的建筑,如图 2-16 所示。

鉴于项目的重要性,以及业主要求时间较短,项目外形造型比较个性等原因,设计单位采用 BIM 技术进行设计,并指导施工。应用 BIM 技术可以实时的查看整个剖面及整个空间形态的具体情况,快速而直观。同时,BIM 技术可以展示建筑内部的空间,让业主能够清晰看到内部空间的设计,能够充分理解设计的意图。据统计,设计阶段应用 BIM 技术至少能节省 50% 的时间。

3. BIM 技术更方便建设项目各专业之间协同作业

BIM 模型也是分专业进行设计的,各专业模型建立完成后可进行模型的空间整合,成为一个完整的建筑模型。计算机可以通过碰撞检查等方式检测出各专业模型在空间位置上存在的交叉和碰撞,从而指导设计师进行模型修改。避免因为模型的空间碰撞而影响建设项目各专业之间的协同作业,从而影响项目的进度控制。

例如万科集团金色里程项目,该项目是万科集团大量运用 BIM 技术和 PC(预制混凝土)技术建造的首个楼盘,如图2-17 所示。项目采用 BIM 技术和 PC 技术的1－7 号高层住宅建筑面积达 81252m²。

图 2-17 万科集团金色里程项目效果图

项目建筑主体结构形式为剪力墙,引入预制混凝土(PC)建造技术,外挂预制混凝土墙板、阳台、凸窗、空调板等构件。除了使用上述各预制构件外,还运用了预制混凝土楼梯技术。BIM 的 3D 优势使复杂的 PC 构件设计及各专业管线设计更加直观,另外,建筑专业和结构、设备水暖电专业之间共享着同一模型信息,协调解决各专业的矛盾和冲突变得更加方便,大大提高了工作效率,保证了工程质量以及 PC 技术的实现。

三、BIM 技术与工程项目质量控制

1. BIM 技术在工程项目质量控制中的应用

BIM 技术可以通过施工流程模拟、信息量统计为项目管理提供重要的技术支持,使管理内容变得"可视化",每个阶段要做什么,工程量是多少,下一步做什么,每一阶段的工作顺序是什么,都变得显而易见,增强管理者对工程内容和质量掌控的能力。基于 BIM 技术的质量控制既体现在对建筑产品本身的物料质量控制,又包括了对工作流程中技术质量的管理。

(1)产品质量控制

就建筑产品物料质量而言,BIM 模型储存了大量的建筑构件、设备信息。通过软件平台,从物料采购部、管理层到施工人员个体可快速查找所需的材料及构配件信息,规格、材质、尺寸要求等一目了然,并可根据 BIM 设计模型,跟踪现场使用产品是否符合设计要求,通过先进测量技术及工具的帮助,可对现场施工作业产品进行追踪、记录、分析,掌握现场施工的不确定因素,避免不良后果的出现,监控施工质量。

(2)技术质量控制

施工技术的质量是保证整个建筑产品合格的基础,工艺流程的标准化是企业施工能力的

表现,尤其当面对新工艺、新材料、新技术时,正确的施工顺序和工法、合理的施工用料将对施工质量起决定性影响。BIM的标准化模型为技术标准的建立提供了平台。通过BIM的软件平台动态模拟施工技术流程,由各方专业工程师合作建立标准化工艺流程,经讨论及精确计算确立,保证专项施工技术在实施过程中细节上的可靠性。再由施工人员按照仿真施工流程施工,确保施工技术信息的传递不会出现偏差,避免实际做法和计划做法不一样的情况出现,减少不可预见情况的发生。图2-18为BIM技术模拟的水泵安装流程图。

1. 设备支架安装　　2. 减震器安装　　3. 水泵安装
4. 主管安装　　5. 主管阀门安装　　6. 支管安装

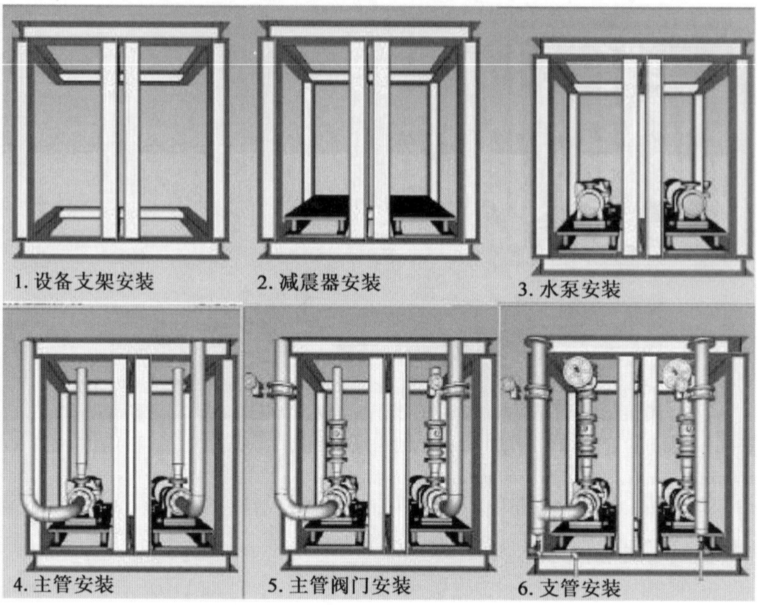

图 2-18　BIM 技术模拟的水泵安装流程图

同时,我们可以通过BIM模型与其他先进技术和工具相结合的方式,如激光测绘技术、RFID射频识别技术、智能手机传输、数码摄像探头、增强现实等,对现场施工作业进行追踪、记录、分析,能够第一时间掌握现场的施工动作,及时发现潜在的不确定性因素,避免不良后果的出现,监控施工质量。

2. BIM技术在工程项目质量控制中应用的优越性

在项目质量控制中,BIM技术通过数字建模可以模拟实际的施工过程和存储庞大的信息。对于施工工艺有严格要求的施工流程,应用BIM技术除了可以使标准操作流程"可视化"外,也能够做到对用到的物料,以及构建的产品质量等信息随时查询,以此作为对项目质量问题进行校核的依据。对于不符合规范要求的,则可依据BIM模型中的信息提出整改意见。

同时我们要看到,传统的工程项目质量控制方法经历了多年的积累和沉淀,有其实际的合理性和可操作性。但是,由于信息技术应用的落后,这些管理方法的实际作用得不到充分发挥,往往只是理论上的可能,实际应用时会困难重重。BIM技术的引入可以充分发挥这些技术的潜在能量,使其更充分、更有效地为工程项目质量控制工作服务。

(1)BIM在质量控制系统过程中的应用

质量控制的系统过程包括:事前控制、事中控制、事后控制,而有关BIM的应用,主要体现在事前控制和事中控制。

应用 BIM 的虚拟施工技术,可以充分做好事前控制,通过模拟工程项目的施工过程,对工程项目的建造过程在计算机环境中进行预演,包括施工现场的环境、总平面布置、施工工艺、进度计划、材料周转等情况都可以在模拟环境中得到表现,从而找出施工过程中可能存在的质量风险因素,或者某项工作的质量控制重点。对可能出现的问题进行分析,从技术、组织、管理等方面提出整改意见,反馈到模型当中进行虚拟过程的修改,从而再次进行预演。反复几次,工程项目管理过程中的质量问题就能得到有效规避。用这样的方式进行工程项目质量的事前控制比传统的事前控制方法有着明显的优势,项目管理者可以依靠 BIM 平台做出更准确的预测,从而提高事前控制的效率。

BIM 在事前控制中的作用同样也体现在事中控制中。另外,对于事后控制,BIM 能做的是对于已经实际发生的质量问题,在 BIM 模型中标注出发生质量问题的部位或者工序,从而分析原因,采取补救措施,并且收集每次发生质量问题的相关资料,积累对相似问题的预判经验和处理经验,对以后做到更好的事前控制提供基础和依据。BIM 技术的引入更能发挥工程质量系统控制的作用,使得工程质量管理办法更有效地为工程项目的质量控制服务。

例如香港科技园二期项目,由香港科技园公司策划、兴建及运作,致力于促进香港科技的创新及发展。该项目在二期工程实施过程中引入 BIM 技术,基于 BIM 的三维可视化特性,解决工程中设计方、施工方的沟通协调问题,对项目进行设计优化。鉴于招标文件的要求,项目进入施工阶段时,施工方提供了 BIM 咨询服务。利用建筑信息模型,在项目修建之前就通过其冲突检查等功能进行了项目的可靠性验证,分析了项目设计的可建设性,减少工程错误。此外,施工方在建筑信息模型的基础上,添加时间信息,构成 4D 信息模型,对项目的施工顺序、施工组织进行模拟和展示,同时找出其施工计划中可能出现的干涉和碰撞,这样就降低了现场因施工顺序和工艺变更带来的风险,减少了工程建设中的返工,确保了工程质量。

(2)BIM 在影响工程项目质量的五大因素控制中的作用

前文提到,影响工程项目质量的五大因素为:人工、机械、材料、方法、环境。对这五大因素进行有效的控制,就能很大程度上保证工程项目建设的质量。BIM 技术的引入在这些因素的控制方面有着其特有的作用和优势。

①人工控制

这里的人工主要指管理者和操作者。BIM 的应用可以提高管理者的工作效率,从而保证管理者对工程项目质量的把握。BIM 技术引入了富含建筑信息的三维实体模型,让管理者对所要管理的项目有一个提前的认识和判断,根据自己以往的管理经验,对质量控制中可能出现的问题进行罗列,判断今后工作的难点和重点,做到心中有数,减少不确定因素对工程项目质量控制产生的影响。

操作者的工作效果对工程项目的质量产生直接的影响。BIM 技术的引入可以为工人进行工作任务的预演,让他们清楚准确地了解自己的工作内容,并且明白自己工作中的质量控制要点如何体现,在实际操作中多加注意,尽量避免因主观因素产生的质量问题。

②机械控制

引入 BIM 技术,我们可以模拟施工机械的现场布置,对不同的施工机械组合方案进行调试,比如:塔吊的个数和位置,现场混凝土搅拌装置的位置、规格,施工车辆的运行路线等。用节约、高效的原则对施工机械的布置方案进行调整,寻找适合项目特征、工艺设计以及现场环境的施工机械布置方案。

③材料控制

工程项目所使用的材料是工程产品的直接原料,所以工程材料的质量对工程项目的最终质量有着直接的影响,材料管理也对工程项目的质量控制有着直接的影响。BIM技术的5D应用可以根据工程项目的进度计划,并结合项目的实体模型生成一个实时的材料供应计划,确定某一时间段所需要的材料类型和材料量,使工程项目的材料供应合理、有效、可行。

历史项目的材料使用情况对当前项目材料的选择有着重要的借鉴作用。整理收集历史项目的材料使用资料,评价各家供应商产品的优劣,可以为当前项目的材料使用提供指导。BIM技术的引入使我们可以对每一项工程使用过的材料添加上供应商的信息,并且对该材料进行评级,最后在材料列表中归类整理,以便日后相似项目的借鉴应用。

④方法控制

引入BIM技术我们可以在模拟的环境下,对不同的施工方法进行预演示,结合各种方法的优缺点以及本项目的施工条件,选择符合本项目施工特点的工艺方法。也可以对已选择的施工方法进行模拟项目环境下的验证,使各个工作的施工方法与项目的实际情况相匹配,从而做到对工程质量的保证。

⑤环境控制

引入BIM技术我们可以将工程项目的模型放入模拟现实的环境中,应用一定的地理、气象知识分析当前环境可能对工程项目产生的影响,提前预防、排除和解决。在丰富的三维模型中,这些影响因素能够立体直观地体现出来,有利于项目管理者发现问题,并解决问题。

例如银川火车站改造工程,其站房楼的大跨度屋盖分别采用不同的结构体系,中央三跨采用钢筋混凝土双向拱壳,其他大跨屋面采用钢桁架体系。外部看去,车站两端向外悬挑,并被多个连续圆拱支撑起来的站房主体,舒展的造型仿佛飞腾的凤凰,突出"凤城"主题,如图2-19所示。

图2-19　银川火车站改造工程效果图

站房楼钢结构施工方案是采用地面组装钢桁架,利用履带吊组合吊装方式将单榀钢桁架放置在临时支撑上,依次完成站房楼所有钢桁架吊装和安装,最终完成整个站房楼屋盖钢结构工程,大大节省时间,缩短项目的工期,如图2-20所示。

(3)BIM在质量控制的PDCA循环中的应用

PDCA循环,指按照Plan(计划)、Do(实施)、Check(检查)和Action(调整)的循环顺序进行的质量控制模式,是通过长期的生产实践和理论研究形成的,是建立质量体系和进行质量控

图2-20 银川火车站站房楼钢结构施工方案示意图

制的基本方法。BIM技术的引入可以在很大程度上提升PDCA循环的作用效果,使其更好地为工程项目的质量控制服务。

①计划

BIM的引入可以使项目的各个参与方在一个明确统一的环境下,根据其在项目实施中所承担的任务、责任范围和质量目标,分别制定各自的计划。同时保证各自的计划之间逻辑准确、连接顺畅、配合合理。再将各自制定的质量计划形成一个统一的质量计划系统,并保证这一系统的可行性、有效性和经济合理性。

②实施

BIM技术由于其可视性强,所以有助于行动方案的部署和技术交底。由于计划的制定者和具体的操作者往往并不是同一个人,所以两者之间的沟通就显得非常重要。在BIM环境下进行行动方案的部署和交底,可以使具体的操作者和管理者更加明确计划的意图和要求,掌握质量标准及其实现的程序和方法。从而做到严格执行计划的行动方案,规范行为,把控制质量的各项规定和安排落实到具体的资源配置和作业技术活动中去。保证工程项目实施的质量。

③检查

BIM的引入可以帮助操作者对计划的执行情况进行预判。操作者结合自己这一阶段的工作内容,以及BIM环境下的下一阶段计划内容,判断两者连接是否顺利顺畅,确定实际条件是否发生了变化,原来计划是否依然可行,不执行计划的原因等。BIM技术可以方便快捷地对工程项目的实际情况和预先的计划进行比较,清楚地找出计划执行中存在的偏差,判断实际产出的质量是否达到标准的要求。

④调整

对于调整职能,BIM技术的优越性主要体现在预防改进上,即将工程项目目前质量状况信息反馈到管理部门,从而反思问题症结,确定改进目标和措施。可在BIM模型上出现质量问题的地方进行批注,形成历史经验,以便更好地指导下一次的工程实践,为今后类似质量问题的预防提供借鉴。

上海中心项目位于上海浦东陆家嘴地区,主体建筑结构高度为580m,总高度632m,共121

图 2-21 上海中心大厦效果图

层,建成后有望成为中国第一高楼,在世界超高层建筑中排名第三。上海中心总建筑面积57.6万 m²,其中地上建筑面积38万 m²,绿化率33%,总投入将达148亿元,预计在 2012 年 12 月低区办公楼及裙房部分试营业,2013 年 12 月主楼结构封顶,2014 年 12 月公共交付使用,建设周期为 72 个月,如图 2-21 所示。

上海中心项目从 2008 年底开始全面规划和实施 BIM 技术,通过项目设计方、施工方和业内专家的合作,推动项目在设计和施工过程中全方位实施 BIM 技术。首先设计方应用 BIM 工具创建了项目的模型,并通过模型的碰撞检测,发现了众多二维图纸各专业设计冲突的问题。通过反复检查和修改,这些问题得以及时解决,确保了提交的施工图纸的质量。进入施工阶段,BIM 模型继续用于支持施工的方案优化、四维施工模拟、施工现场管理和质量监控,提高施工过程的数字化水平,确保工程质量。

第五节　BIM 应用的层次

任何一种技术的应用都需要经历一个由浅到深、由初级到高级的过程,只有充分发挥其自身的作用才能实现其最大的价值。BIM 的应用也不例外。通常我们把 BIM 应用的层次由低到高划分为七个部分,见图 2-22。

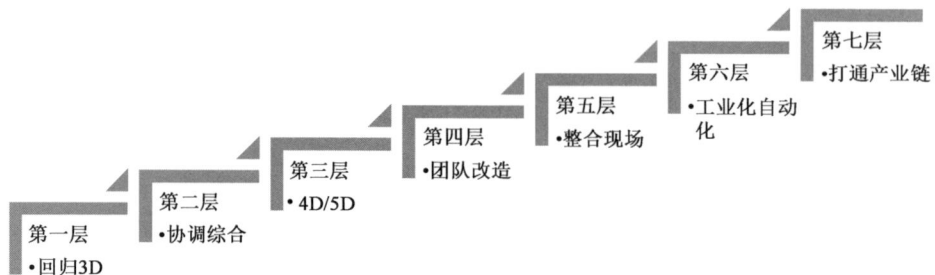

图 2-22 BIM 应用的七个层次

1. 回归 3D

从现实的三维建筑到二维的施工图纸,人们把 3D 的东西用 2D 的形式进行表达,这是一项伟大的发明,也给建筑业带来了将近百年的高速发展和繁荣。但是由于二维图纸表达复杂,不容易理解,给工程项目各参与方之间的沟通带来了很大障碍,所以也在某种程度上阻碍了建筑业的创新和发展。BIM 的应用还原了建筑的三维原貌,从设计阶段入手就以三维模型的形式对建筑物进行表达,减少了二维图纸靠个人主观理解所带来的问题。同时三维模型的设计有助于设计师的自我检查,相比于二维设计,有着其明显的优势。

2.协调综合

建筑业的相关工作往往涉及方面广、种类多、难度大,所以不可能做到没有偏漏和错误。一旦出现偏差,往往很难纠正,而且会造成一定进度和成本上的损失。例如现场签证和设计变更的频繁出现会对工程项目的顺利进行造成影响。几乎没有一个项目能够完全按照初始设计和计划执行,一旦出现变更,设计方的工作内容增加,施工方的工作计划被打断,业主方所期望的工期、造价和质量都会受到影响,从而导致社会资源的浪费,这些都是协调综合不利造成的。

BIM的第二层应用:协调综合,可以使设计变更大大减少,同时如果使用有效BIM协调流程进行协调综合,那么不合理变更方案或问题变更方案也就不会出现了。

3.4D/5D

所有在时间维度中存在的东西都是4D的,工程项目也不例外。但是,现行的项目管理技术却很难做到工程项目的4D控制,进度计划晦涩难懂,在项目实施中很难有力地执行。进度计划的不确定会造成其他计划的制定和执行也存在一定难度。同时,所有在经济环境中存在的东西都是5D的,任何资源或资金的使用都要按一定的流程来执行。工程项目的实施作为一项经济活动,这一点显得尤为突出。但是实际中工程项目的成本维度如何控制一直是难以解决的问题。

由于BIM模型存储了建设项目的所有几何、物理、性能、管理信息,可视为实际项目的克隆或DNA,在此基础上的4D/5D及更多维度的应用为业主提供了传统CAD、效果图或手工绘图无法实现的价值。

4.团队改造

工程项目建设是一项参与方众多、操作难度大、配合度要求高的活动,无论是对个人能力还是对团队配合都有较高的要求。特别是各个团队的组织与协调对项目能否顺利进行有很大的影响。现行的工程项目组织形式已经经历了百年发展,也在不断地改进着。但是随着人们对建筑业团队组织的要求越来越高,现行的组织模式受到了更多的质疑。多年来,世界各地的理论研究和工程实践证明,信息有效互用是BIM给建筑业带来的主要价值之一,应用BIM可以帮助消除由于信息不能互交造成的额外成本的发生。

5.整合现场

工程项目的建设受到很多不确定性因素的影响,特别是建设现场几乎时刻都要面临大大小小的挑战,有些是客观因素造成的,有些是因为现场工作人员的主观因素造成的,对图纸的理解错误或者对风险因素的预判错误都可能造成工程项目的管理失误。

BIM应用的整合现场就是将现实施工现场情况做成模拟的计算机模型,通过对计算机模型的预处理,从而发现现实工程环境中可能出现的问题,以便提前预防和处理。把BIM模型和施工现场或运营管理的需求整合起来,再结合互联网、移动通信、RFID等技术,形成BIM对现场活动的最大支持。

6.工业化自动化

由于工业化要求形成标准化生产流程,对产品进行批量化加工,所以可以降低生产成本,提高产品质量,同时还可以节约资源,提高工作效率,减少因为自然条件限制所产生的影响。BIM的应用为工业化提供了信息创建的渠道,并为信息管理提供有效工具。而且BIM的各专业模型、装配模型以及制造、全过程跟踪等手段为工业化的实现提供了有效支持。同时,工业化的实现为自动化的实施提供了基础,对于设计复杂的构件,BIM 技术与工业生产的相关技术相结合,可以完成传统工作方法很难实现的工作。大量的工程实践和理论研究证明,BIM 将大大推动和加快建筑业的工业化和自动化进程。

7.打通产业链

工程项目的产业链包括政府、规划、业主、施工、监理、产品供货等。这些参与方之间的有效联系和沟通可以提高整个建筑行业的生产效率。将 BIM 技术的应用延伸到工程项目各参与方当中,可以有效解决信息沟通的问题,使各参与方之间的联系更顺畅,最大限度地发挥 BIM 的价值,这也是 BIM 应用的最高层次。

第六节　BIM 应用的评估

目前,在 BIM 技术的应用中,有的项目应用覆盖面比较大,有的项目只是在某一个工序上应用。这些项目都标榜自己应用了 BIM 技术,究竟该如何判断一个项目是否可以称得上是一个 BIM 技术项目呢? 特别是在当前建筑市场的激烈竞争中,不少建筑公司都会以"掌握 BIM 技术"作为招牌争取客户,因此亟须有一个客观的标准评估建筑公司应用 BIM 技术的水平。

从另一个角度讲,有些用户已经在几个项目上应用 BIM 技术了,但应用水平没有显著提高,如何提高是用户极其关注的问题。那么有什么办法可以为用户的应用水平进行评估,在评估的基础上找出存在的问题和改进的方向呢?

BIM 应用的评估方法正在研究中,尚不成熟。在这里介绍的是 NBIMS 采用的评估方法。

1.NBIMS 提出的最低 BIM 概念

针对 BIM 应用如何评估的问题,NBIMS 提出了最小化 BIM(Minimum BIM)的概念。

最小化 BIM 是一个衡量 BIM 应用是否达到最小化水平的标志。至于如何衡量 BIM 的应用水平,NBIMS 提出了 BIM 能力成熟度模型(BIM Capability Maturity Model, BIM CMM)。用户可应用 BIM CMM 评价 BIM 的实施水平与改进范围。

2.CMU 提出的能力成熟度模型的概念

BIM CMM 其实是在能力成熟度模型的影响下出现的。CMM 的起源应当追溯到 1986 年,美国国防部为降低计算机软件的采购风险,委托卡耐基梅隆大学(Carnegie-Mellon University,CMU)的软件工程研究所(Software Engineering Institute, SEI)对软件承包商的能力评价问题进行研究,构造过程成熟度框架,制定软件过程改进、评估模型。CMU SEI 于 1991 年正式推出软件能力成熟度模型(Capability Maturity Model for Software, CMM)1.0 版。CMM 定义了过程成熟度的 5 个级别:初始级、可重复级、已定义级、已管理级、优化级,通过基于软件过程每一个成熟度级别内容,检验其实践活动,并针对特定需要建立过程改进的优先次序,是一套针对软件过程的管理、评估和改进的模式和方法。

CMM 作为一种评估工具,在两个方面有着广泛的应用:一是用于对软件过程能力成熟度的评估,包括由客户进行的评估以及企业的自我评估;二是企业在参评估的基础上,对自身软件过程进行改进,逐步提高软件过程的能力成熟度。CMM 的核心是过程持续改进的系统化方法,指出了一个软件企业逐步形成一个成熟的、有规律的软件所必经的途径,为组织软件过程的改进提出了一个循序渐进的、稳步发展的模式。CMM 自问世以来得到了广泛应用,成为衡量软件公司软件开发管理水平的重要参考和软件过程改进事实上的工业标准。

虽然 CMM 是诞生在软件工程行业,但在其影响下也有不少行业展开了在本行业领域内的能力成熟度模型研究。目前,国际上已经被企业和组织使用的项目管理成熟度模型有 30 多种。

3. NBIJWS 提出的 BIM 能力成熟度模型

前面提及最小化 BIM 是衡量 BIM 应用是否达到最低水平的标志。一个项目应用 BIM 水平的高低,是否能达到最低 BIM 的水平,就交由 NBIMS 参照 CMM 的评估体系而提出 BIM CMM 来进行评估。

在 BIM CMM 的评价体系中,NBIMS 采用了 11 个评价指标。下面对这 11 个指标的含义进行简单的介绍:

(1)数据丰富度(Data Richness)

BIM 模型作为建筑物理特性和功能特性的数字化表达,是建筑信息共享的知识资源,也是其生命周期中进行相关决策的可靠依据。通过建立 BIM 模型,使最初那些彼此并无关联的数据,整合为具有极高应用价值的信息模型,实现了数据的丰富度和完整性,足以支持各种分析的需要。

(2)生命周期(Lifecycle Views)

一个建筑的全生命周期是可以分为很多个阶段的,我们需要的 BIM 应用应当是能够发展到覆盖全生命周期的所有阶段,在每一个阶段都应当把来自权威信息源的信息收集整合起来,并用于分析和决策。

(3)角色或专业(Roles or Disciplines)

角色是指在业务流程以及涉及信息流动中的参与者,信息共享往往涉及不同专业多个信息的提供者或使用者。在 BIM 项目中,我们希望真正的信息提供者提供权威可靠的信息,在整个业务流程中使得各个不同专业可以共享这些信息。

(4)变更管理(Change Management)

实施 BIM 时,原有业务流程可能会发生改变。如果发现业务流程有缺陷需要改进,应当随之对问题的根本原因进行分析(Root Cause Analysis, RCA),然后在分析的基础上调整业务流程。当然,最好是通过信息技术基础设施库(Information Technology Infrastructure Library, ITIL)的程序来变更管理过程,ITLI 能够对信息管理提供一套最佳的实践方法。

(5)业务流程(Business Process)

应用 BIM 时,如果把数据和信息的收集作为业务流程的一部分,那么数据收集的成本将大为降低。但如果把数据收集作为一个单独的进程,那么数据可能会不准确而且成本会增加。我们的目标是在实时环境中收集和保存数据,维护好数据。

(6)及时/响应(Timeliness/Response)

BIM 实际应用时,最好能实时响应信息的请求,如不能则可能需要重新创建请求信息。越接近准确的实时信息,对决策的支持力度也就越大。

(7)提交方式(Delivery Method)

信息的提交方式是否安全、便捷也是 BIM 应用是否成功的关键。如果信息仅可用在一台机器上,而其他机器除了通过电子邮件或硬件拷贝外都不能进行共享,这显然不是我们的目标。

如果信息在一个结构化的网络环境中集中存储或处理,那就可以实现共享。最理想的模型是一个网络中面向服务的体系结构(Service Oriented Architecture, SOA)的系统。为了保障信息安全,在所有阶段都要做好信息保障工作。

(8)图形信息(Graphical Information)

可视化表达是 BIM 技术的主要特点之一,实现可视化表达的主要手段就是图形。从 2D 的非智能化图形到 3D 的智能化图形,加上反映时间、成本的 5D 图形,反映了图形信息由低级到高级的发展过程。

(9)空间能力(Spatial Capability)

在 BIM 实际应用中,搞清楚设施的空间位置具有重要意义。建筑物内的人员需要知道避灾逃生的路线,就必须知道室外的热量从哪个地方传入室内。最理想的是 BIM 信息和 GIS 集成在一起。

(10)信息准确度(Information Accuracy)

这是一个在 BIM 应用中确保实际数据已落实的关键因素,意味着实际数据已经被用于计算空间、计算面积和体积。

(11)互用性/IFC 支持(Interoperability/IFC Support)

应用 BIM 的目标之一是确保不同用户信息的互联互通,实现共享,也就是实现互用。而实现互用最有效的途径就是使用支持 IFC 标准的软件。使用支持 IFC 标准的软件能保证信息在不同的用户之间顺利地流动。

从以上的分析可以看出,这 11 个方面全面覆盖了 BIM 中信息应当具有的特性,因此在 BIM 应用的评价体系中作为评价指标是合适的。通过对这 11 个指标不同应用水平的衡量,综合起来就可以对 BIM 应用水平的高低进行评价。

11 个评价指标已经给出,那么该如何评价 BIM 应用水平的高低呢?这里就需要应用到 BIM CMM 来评价。表 2-1 就是一个表格化的 BIM CMM。

在 CMM 中,把能力成熟度划分为 5 个等级,而 BIM CMM 把每个指标划分成 10 个不同水平的能力成熟度等级,其中 1 级表示最不成熟,10 级表示最成熟。表 2-1 给出了各个指标不同的能力成熟度等级的描述。用户可以对照自己的实际应用情况确定各个指标的能力成熟度等级。

确定一个项目在 BIM 应用中上述 11 个指标的成熟度等级后,就可以结合表 2-2 提供的 BIM CMM 中各项评价指标的权重系数来计算其 BIM 能力成熟度的得分。

从表 2-2 可以看出,11 个评价指标的权重系数从左到右呈上升趋势,以"数据丰富度"和"生命周期"的权重系数为最低,"互用性/IFC 支持"的权重系数为最高。这反映了 BIM CMM 研制人员对这些评价指标重要性的研究,也反映了在 BIM 中第一位重要的是信息的共享与互用。

为了统计某个项目应用 BIM 的成熟度得分,可以先确定该项目的各个评价指标的成熟度等级,然后再将这个等级数乘以该指标的权重因子得到这一项指标的成熟度得分,将 11 个指标的成熟度得分相加就得到该项目应用 BIM 的成熟度得分。表 2-3 是一个算例。

根据 NBIMS 的规定,2008 年,BIM 能力成熟度总得分为 30 分才能达到最小化 BIM 的标准(也就是说表 2-3 这个算例没有达到最小化 BIM 的标准),到了 2009 年,总得分达到 40 分才算达到最小化 BIM 的标准,满 50 分才能通过 BIM 认证,而到达 70 分则为白银级 BIM,80 分为黄金级 BIM,90 分以上为最高级的铂金级 BIM。

表2-1

BIM CMM

成熟度水平	数据丰富度	生命周期	角色或专业	变更管理	业务流程	及时响应	提交方式	图形信息	空间能力	信息准确度	互用性/IFC支持
1	基本核心数据	没有完整的项目阶段	没有完全支持单一角色	没有CM能力	分离的流程没有整合在一起	大部分信息应需要人工重做（较慢）	无信息保障下的单点接入	主要是文字，无技术图形	没有空间定位	没有实际数据	没有互用
2	拓展数据集	规划和设计	仅支持单一角色	知道变更管理	极少数业务流程收集信息	大部分信息应需要人工重做	有限信息保障下的单点接入	2D非智能设计图	基本空间定位	初步的实际数据	勉强的互用
3	增强数据集	加入施工和供应	部分支持两个角色	知道CM与RCA	部分业务流程收集信息	数据请求不在BIM中，但大多数其他数据在BIM中	基本信息保障下的网络接入	NCS的2D非智能设计图	空间位置准确	有限的实际数据-内部空间	有限的互用
4	数据加上若干信息	包含施工和供应	完全支持两个角色	知道CM/RCA与反馈	大部分业务流程收集信息	有限的响应应信息在BIM中可用	完全信息保障下的网络接入	NCS的3D智能化设计图	位置确定与有限信息共享	全部实际数据-内部空间	有限信息在软件产品间转换
5	数据加上拓展信息	包含施工、供应和预制	部分支持规划、设计和施工	实施CM	全部业务流程收集信息	大部分信息应在BIM中可用	有限启用网络服务	NCS的4D智能化竣工图	空间位置确定与元数据	有限实际数据-内部空间与外部空间	大部分信息在软件产品间转换

续上表

成熟度水平	数据丰富度	生命周期	角色或专业	变更管理	业务流程	及时/响应	提交方式	图形信息	空间能力	信息准确度	互用性/IFC支持
6	数据以及有限权威的信息	加入有限的运营与保修	支持规划,设计和施工	初始CM过程实施	极少数业务流程收集与维护信息	所有响应信息在BIM中可用	完全网络应用服务	NCS的2D实时智能化图	位置确定与信息完全共享	全部实际数据-内部与外部空间	所有信息产品在软件产品间转换
7	数据以及大部分权威信息	包含运营与维修	部分支持运营与维护	CM过程到位与早期实施RCA	部分业务流程收集维护信息	及时从BIM获取所有信息	具有信息完全保障网络应用服务	3D智能化图	部分信息集成到有限GIS中	有限的计算区域与实际数据	有限信息应用IFC互用
8	全部权威信息	加入财务	支持运营与维护	CM/RCA能力实施应用	全部业务流程收集维护信息	有限的实时访问BIM	安全保障下的网络应用服务	3D实时智能化图	部分信息集成到较完整的GIS中	完全计算区域与实际数据	更多信息应用到IFC应用互用
9	有限知识管理	设施全生命周期的数据采集	支持设施生命周期所有角色	业务流程由应用RCA和反馈的CM支持	部分业务实时收集与维护信息	完全实时访问BIM	基于CAC接入网络中心的SOA	4D(加入时间)	全部信息集成到完整的GIS中	以有限度量准则计算实际数据	大部分信息应用IFC互用
10	完全知识管理	支持内部和外部的所有角色	支持内部和外部的所有角色	日常业务流程由CM/RCA和反馈循环支持	全部业务实时收集与维护信息	实时访问与动态响应	基于CAC的网络中心SOA的作用	nD(加入时间与成本等)	全部信息流集成到GIS中	以全度量计算准则实际数据	全部信息应用IFC互用

BIM CMM 除了可以作为一个量化的 BIM 评价体系之外,它还为改善 BIM 的应用指出了改进的方向。表 2-1 清楚地列出了每一个指标不同水平的成熟度等级的描述情况,确定当前项目每个指标的等级后,再查阅其相应指标较高等级的描述,就可以清楚地了解今后的努力方向。为改善 BIM 的应用提供一个循序渐进、稳步发展的目标。

BIM CMM 中各评价指标的权重系数   表 2-2

指标	数据丰富度	生命周期	角色或专业	变更管理	业务流程	及时/响应	提交方式	图形信息	空间能力	信息准确度	互用性/IFC 支持
权重系数	0.84	0.84	0.9	0.9	0.91	0.91	0.92	0.93	0.94	0.95	0.96

[例]

BIM CMM 中各评价指标的权重系数   表 2-3

指标	数据丰富度	生命周期	角色或专业	变更管理	业务流程	及时/响应	提交方式	图形信息	空间能力	信息准确度	互用性/IFC 支持
级别	2	1	3	1	2	2	3	3	1	2	2
得分	1.68	0.84	2.7	0.9	1.82	1.82	2.76	2.79	0.94	1.9	1.92
总得分	20.07	—	—	—	—	—	—	—	—	—	—

4. BIM CMM 的应用

BIM CMM 诞生后,已经有一批项目采用它来评估应用 BIM 的能力成熟度。首先介绍的是位于美国田纳西州的一个建筑面积达 555000 平方英尺的项目,在该项目建造过程中,将 BIM 的应用和项目精益建造(Lean Construction)的目标结合。因为实施精益建造,经常会涉及不同环节的调整。调整时应用 BIM CMM 作为一个评估准则,评估如何调整可以使得项目有较高的 BIM 能力成熟度得分。项目完成后,其 BIM 能力成熟度得分为 82.6,达到了黄金级 BIM 的应用水平。在应用 BIM CMM 评估过程中,发现在"变更管理"和"信息准确度"方面得分较低,这就为今后如何改善 BIM 的应用明确了目标。

另一个案例是我国天津的一个综合商业体,建筑面积 14 万 m²。该项目在建设过程中应用了 BIM 技术,以 Revit 为核心建模软件,与 Etabs、TeklaStructures、Rhino、MagiCAD 等专业软件相配合,顺畅地实现了 BIM 理念,大大缩短了项目设计时间,加快了项目构件加工的速度,提高了施工安装的精度,极大地节约了各参建方尤其业主方的时间成本和资金成本。最后对项目应用 BIM 进行总结,认为其 BIM 能力成熟度得分为 81.89。该项目的"生命周期""及时/响应"和"提交方式"三个指标的得分较低,这将是他们今后在应用 BIM 时的努力方向。

第七节 BIM 应用的风险

根据上述几节的内容我们不难发现,BIM 技术能够为工程项目建设带来巨大的变革和利益,为整个建筑业的发展提出新的思路。但是由于国内的 BIM 应用环境还不成熟,所以要想完全充分地应用 BIM 技术还存在着一些问题和障碍。

一、面临的问题

由于 BIM 技术在国内应用时间短、应用层次较初级，所以其在国内的发展面临着一些问题，具体体现在以下方面：

（1）认识不足，推广不力

BIM 技术虽然对建筑业有明显的优越性，但是社会对其普遍认识不足，BIM 的优势并没有得到社会的充分认可。虽然国家有关部门对 BIM 技术的应用越来越重视，但是推广力度还是远远不够，同时又因为起步晚，应用不集中，造成 BIM 在我国发展缓慢。

（2）行业高速发展的巨大惯性

建筑业是一个具有百年发展历史的行业，已经形成了其固有的行为方式和思维模式，又由于参与人数多，社会关注度高，所以有着巨大的运行惯性。人们已经习惯了在原来 2D 模式下进行工程项目的建设活动，所以对 BIM 的应用有着一定的怀疑。大多数工程项目，在应用 BIM 的初期，由于应用经验不足，管理模式不匹配以及技术人员不充分等原因，往往不能充分发挥 BIM 技术的优势，难以产生直接效益，因此更要求我们在 BIM 引入行业的初始阶段，坚定支持 BIM 的应用，对其带来的一些困难和问题，抱有足够的容忍力。面对如此复杂的行业，要想引进新的技术必须要经历一定的阶段和过程，来慢慢扭转行业发展的巨大惯性带给 BIM 发展和应用的障碍。

（3）BIM 人才匮乏，培训和咨询不足

随着 BIM 技术在我国的应用和发展，以及行业对 BIM 的重视，BIM 技术的相关专业人才在国内的需求量越来越大，但是社会化的培训机构的发展程度仍难以满足市场发展需求。虽然国内一些大学的 BIM 研究机构在逐渐成立，并开展着相关方面的研究，可是相对于行业对 BIM 相关人才爆炸性的需求，还远远不足。另外 BIM 技术的研究往往存在于理论层面上，缺少实际的操作方法和项目的实践经验，这些都一定程度上限制了 BIM 技术在国内的发展。

二、来自各方的障碍

由于存在上述几点问题，所以 BIM 技术在国内工程项目各参与方的应用和推行过程中，会遇到来自各参与方的障碍。

1. 来自政府有关机构的协调障碍

由于建筑业的相关标准和文件以及项目的相关资料都需要政府的批准才能执行，所以 BIM 技术的推广同时也需要政府机构改变自己的审查制度。例如当前工程项目的各种设计成果的审查还不接受三维的计算机模型形式，仍然要求以二维平面图纸的形式表达，这就使得 BIM 的推广受到了一定程度的影响。当然，政府机构仅仅做到兼容审核基于 BIM 技术的设计成果还远远不够，BIM 的发展需要得到行业管理部门的支持和鼓励，通过一定的优惠政策和降低收费标准来激励国内建筑业的相关单位在各自的工作中积极应用 BIM 技术。同时政府部门应该就 BIM 技术的应用对建筑业工作流程的影响调整目前工程项目的审核程序。

2. 来自业主的障碍

只有需求才会推动新技术的应用和发展，所以业主就是 BIM 应用的原动力，但 BIM 技术的应用现状局限了业主对 BIM 的认识，很多行业外的业主可能根本不知道 BIM 技术，更谈不上应用。往往是那些行业内的高端业主在一些复杂程度大、要求高、使用传统方法存在困难的项目中才会选用 BIM。没有业主的主动需求,BIM 技术的发展就失去了其原动力。

3.来自设计方的障碍

设计方作为 BIM 应用的主要参与方,它对 BIM 的渴望程度和应用力度决定了 BIM 的应用前景。实际应用中来自设计方的障碍表现在三个方面:首先 BIM 作为一种新型的技术,它的应用初期需要投入大量的时间和资金,而且收益不能充分显现,同时还需要投入资源来培养应用 BIM 技术的专业人员。基于此造成设计方对 BIM 的应用热情不是很高。其次,大多数设计方都能实现相同专业之间的协调合作,但是对于不同专业之间的协同设计往往很难做到,这样就削减了 BIM 应用的优势。再次,设计师设计思想的固化带来了障碍。从二维图纸设计到三维的模型设计,从单兵作战到协同合作,要想更好地应用 BIM 技术就需要设计师转变原来固有的设计思想,但是思维定式的转变往往不是一朝一夕就能办到的。

4.来自施工方的障碍

施工方作为工程项目的重要参与方,作为提升三大目标管理效率的重要受益者,本应对 BIM 技术的推广起到推动作用。但是,由于现行的三大目标管理方法已经经历了长期的发展,形成了稳定的工作方式和管理办法,人们不太愿意放弃固有熟悉的方式和办法去尝试一种新型的、还处在初级阶段的新技术。同时,由于 BIM 技术的应用需要投入大量的资金购买相关硬件、软件以及培养 BIM 相关专业人才,这对普通施工企业来说意味着成本的增加。又因为 BIM 是一项应用于全生命期的技术,只在施工阶段使用会降低其优势,无法获得其想要的收益。所以,只是比较高端的施工单位在一些大型、复杂的项目中零星地使用 BIM 技术进行管理。因此 BIM 技术在施工中的普及面临着很大障碍。

5.来自专业软件公司的障碍

由于 BIM 是从国外发展起来的,所以国外 BIM 相关软件一般都比较成熟,种类也比较齐全。目前,国内 BIM 相关软件的开发主要涉及工程量计算软件,对于各个专业设计软件的开发还没有太大的优势。此外,国外的软件开发商所开发的 BIM 相关软件中的模板和族库都是基于本国的制图规范制定的,虽然引入我国后会根据情况进行一些本地化修改,但是由于本地化不充分,所以在实际应用中受到很大的限制。

6.来自 BIM 技术支持的障碍

BIM 技术的有效应用需要通过长期充分的技术支持进行保障,但是软件供应商却很难做到这一点,导致 BIM 在中国推广不利。同时,不同客户拥有不同的需求以及建设项目的单一性也是 BIM 在国内应用的一大障碍。

第三章

BIM 技术的软件平台

第一节　目前常见 BIM 平台

　　PowerCivil 是一款面向道路、铁路、桥隧、场地、地下管网等基础设施设计的专业软件,是以 MicroStation 为核心开发的专业软件,提供了信息量丰富的建模功能,能够与 CAD 工具、地图工具、GIS 工具以及诸如 PDF、i－model 及超模型等业务工具完美集成。由于 PowerCivil 是基于 MicroStation 开发出的软件,因此 PowerCivil 许多的操作和功能都与 MicroStation 相同,想要熟练掌握 PowerCivil 就需要对 MicroStation 的工作空间理念、视图控制技术、文件参考、种子文件以及统一的命令使用模式进行了解。

　　目前常见的 BIM 平台如下。

　　(1)**Autodesk**:代表软件有 Revit、Civil3D(图 3-1)、BIM360,适用于工民建领域,门槛较低,是目前建筑行业最常用的 BIM 平台,Revit 建筑、结构和机电系列,在民用建筑市场借助 Auto-CAD 的天然优势,有相当不错的市场表现。但由于其专业覆盖面窄,文件格式不统一,因此,对于大体量的模型支持能力差。

　　(2)**Bentley**:代表软件有 PowerCivil(图 3-2)、AECOsim、ProjectWise,Bentley 产品在工厂设计(石油、化工、电力、医药等)和基础设施(道路、桥梁、市政、水利等)领域有无可争辩的优势,尤其是特大复杂工程,是现阶段专业覆盖最全面的软件服务商。

图 3-1　Civil3D 软件界面

图 3-2　PowerCivil 软件界面

（3）**Dassault**：代表软件有 CATIA（图 3-3）、SolidWorks、DigitalProject，因其参数化能力出色，多适用于机械、汽车、幕墙等行业。Dassault 公司的 CATIA 是全球最高端的机械设计制造软件，几乎能够垄断航空、航天、汽车等领域的市场，如果将 CATIA 应用到工程建设行业，无论是对复杂形体还是超大规模建筑，其建模能力、表现能力和信息管理能力都比传统的建筑类软件有明显优势。Digital Project 是 Gery Technology 公司在 CATIA 基础上开发的一个面向工程建设行业的应用软件（二次开发软件），其本质还是 CATIA，就跟天正的本质是 AutoCAD 一样。

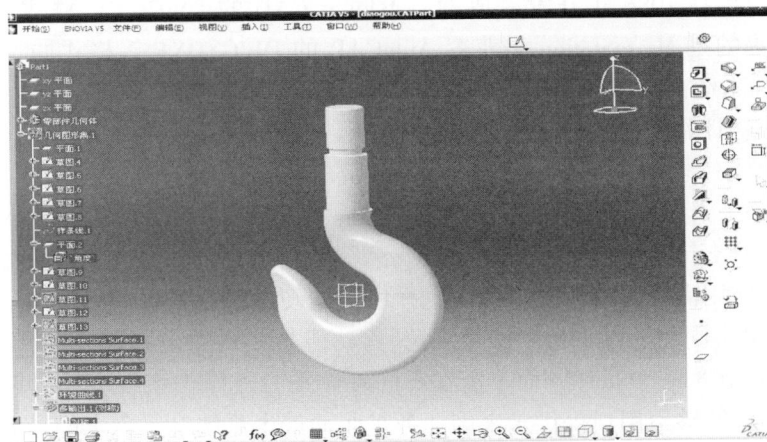

图 3-3　CATIA 软件界面

（4）**Nemetschek**：代表软件有 ArchiCAD（图3-4）、AllPLAN、VectorWorks。其中国内同行最熟悉的是 ArchiCAD，是面向全球市场的产品，可以说是最早的一个具有市场影响力的 BIM 核心建模软件，但是在中国由于其专业配套的功能（仅限于建筑专业）与多专业一体的设计院体制不匹配，很难实现业务突破。Nemetschek 的另外两个产品，AllPLAN 的主要市场在德语区，VectorWorks 则是其在美国市场使用的产品名称。

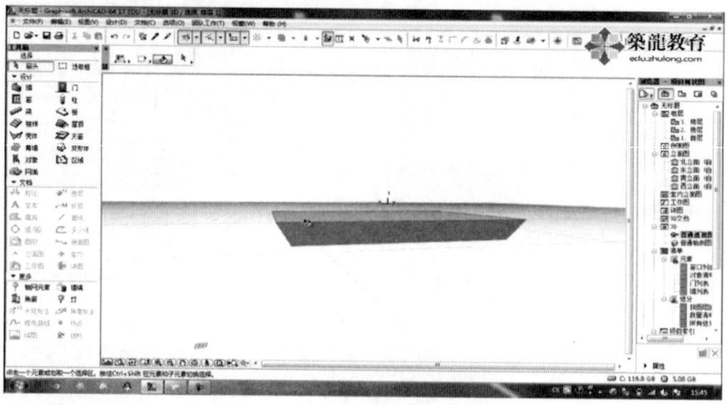

图 3-4　ArchiCAD 软件界面

因此在软件选用上建议如下：

①单纯民用建筑（多专业）设计，可选用 Autodesk Revit；

②工业或公路、市政基础设施设计，可选用 Bentley；

③建筑师事务所，可选择 ArchiCAD、Revit 或 Bentley；

④所设计项目严重异形、预算又比较充裕的，可选用 CATIA；

⑤充分顾及项目业主和项目组关联成员的相关要求。这也是在确定 BIM 技术路线时需要考虑的要素。

本书主要介绍 Bentley 公司的代表软件 PowerCivil。

第二节　MicroStation 简介

MicroStation 是与 AutoCAD 一样出色的二维和三维 CAD 设计软件，MicroStation 的最早版本是由 Bentley 兄弟在 1986 年开发完成的。不同于 CAD 的 DWG 文件格式，其文件格式为 DGN，但值得一提的是 MicroStation 是兼容 AutoCAD 的 DWG/DXF 等格式的。MicroStation 是 Bentley 工程软件系统有限公司在建筑、土木工程、交通运输、加工工厂、离散制造业、政府部门、公用事业和电讯网络等领域解决方案的基础平台。

MicroStation 支持多种不同硬件平台，包括 Intergraph、IBM、HP、SUN、DEC、SGI 等工作站级，PC 与 MAC 等个人电脑，UNIX、Linux 及 Windows 3.1、Windows 95、WindowsNT 及 DOS 等多种操作系统。它所支持的硬件平台及操作系统已覆盖目前世界上所有较为知名的硬件厂商，故用户可以根据使用需要及效率需求自由选择所需的硬件平台及操作系统。最重要的一点则是，MicroStation 里不同的硬件平台和操作系统，其功能与架构完全一致，所产生的设计图档亦是完全兼容（BinaryCompatible）的，而不需在不同硬件平台或操作系统中加以转换。这种专业化的超强功能不仅能够给用户提供未来因业务扩张而产生系统升级需求的最大自由度与最佳的投资保障，对于大型用户的多平台网络操作而言，更是提高产能并降低生产成本的最佳利器。试想一个大型用户的网路环境中,设计人员在 PC 上以 MicroStation 绘图,而工程师们在工作站上用 MicroStation 同时从事设计工作。对其他的电脑辅助绘图软件而言,很难做到这一点,但是对 MicroStation 的用户而言,这却是目前最普遍的操作方式,也是他们之所以具备绝佳竞争力的最大原因。MicroStation 界面见图 3-5。

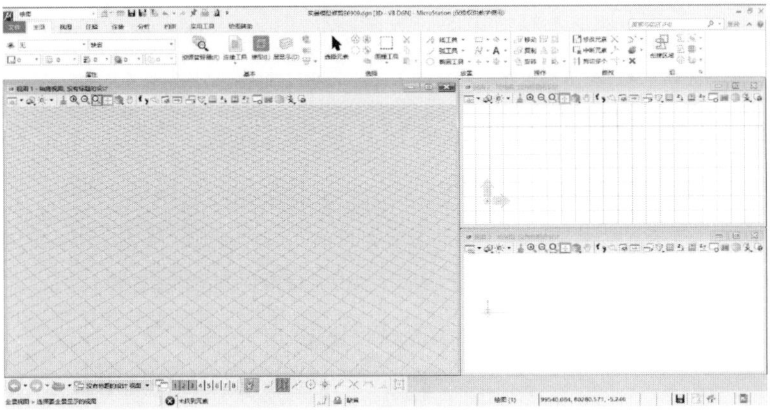

图 3-5　MicroStation CONNECTJEI Edition 界面

MicroStation 在技术上处于较领先的地位,事实上它在电脑辅助绘图领域有较强的优势。MicroStation 已经完全实现了 3D 环境中操作,符合 OSF/MOTIF 标准的图形化使用界面,多视窗操作环境、参考图档(ReferenceFile)、即时在线求助、多重取消或重作(Redo/Undo)功能、硬盘即时更新(File-Based rather than Memory-Based)等人性化操作界面及使用者自定线型(User-Defined Line styles)、平行复线(Multi-Lines)、关联式的剖面线及涂布(Associative hatching/patterning)、2/3D 空间布林运算、完整的抓点模式(Nearest, Midpoint, Center, Origin, Tangent, Perpendicular, Parallel, Intersection…)、参数化图元设计(Dimension Driven Design)、关联式尺寸标注(Associative Dimensioning)、影像档重叠显示与写入功能、复合曲线(Complex String/Shape)、依图元属性自动搜寻/选取功能、NURBS、辅助坐标系统、资料库连接操作、材质库、上彩及其他众多辅助作图工具。MicroStation 代表了新一代电脑辅助绘图软件的标准。

MicroStation 4.0 版被 PC Magazine 评选为 CAD 类软件的 Editor's Choice,历经四年多时间,MicroStation 已步入 5.0 版。并已在中国正式发表最新一代的 CAD 标准-MicroStation/J 中文版,而其功能较之 4.0 版有极为显著的提升,但对于使用者,这意味着更高的绘图与设计效率,及其所衍生的更高的经济效益。图形化的使用界面一直是 MicroStation 吸引大量注视眼光的主要原因,而这也正是 MicroStation 易于使用的最佳保证。根据专业的 CAD 软件评估厂商评估,与其他 CAD 软件相较,使用 MicroStation,在作图这一环节中至少可以节省三分之二以上的时间。

第三节　PowerCivil 简介

PowerCivil 是以 MicroStation 为核心开发的一款面向道路、铁路、桥隧、场地、地下管网等基础设施设计的专业软件,具有丰富的建模功能,能够与 CAD 工具、地图工具、GIS 工具以及诸如 PDF、i – model 及超模型等业务工具完美集成。PowerCivil 是基于 MicroStation 开发的软件，沿用了 MicroStation 的工作空间理念、视图控制技术、文件参考、种子文件以及统一的命令使用模式。PowerCivil for China V8i 的主要界面（图 3-6 ~ 图 3-8）也与 MicroStation V8i 界面非常相近。

图 3-6   PowerCivil 加载界面

图 3-7   PowerCivil 打开界面

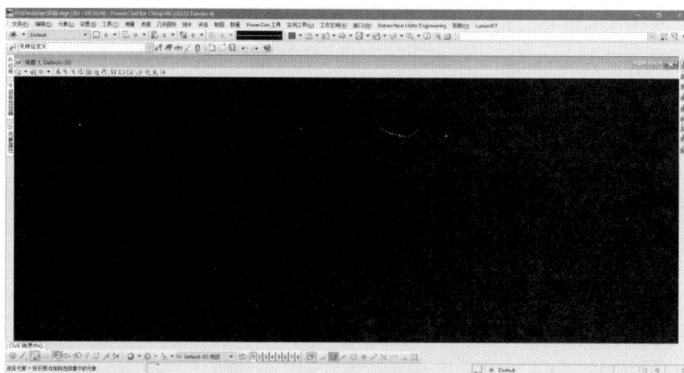

图 3-8   PowerCivil 主界面

一、PowerCivil

目前市场上 BIM 软件种类繁杂、派别林立，国外有 Autodesk 公司推出的 Revit 和 AutoCAD Civil3D，Bentley 公司推出的 AECOsimBD 和 PowerCivil 等，国内有鸿业公司推出的鸿业 BIMSpace，广联达公司推出的广联达 BIM 5D 等。其中 Bentley 主要以 MicroStation 为基础开发了一系列软件模块来满足不同行业的应用需求，根据道路、铁路、桥隧等交通基础设施设计的特点开发了 PowerCivil。PowerCivil 的前身 Inroads 在二维设计时代一直没有引入国内交通行业，在国内交通行业 BIM 发展的起步阶段，PowerCivil 进入了国内交通行业，并且以专业性强、成熟度高的特点引起了行业内的广泛关注，进入国内市场后，在其基础上二次开发的桥梁 BIM 软件 CivilStationBridge 与 PowerCivil 形成了一套较为完整的路桥隧整体 BIM 解决方案。PowerCivil软件自身具有模型关联性强、自动检测迅速、准确率高以及参数化智能操作的特点，软件操作与 MicroStation 基础上开发的其他软件非常相似，容易上手，在设计可视化和三维建模方面都具有非常突出的特点。因此国内土木交通行业寄予其很高的厚望。

InRoads 由 Intergraph 公司在 20 世纪 80 年代早期开发的产品演化而来。鹰图（Intergraph）公司的第一个土木产品叫 Engineering Site Package（ESP），运行在 DEC VAX 图形终端，包含地形模型、平纵横系统。ESP 不断发展，1986 年 10 月升级为 Transportation Design Package。20 世纪 80 年代晚期更名为 InRoads，同时版权不断被 Bentley 收购，最终 Bentley 获得了 InRoads 的所有权。

InRoads V3.5：1990.04 发布，支持 Clix platform，支持 MicroStation V3.5；

InRoads V4.0：1991.04 发布，支持 Clix platform，支持 MicroStation V4.0；

InRoads V5.0：1993.12 发布，支持 MS – DOS andWindows NT；

InRoads V7.0：1996.12 发布，支持 MicroStation 95；

InRoads V7.1：1997.10 发布，支持 MicroStation J 版；

InRoads V8.0：1999.09 发布，众多新功能；

InRoads V8 2004 Edition（V8.5）：2004.05 发布，与 MicroStation V82004 Edition 同步发布，同时包含了 InRoads Suite，InRailSuite，ProjectWise Organizer，Text Import Wizard；

InRoads V8 2004 Edition（V8.7）：2005.06 发布；

InRoads V8 2004 Edition（V8.8）：2006.06 发布；

InRoads V8 XM Edition（V8.9）：2007.01 发布；

Power InRoads V8i（V8.11.5）：2008.11 发布 Power 开头的版本，整合了 MicroStation 图形平台，用户无须再单独安装 MicroStation，同时亦保留了 InRoads 单独版本；

Power InRoads V8i（SELECTseries 1）（08.11.07）：2010.04 发布；

Power InRoads V8i（SELECTseries 2）（08.11.07）：2010.08 发布；

Power InRoads V8i（SELECTseries 3）（08.11.09）：2013.03 发布，基于最新的 OpenRoads 技术，同时发布 PowerCivil for China；

Power InRoads V8i（SELECTseries 4）（08.11.09）：2015.01 发布，集成了 SUE，SUDA，Map，Descartes 等软件；

Power InRoads V8i（SELECTseries 4）（08.11.09.845）MR1：2015.07 发布，SS4 的第一个维护版本。

PowerCivil for China(为了方便,下文简称为 PowerCivil)是 Bentley 土木交通行业核心 BIM 软件 InRoads 的中文版,基于最新的 OpenRoads 技术。OpenRoads 是 Bentley 土木工程设计产品(GeoPak、InRoads、MXROAD 和 PowerCivil)的底层技术。基于此技术构建的这些产品突破了模型设计方面的束缚,在一个应用程序中同时提供了三维建模、设计阶段、可视化、设计意图、信息移动性等诸多内容。应用 OpenRoads 技术后,可对用户在标准、交付项和历史数据方面的权益加以保护,同时还提供信息建模功能,以构建智能化的基础设施。其核心思想是将土木交通行业设计过程中产生的所有数据(如平纵曲线、横断面、超高渐变、曲线加宽等)全部集中在一个信息模型上,需要相应数据时直接从模型上提取所需数据、平纵横图纸等。并可直接在模型上模拟施工、制作漫游动画、模拟交通等。

PowerCivil for China 为交通基础设施的设计提供了一个非常不错的多专业协调工作的平台,在 PowerCivil 中我们可以按照协同工作的工作模式开展多专业协同设计,PowerCivil 的主要功能包括勘测分析、地形模型、平纵几何设计、横断面设计、廊道建模、排水设计以及碰撞检查等功能。除了 PowerCivil 自身的强大功能之外,PowerCivil 还可以与场景渲染模块 LumenRT 及场地设计 SITEOPS 结合。在软件架构上,PowerCivil 已经将三维设计平台 MicroStation 纳入其中,这样一是解决了原来分别安装时版本匹配的问题,二是图形平台和专业设计模块结合得更加紧密。对于使用者来讲,它是一个整合、集中、统一的设计环境,可以完成多个专业从模型创建、统计报表、碰撞检测、数据及图纸输出等整个流程的工作。PowerCivil 主要功能如图3-9 所示。

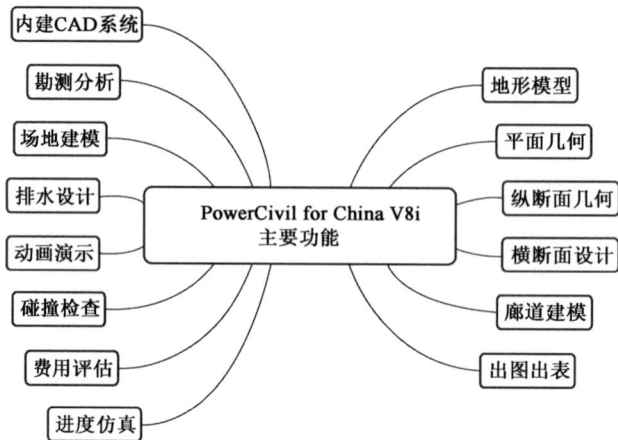

图3-9 PowerCivil 主要功能

基于 PowerCivil 可以完成以下设计:
- 道路三维参数化设计;
- 桥梁、隧道、铁路等结构物的几何建模;
- 场地设计、雨水和污水管网设计;
- 三维真实效果及三维动态模拟;
- 二维图纸和设计报告的生成与出版;
- 关联设计与修改、方案比选;
- 与 BridgeMaster 集成实现常规桥梁的三维自动建模;

- 与 ProConcrete 集成生成三维钢筋模型；
- 与 RM Bridge 集成实现桥梁结构分析；
- 与 ProjectWise 集成实现工程内容管理及协同设计。

二、主要特点

1. 信息建模

借助 PowerCivil，用户在项目伊始即可启动建模过程来生成智能三维模型，从而对设计进行初步分析和实时的可视化呈现，以确保设计的准确性并降低项目成本。以模型为中心的集成式设计模式可确保所有设计变更动态地更新到整个模型中，从而保证所有团队成员随时查看最新的设计。

2. 高级设计

PowerCivil 不仅适用于公路和高速公路、铁路及市政工程项目，还可用于商业、工业和环境用地开发项目。借助建模过程规则、关系和约束的先进设计工具，模型可对设计变更进行响应并可揣摩工程师的设计意图。

由于采用了土木工程单元，使得 PowerCivil 突破了设计方面的原有限制，不再需要使用向导作为设计工具。用户可以使用土木工程单元来预先配置常用的二维和三维几何布局，同时维护所有的设计、约束和关系智能化。随后，可继续在设计中使用土木工程单元，以确保实施相关标准、提高设计质量，且不必重复设计常用结构。

3. 确保工程意图

借助 PowerCivil 的设计意图功能，用户可以构建土木工程元素之间的关联和关系，确保设计项目能够真实反映工程意图。对象信息（创建方式、创建位置以及创建方法）随每个对象一同存储，确保设计符合原始设计意图。当某个元素被修改时，将根据存储的这些关系自动更新所有相关元素。

4. 项目通用性

PowerCivil 用途广泛，适用于各种类型的大中小型土木工程项目以及这些项目的各个阶段，且不同专业水平的用户均可使用该软件。该软件整合了土木工程项目的各个方面，从道路研究到最终设计，乃至施工交付项的生成。它可以处理各种复杂任务，例如交叉口设计、环岛设计、减少测量数据、场地开发、污水及雨水排放管网设计，以及施工放样报告的生成。

5. 灵活性强、可配置

PowerCivil 仅通过一个应用程序便可提供 MicroStation 的所有草图和绘图生成功能。通过集成 Civil AccuDraw，进一步增强 PowerCivil 功能。Civil AccuDraw 是 MicroStation AccuDraw 的土木工程专用版软件，该款草绘工具使用直观、制图精确，可预测用户意图，进而减少鼠标点击次数，还可减少完成草绘任务所需的其他操作的数量。Civil AccuDraw 不仅支持土木工程领域特定的草绘规则，还提供一些有关桩号和偏移、方位和距离、方位角等方面的选项，从而简化草绘过程。

由于项目工作范围的不同可能会导致工作流程千差万别，因此 PowerCivil 为用户提供了最大的灵活性，使他们可以按照最符合其特定需求的方式工作。该软件可完全自行配制，用户可根据项目规范或个人偏好对 PowerCivil 环境进行自定义设置。利用道路库可以减少项目中的重复性任务,并有助于对设计替代方案进行快速评估,以帮助用户做出重要决策。PowerCivil 可自动生成一组完整的设计交付项。嵌入式项目管理功能使得用户能够全面掌控所有项目组件和交付项。这些功能与 Bentley 基于协助服务器服务的 ProjectWise 系统紧密集成,可实现工程信息的共享和项目协助。

6. 完成草绘、可视化和发布

作为一款功能强大的土木工程设计应用程序,PowerCivil 融合了 Bentley 旗舰产品 MicroStation 的所有重要功能,其中包括创建、编辑、查看、可视化以及发布功能。无论是放置简单的 CAD 图形、进行标注或指定详细计划以用于最终生产,还是浏览经过渲染处理的设计模型,都可以通过 PowerCivil 实现。

7. 使用外业数据

PowerCivil 可提供一站式解决方案,尤其擅长数据采集,允许用户使用适合其设计或测量项目的任何外业数据。从摄影测量和全站仪测量到 GPS、LiDAR 和点云,该软件可上传、分析和操作外业数据,同时确保原始数据具有可追溯性。该软件支持多种先进设备和数据格式,可处理各种现有地形信息。用户可使用任何行业标准方法对调节量进行计算。此外,需要修改和处理数据,在设计完成时将设计数据上传到数据采集器,以便进行监测或实现自动机器导航,从而为场地准备工作提供支持。

8. 集成的地图功能

PowerCivil 包含一组功能全面的地图工具与 GIS 数据编译和编辑工具。工程师可借助这些工具来整合工程数据和 GIS 数据以在初始设计阶段做出更明智的决策,考虑湿地减少等敏感问题,甚至可以发布制图以获得公众批准。同时,借助这些工具可以扩展设计过程,以强制执行业务及地形规则并遵守行政管理方面的规定。通过结合工程工具和地图工具,Bentley 使 GIS 具有了 CAD 及工程设计的准确性、易用性和高效性等优势。总之,借助分析、可视化和演示功能,用户可以做出更明智的决策;借助地图和智能 PDF,用户之间可以更为顺畅地进行沟通和交流。

三、主要界面

打开界面

打开界面(图 3-10)对于初学者来说是一个十分需要注意的操作,许多初学者在打开界面时容易由于操作不当找不到在主界面中的相关功能或者无法浏览相关对象。下面详细介绍 PowerCivil 功能区以及工作空间设置的相关操作。

1. 功能区

功能区共有三个按钮分别为:□【新建文件】按钮;⑥【工具/文件历史】按钮;▣【目录历史】按钮。

(1)□【新建文件】

"新建文件"功能顾名思义是用来创建项目文件的,通过该功能可以创建 DGN、DWG 等格式的设计项目文件,但是其与一般的设计软件项目文件创建不同,PowerCivil for China V8i(SE-

LECTseries 4)的项目文件创建与 MicroStation 的创建方式相同点是需要选择指定格式的种子文件。

创建项目文件操作:

- 启动 PowerCivil,通过加载界面,进入打开界面如图 3-10 所示。

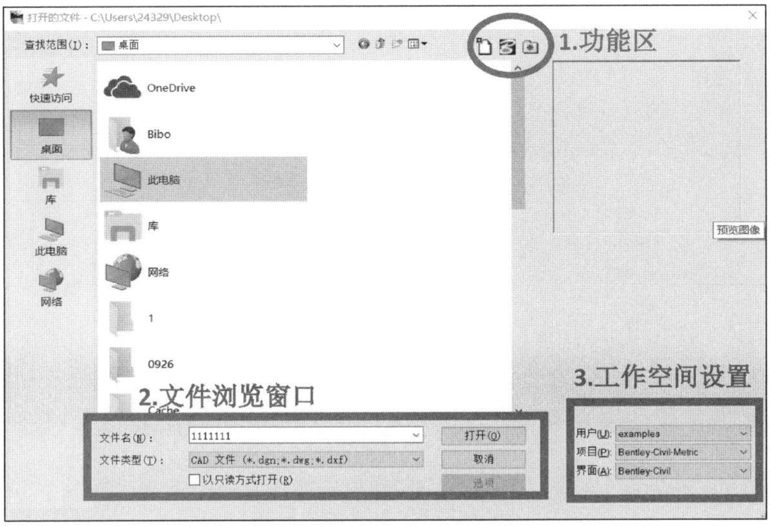

图 3-10　PowerCivil 打开界面

- 点击🗋【新建文件】,进入新建项目文件界面如图 3-11 所示。

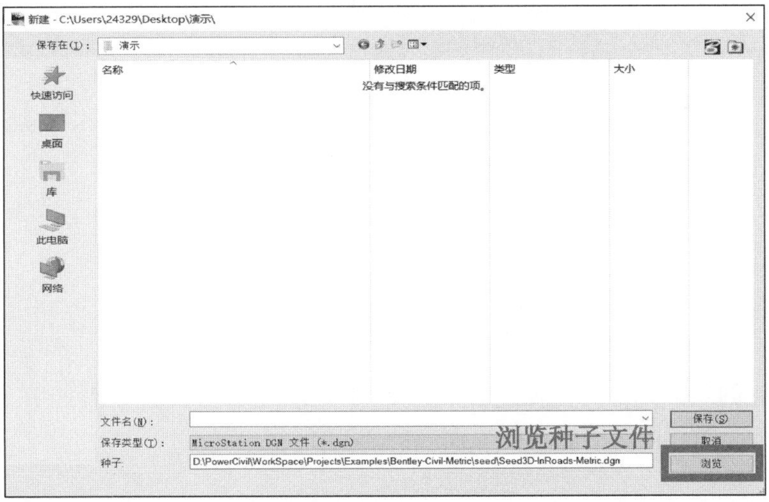

图 3-11　PowerCivil 新建文件界面

- 点击　浏览　【浏览】,进入种子文件选择界面如图 3-12 所示。
- 选择对应种子文件,点击打开,进入新建项目文件界面,一般情况下新建项目文件选择"Seed2D – InRoads – Metric"2D 公制种子;如果是进行地形模型建模,则需要选择"Seed3D – InRoads – Metric"3D 种子。
- 在新建文件界面的文件名输入框内,输入新建项目文件名称,点击【保存】,进入打开界面,项目文件创建成功。

图 3-12　PowerCivil 种子文件选择界面

（2）■【工具/文件历史】

"工具/文件历史"的功能：快速压缩项目文件；快速升级项目文件版本；设置缺省的种子文件；快速打开近期使用的项目文件。工具/文件历史功能交界面如图 3-13 所示。

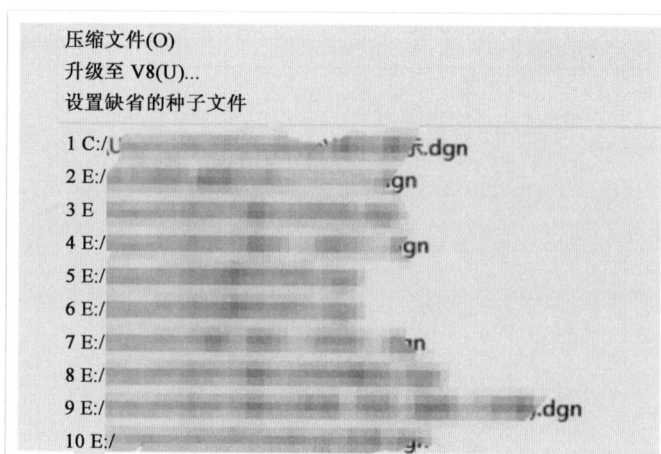

图 3-13　【工具/文件历史】功能界面

（3）■【目录历史】

"目录历史"的功能主要为能快速打开近期浏览项目文件夹，使用者能够十分便利地找到存储繁杂的工作文件。目录历史功能界面如图 3-14 所示。

图 3-14　【目录历史】功能界面

2. 工作空间设置

工作空间概念将会在本章第 5 节中详细描述,这里只进行简单介绍。

Workspace 即工作空间,是指项目创建过程中项目文件的运行环境,可以通过【用户】、【项目】、【界面】的组合来设置项目运行的环境,除了选择现有版本的相关环境外,还可以根据用户的需求创建专属的项目环境,需要注意的是文件的创建、使用应保证与工作空间的设置是相同的,以避免不必要的麻烦。

PowerCivil for China 的指定工作空间为 Example \ Bentley-Civil-Metric \ Bentley-Civil,如图 3-15 所示。

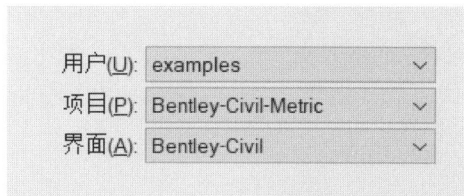

图 3-15 工作空间设置

主界面(图 3-16)主要由标题栏、菜单栏以及工具栏构成,在标题栏中可以查看目前项目文件的名称、类型、模型的维度以及软件的版本等信息,在菜单栏中可以找到 PowerCivil 所有功能选项,工具栏中可以找到激活的工具条实现简便快捷的操作方式。

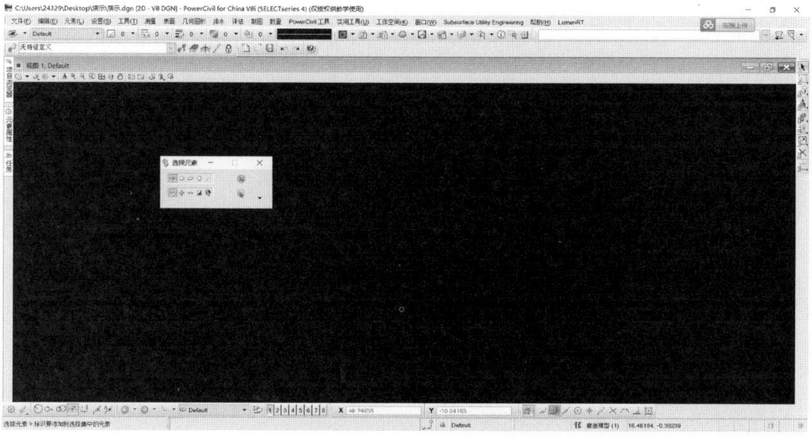

图 3-16 PowerCivil 主界面

主界面相关工具栏的布局以及弹出窗口的停靠可以在工作空间中进行预设,以方便不同专业的工作人员进行相关操作,一般情况下由于各专业的工作内容不同,其常用的功能以及需要的窗口数量和对应的模块也不同,因此可以在工作空间中对 PowerCivil 的主界面根据设计人员的专业领域和操作习惯进行"DIY",以实现简单快捷的操作方式。

(1)标题栏

标题栏上显示了当前的工程项目文件路径、文件格式、项目文件类型(2D/3D)以及版本等信息(图 3-17),在操作时应注意观察项目文件的类型,因为其涉及许多功能和操作,如在2D 类型下任务栏不会有三维建模的相关功能,视图功能也不会有顶视图等视图选项。

C:\Users\24329\Desktop\演示\演示.dgn[2D-V8 DGN]-PowerCivil for China V8i(SELECTseries 4)(仅授权供教学使用)

图 3-17 PowerCivil 主界面标题栏

(2)菜单栏

PowerCivil 菜单栏(图 3-18)提供了项目设计建模以及相关应用的所有功能命令,一般情况下会提供"文件""编辑""元素""设置""工具""测量""表面""几何图形""排水""评估""制图""数量""PowerCivil 工具""工作空间""窗口""Subsurface Utility Engineering""帮助"这

18 项菜单(图 3-17),在安装 LumenRT 等关联软件之后还会有相关的菜单选项。下面简单介绍"文件""编辑""元素""设置""工具"这 5 个常用菜单选项。

文件(F) 编辑(E) 元素(L) 设置(S) 工具(T) 测量 表面 几何图形 排水 评估 制图 数量 **PowerCivil**工具 实用工具(U) 工作空间(K) 窗口(W) Subsurface Utility Engineering 帮助(H) **LumenRT**

图 3-18　PowerCivil 主界面菜单栏

①"文件"菜单

文件菜单栏(图 3-19)除了与常规软件相同的打开、保存、另存为、打印以及退出等功能外,还包含了压缩、对象浏览器、项目浏览器、参考功能、光栅图像、点云、发布 i-model、导入导出、文件保护等功能。

图 3-19　文件菜单栏

需要说明的是【关闭】与【退出】的区别以及正确切换项目文件的方法。在 PowerCivil 中【关闭】功能只会关闭目前打开的项目文件,并不会退出 PowerCivil 软件,关闭后将会进入打开界面重新选择需要打开的项目文件,而【退出】则是直接退出 PowerCivil,当我们需要切换目前的项目文件时,尽量不要直接选择【打开】功能,因为不同项目文件运行的工作空间设置可能不同,因此在切换时尽量先选择【关闭】,然后再打开界面选择需要打开的项目文件,并设置正确的工作空间。

软件崩溃问题是设计人员最无奈的一个系统问题,在 CAD 软件中,经常由于软件崩溃造成大量的工作成果丢失,需要设计人员重新设计,而在 PowerCivil 中软件会实时自动保存当前的项目文件,这个问题得到了很大程度的解决。

②"编辑"菜单

编辑菜单主要提供了撤销、标记、复制、粘贴、文组、解组、查找、替换、选择以及连接等功能,其功能及操作与常见 Windows 应用程序相似。

③【元素】

元素菜单栏(图 3-20)中常用的主要是尺寸标注样式和线型样式等样式编辑功能,其中最下面的【属性】选项可以打开元素属性界面,在找不到工具条时可以利用该功能打开元素属性界面,在元素属性界面里可以对所有的模型元素进行参数化修改。

④【设置】

设置菜单栏(图3-21)中的相关选项不是打开相关工具或使用功能,而是对相关工具或功能进行设置,如设置菜单栏中的【元素属性】选项是对元素属性的组织方式和属性网络进行设置而不是打开元素属性界面。其中【设计文件】选项可以对项目文件中的各类参数精度、工作单位以及相关操作进行设置。

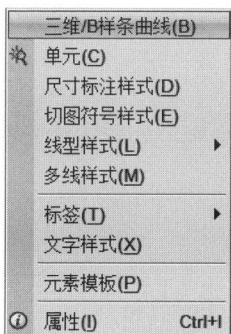

图3-20　元素菜单栏

图3-21　设置菜单栏

⑤【工具】

工具菜单栏包含了 PowerCivil 几乎所有常用的功能选项,在主界面找不到相关的工具条或功能选项时都可以在这里找到,在"工具"菜单栏的顶部可以通过勾选相关的选项打开或关闭各类工具条,在"工具"菜单栏最底部有一个"工具条"选项,可以通过这个选项设置各类工具条。

(3)工具栏

工具栏分布在视图窗口的周围,一般主要工具条停靠在右侧,"任务"工具框以及元素属性框和项目浏览器停靠在左侧,"Civil AccuDraw""视图组""捕捉模式"等工具框停靠在底部,其余工具框一般都停靠在顶部。工具栏位置如图3-22所示。

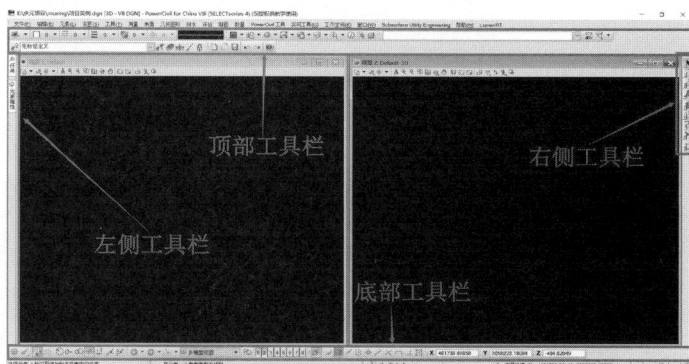

图3-22　工具栏位置

(4)任务栏

任务栏(图3-23)是常规操作中最常用的工具栏,包含了土木工具、绘图、PowerCivil 命令等部分,但是需要注意的是在2D 模型中没有实体建模、表面模型、可视化以及动画等部分,所以许多操作需要在3D 视图中进行,如图3-24 和图3-25 所示。

图 3-23 任务栏

图 3-24 2D 模块中的任务栏架构

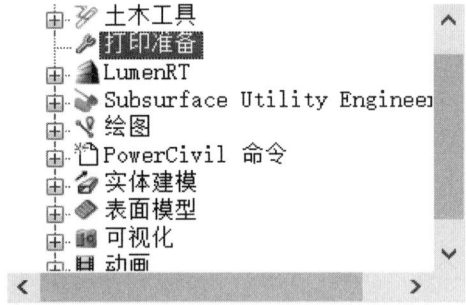

图 3-25 3D 模块中的任务栏架构

创建横断面模板是 PowerCivil 最特色的一个工作模块,同时也是最能体现 BIM 理念的一个工作模块,交通基础设施具有线性带状的特点,PowerCivil 的横断面模板就是利用这一特点,以类似沿路径放样(拉伸)原理的方式进行走廊带创建,因此创建横断面模板成为整个工作流程最重要的工作之一。

创建横断面模板界面沿用了 Inroads 的界面风格,其操作界面如图 3-26 所示。

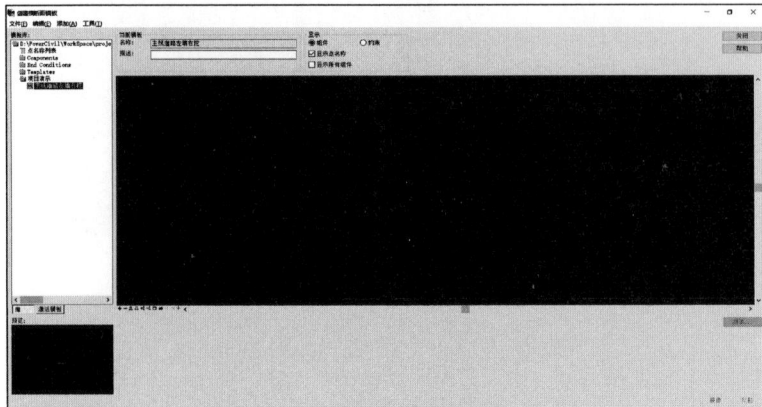

图 3-26 创建横断面模板界面

第四节 PowerCivil 兼容性与 DGN 文件

一、PowerCivil 兼容性

由于 PowerCivil 是在 MicroStation 基础上开发的,而 MicroStation 作为一个多专业的内容创建平台,在工作过程中会涉及较多的数据类型,也因此 PowerCivil 继承了 MicroStation 优秀的兼容性,在工作时同样可以兼容多种数据类型,能够对常见类型的设计文件(如 dwg、dgn、3ds、obj 等)进行打开、另存、导入、导出、参考、块的使用等,极大地方便了日常工作,如图 3-27 ~ 图 3-31所示。

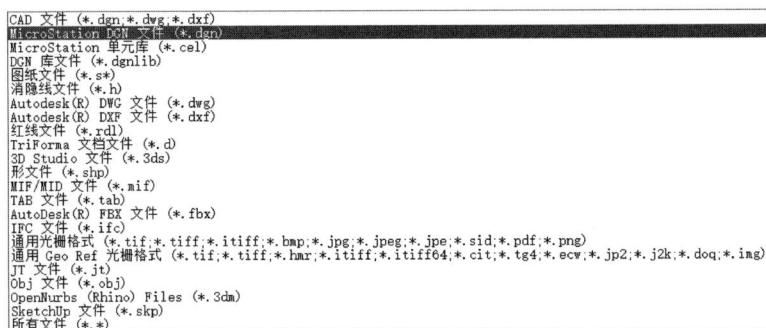

图 3-27　可以打开的文件类型

图 3-28　可以参考的文件类型

图 3-29　可以导入的文件类型

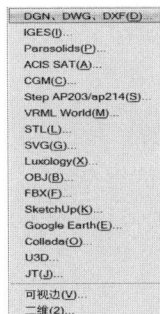

图 3-30　可以导出的文件类型

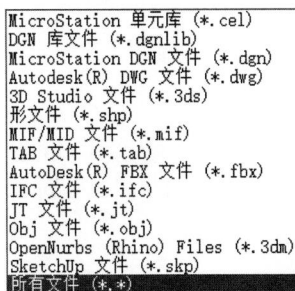

图 3-31　可以使用"块"的类型

对于目前正处于 BIM 起步探索阶段的国内交通领域来说,PowerCivil 强大的兼容性非常重要。借鉴建筑业 BIM 发展的历程,交通 BIM 在起步摸索阶段不可避免会出现由二维设计向 BIM 设计的过渡期,在这一时期,"翻模"即根据传统设计的成果按照 BIM 设计相关流程进行建模的工作方式,成为了保证设计单位工作正常进行前提下探索发展 BIM 设计的一个特殊工作模式。正是因为 PowerCivil 优秀的兼容性使得翻模工作和多专业协同工作能够十分便利地开展,Bentley 公司推出的 PowerCivil、ProjectWise 以及 CivilStationBridge 等成为交通行业最看好的 BIM 平台之一。

因此,我们在日常的工作中应该知道 PowerCivil 不是只能打开 DGN 文件,不要因为软件不同,项目文件格式不同等因素的影响,限制了对资料的使用。但是也需要注意,当打开一个非 DGN 文件时,并不是所有的功能都可用。例如,按图形过滤器创建地形模型功能不能在 DWG 文件格式下使用,在利用 DWG 格式地形图文件创建地形模型时,需要先将 DWG 文件另存为 DGN 格式或以参考方式导入项目文件。

[提示]

专业应用模块不同,所兼容的数据类型也不同,这也是为了满足不同行业的专业需求。而且,随着版本的升级,会有更多的数据类型被兼容进来。例如在 PowerCivil for China V8i 版本中无法兼容 3MX 等格式文件,在随后的 CE 版中便能使用 3MX 格式的文件。

二、DGN 文件格式

DGN 文件格式是 Bentley 公司下 MicroStation 和 Intergraph 公司的 Interactive Graphics Design System(IGDS)CAD 的工作文件格式。对于基于 MicroStation 开发的 PowerCivil,其项目文件的主要格式为 DGN,即只有在 DGN 文件格式中才能充分发挥 PowerCivil 相关功能。

尽管 DGN 在使用上不如 Autodesk 的 DWG 文件格式那样广泛,但在诸如建筑、道路、桥梁、工厂设计、船舶制造等许多大型工程上,它肩负着更为重要的使命。DGN 是一个生命周期很长的文件格式,预计生命周期是 15 ~ 20 年,意味着软件版本的升级不会影响文件的版本,也就意味着使用十年以前的 MicroStation 仍然可以打开现在的 DGN 文件。

在 2000 年之前,所有 DGN 格式都基于 Intergraph 标准文件格式(ISFF)定义,此格式在二十世纪八十年代末发布。此文件格式通常被称为 V7 DGN 或者 Intergraph DGN。在 2000 年,Bentley 创建了 DGN 的更高版本。尽管在内部数据结构上和基于 ISFF 定义的 V7 格式有所差别,但总体上说它是 V7 版本 DGN 的超集,一般来说我们称之为 V8 DGN。事实上,从 DGN 文件诞生到现在就只有这两个版本。V7 版本与 V8 版本的区别在于 V7 版本的 DGN 文件是不分块的,也就是没有 Model 的概念。PowerCivil for China V8i 版本,主要使用 V8 版本 DGN 文件。

1. DGN 文件存储的内容

在 DGN 文件中,存储了两种内容,即工作标准和工作内容。用户定义的单元(Cell)、文字样式、标注样式以及界面元素、模板都是以工作标准的形式存储在 DGN 文件中的。而我们常规操作的图纸、模型等都是以工作内容的方式存储在 DGN 文件中的。

2. Model 概念

对于工程内容,一个 DGN 文件分为了不同的相互独立的存储区块(Model),就类似于一个 Excel 文件分为了不同的表单(Sheet)。

通过 DGN 文件的 Model 设置,可以对不同的 Model 进行操作,例如新建、删除、属性设置等。但需要注意的是,默认的 Model 是不可以删除的。

从文件内容划分上,可以将不同的工作内容放置在不同的 DGN 文件中,也可以将不同的工作内容放置在同一个 DGN 文件的不同 Model 里,如图 3-32 所示。

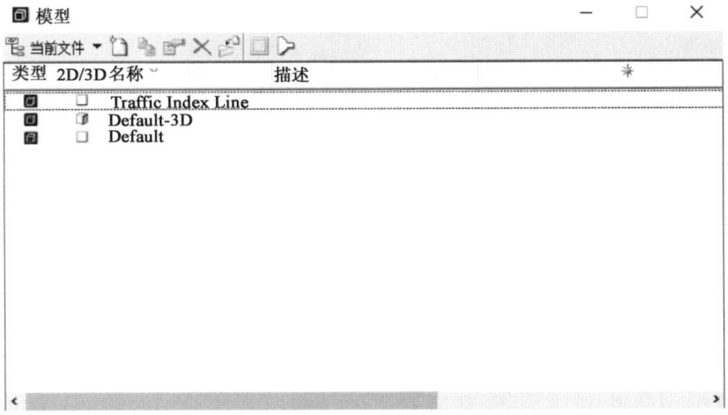

图 3-32　DGN 文件储存结构

对于 DGN 由多个 Model 组成,需要明确如下概念:

(1)在同一个 DGN 文件中,所有的 Model 都使用相同的图层系统。

(2)不同的 Model(图 3-33),可以具有不同的设置。DGN 的文件设置,例如工作单位,都是以 Model 为设置对象的,不同的 Model 可以由不同单位设置。

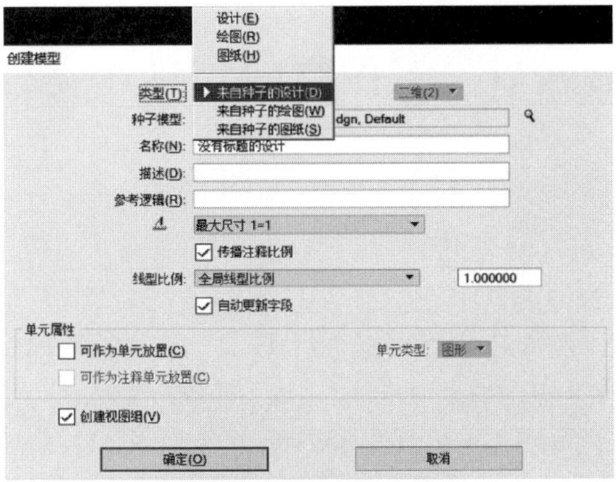

图 3-33　Model 类型

(3)当参考一个文件时,其实是参考了某个 DGN 文件的某个 Model,而 Model 和 Model 之间当然也是可以参考的。

Model 根据存储内容的不同,分为三种类型,即设计(Design)、绘图(Drawing)、图纸(Sheet)。这样的内容划分,是与三维设计的流程密切相关的。三维工作流程如图 3-34 所示。

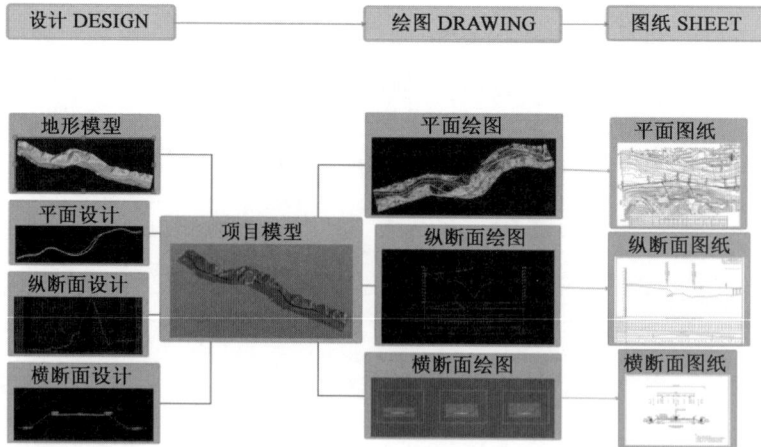

图3-34　三维工作流程

［提示］

在 MicroStation 高版本中打开旧的 V7 版 DGN 格式。

在安装 MicroStation XM 或 V8i 版本中打开旧版的 V7DGN 文件,会弹出一个对话框,需要选择自动升级文件为 V8 或以只读的方式打开 V7;若要在 V7 格式下对文件进行编辑修改,则可以按照如下步骤进行操作:

①打开 MicroStation XM 或 V8i 版本,选择主菜单的【Workspace】→【Configuration】。

②在打开的 Configuration 对话框中,右上角的参数列表里找到"MS_OPENV7"这个参数,选中它,点击下面的【Edit】按钮。

③在弹出的对话框中,"Edit Mode"选为"Overwrite","New Value"里输入"3",确定并保存。

第五节　工作空间与种子文件

一、工作空间

在土木行业工程项目的种类繁多,包括房屋、道路、铁路、管道、隧道、桥梁、运河、堤坝、港口、电站、飞机场、海洋平台、给水排水以及防护工程等,每一种工程项目都有各自的工作流程和要求,并且在不同地区的工程项目有不同的标准,因此在实际的工作中往往需要根据工程项目的类型和标准,对软件的工作"环境"进行繁杂的设置。

为了更有针对性、更高效地处理不同类型、不同标准的项目,MicroStation 提出了"WorkSpace"即工作空间概念,针对工程项目的类型、工作流程、涉及的专业以及项目标准,预设一个工作环境,在一定程度上减少了项目文件的大小,提高了处理速度,避免了处理不同标准项目时繁琐的设置工作,并且能够根据工作人员的工作习惯制定工作界面,将不必要的工具栏任务框隐藏,提高页面的整洁程度和工作人员的工作效率。

由于引入了工作空间概念,PowerCivil 这类基于 MicroStation 二次开发的软件,与 MicroStation 相同,不能通过双击打开相应的工作文件,需要先打开相应的软件,在软件中选择项目文件,设置相应的工作空间后打开项目文件,如图 3-15 所示。

从使用者的角度来讲,我们只需明确以下内容即可。

1. 不同的应用软件有不同的工作环境

无论是 AECOsimBD,还是 ProStructures、PowerCivil,都有自己特定的工作环境(Work-Space),不同的工作环境下有些内容是可以合在一起的,对于企业的管理者来讲,需要考虑标准的共性和差异。对于使用者来讲,如果企业定制了自己的环境,按照要求,别选错就可以了。

2. 禁止双击打开 DGN 文件

如果双击打开某个 DGN 文件,就不知道系统会选择哪个工作环境,从而导致某些功能不能使用。所以要养成先启动软件,再选择项目环境,再打开所选择文件的习惯。

3. 定制 Workspace

考虑到每个企业自身的操作习惯和需求的不同,Bentley 专门提供了一种通用的项目环境,用户可以在此基础上,根据企业自身的需求,定制适合本企业的项目环境。

4. Workspace 可以由协同工作系统 ProjectWise 进行托管

这样做的目的是为了让整个项目团队使用同一个工作环境,标准统一。当然,如果没有 ProjectWise,也可以通过 Windows 的共享目录来实现。只不过没有分级的权限的控制,也不能跨局域网操作。

二、种子文件

使用 MicroStation 以及在基于 MicroStation 开发的软件中创建新文件时必须指定一个种子文件,系统提供了几个默认的种子文件(图 3-12),该文件就像一个模板文件,任何基于它而新建的 DGN 文件都会继承该种子文件中已有的设置信息和图形信息。所以项目管理者根据工程标准和内容,打造自己的种子文件,然后分发给绘图人员使用,可以大大提高今后的工作效率。

1. 种子文件的创建和调用

种子文件也是 DGN 格式的,所以创建方式跟新建 DGN 文件一样,比如我们先通过 MicroStation 自带的 2D 或 3D 种子文件新建一个 DGN 文件,然后对这个新建文件进行必要的修改,将该文件作为种子文件分发给绘图人员,绘图人员在新建文件时,在新建文件对话框的 Seed File 一栏指定刚刚收到的种子文件即可。

2. 种子文件的几个常用设置

(1)工作单位(Working Units):根据工程标准设置单位、单位的显示方式及精确度等,以保持出图单位的格式统一。

(2)视图设置(View Settings):设置显示哪些视图(View1-8)、视图排布方式、各个视图的显示样式(Display Style)等。

(3)尺寸标注和文字样式:根据工程标准设置尺寸标注(Dimension)和文字样式(Text Style)。不过最好将尺寸标注样式和文字样式的定义保存在 DGNLIB 中,这样可在 DGN 中引用。没有被引用到的则不会复制到 DGN 文件中。

(4)模型及参考文件:根据工程需求,可以设置该种子文件中有几个 Drawing-Model、De-sign-Model 和 Sheet-Model,而 Sheet-Model 中一般可以包含工程或公司既定的边框格式、商标以及表格等。

三、工作单位设置

不同区域、不同的项目、不同的专业类别,会有不同的工作单位设置。如果让不同工作单位的工程数据协同工作,就需要设置工作单位。

DGN 文件是有工作单位设置的,这不同于 DWG 文件,因为 DWG 文件中只有绘图单位,而没有工作单位。虽然看似可以设置工作单位,但当更改工作单位时,AutoCAD 不会自动换算,还是使用原来的"数值",这就是只有绘图单位的概念。因此,设置工作单位是为了处理不同工作单位制之间的换算关系,当启动不同的应用模块新建一个文件时,系统会选择相应的种子文件,这个种子文件的工作单位设置是符合本专业应用需求的。当参考一个 DWG 文件时,系统会让用户选择所参考 DWG 文件工作单位。因为,系统会提示设定 DWG 文件中图形的实际尺寸单位,与 DGN 具有真实大小的内容进行协同,如图 3-35 所示。

图 3-35　参考 DWG 时,工作单位的设置

通过菜单"设置(Setting)"→"设计文件(Design File)"可以启动工作单位的设置框(图 3-36),在这个设置框中,还可以设置很多关于本 DGN 文件的选项。需要注意的是,本设置只对本 DGN 文件起作用,不会影响其他的 DGN 文件,而且设置完毕后,需要用菜单"文件(File)"→"保存设置(Save Setting)"来对这种设置进行保存(图 3-37),否则,DGN 将维持原来的设置。

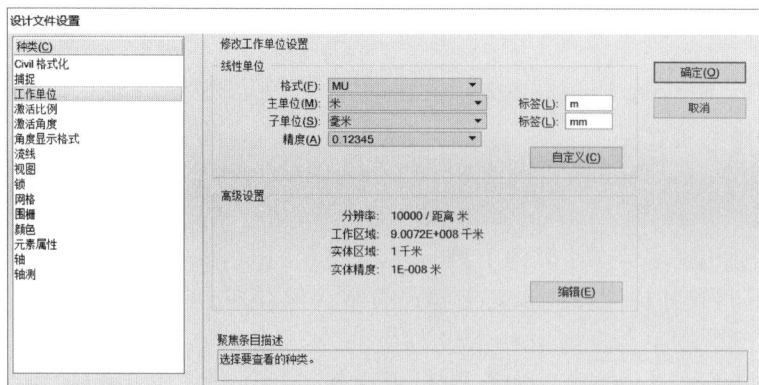

图 3-36　工作单位设置

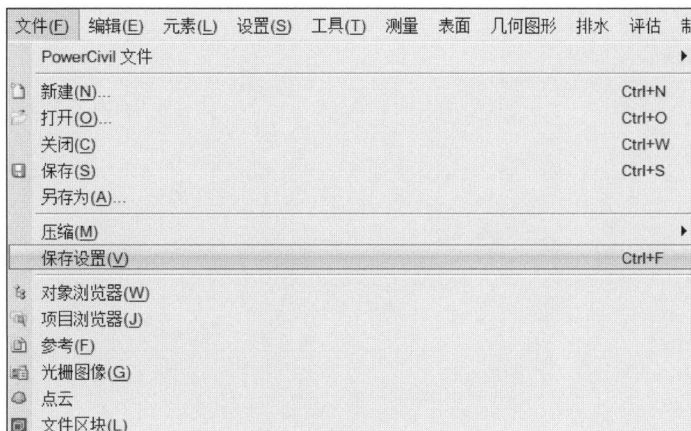

图 3-37 对设置进行保存

在 MicroStation 中输入的任何数值都是有一个工作单位的,而这个工作单位的选择是符合本专业的设计需求的。当然,同一个专业的不同应用场合,也应选择不同的工作单位。

当一个对象被创建、标注或者读取信息时,用户可以按照不同的工作单位来测量或读取,就像我们用米、英尺的单位测量同一张桌子的长度一样,都会得到正确的数值。

在 PowerCivil 等其他 MicroStation 基础上开发的软件中,用户会发现工作单位的格式有三种即"MU"、"MU:SU"和"MU:SU:PU",如图 3-38 所示。

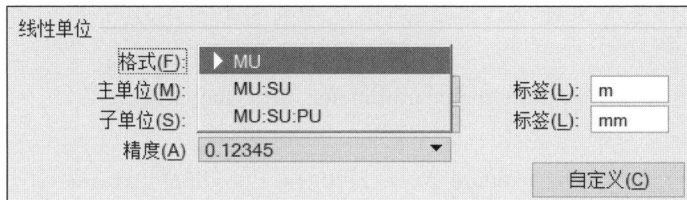

图 3-38 单位的三种格式

如"MU:SU"和"MU:SU:PU",在 MicroStation 中,一个长度值由三部分组成,主单位:子单位:位置单位(也叫分辨率单位),用英文表达就是 Master Unit:Sub Unit:Positional Unit 缩写为 MU:SU:PU。引入主单位和子单位主要是为英制单位服务的。例如在英制单位中 1 英尺等于 12 英寸,可以将主单位设置为英尺,子单位设置为英寸。这样当输入 2′5″ 时就可以直接输入 2::5 而不需要将 5″ 先换算成 0.41666666666667′ 进而输入 2.41666666666667。但这种巧妙的设计对于公制来说反而是多此一举。

在 V7DGN 时代,为了提高程序的工作效率,内部全部用整数表达,但现实世界中不能没有实数,所以就设置一个 PU,当显示给用户看时就用内部保存的整数除以这个 PU 变成实数,当保存用户输入的实数时乘以这个 PU 转换为整数后保存。所以这个 PU 其实就表达了 V7DGN 时代的数值精度。不过到 V8DGN 时代,内部数据直接用实数表达,这个 PU 其实意义已经不大,但为了保持和 V7DGN 概念的延续性,仍然保留了这个概念。

设置当前工作单位的显示,可以在 V8i 下选菜单【设置】→【设计文件】,打开设计文件对话框的"工作单位",对工作单位进行设置。其中的格式可以选择"MU:SU:PU""MU:SU"或者就是"MU",如图3-39所示。

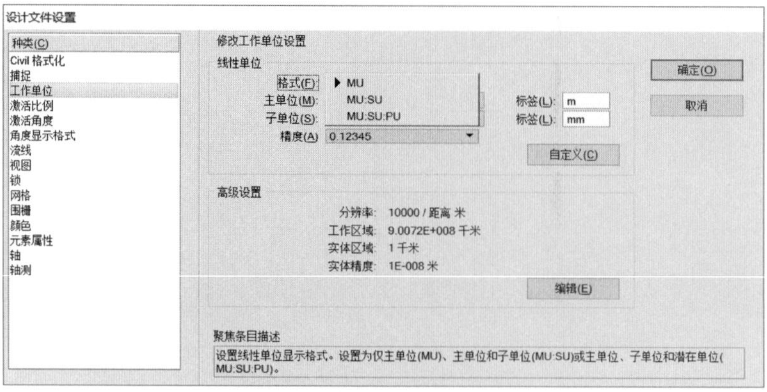

图3-39　设置工作单位格式

对于"MU:SU:PU"这种显示设置,假设"MU"指定的为 Meters(米),"SU"指定的是 Millimeters(毫米),而"PU"为每米10000的话,我们要输入一个500mm的长度,采用"0.5"":500"":5000"几种写法都是正确的。

[提示]

批量修改工作单位和精度

如果发现某些文件的单位设置和精度设置与当前标准不符,需要一一打开文件进行修改。使用对应的键入命令(Key-ins)编辑一个命令文件(Command file)配合批处理工具(Batch Process)可以对选定的多个文件进行批量修改,从而大大节省工作时间,提高效率。

键入命令方式:

①单位设置的命令为:set units meter millimeter,其中 meter 是主单位,millimeter 是子单位,可以根据需要输入。

②精度设置的命令为:vba execute ActiveSettings. CoordinateAccuracy = msdAccuracy3,其中最后的数字3表示精度为0.123,可以根据需要输入。

第六节　视　图　控　制

初次使用 MicroStation 以及基于 MicroStation 开发的软件时,可能认为它的视图技术和其他软件类似,其实是有很大不同的。MicroStation 的视图技术有很多与众不同的特点,使其与三维协同设计的定位相匹配。MicroStation 采用独立的视图技术,其独立性体现在如下几个方面。

一、多显示器支持

在视图的右上方有关闭、最大化、最小化三个按钮。当电脑外接多个显示器时,由于视图显示在不同的显示器上,并且需要在不同显示器间控制多个视图,这时就可以通过这三个按钮进行控制,操作十分便捷,减少了不同视图之间的切换,便于设计,节省时间。多视图窗口协同设计如图3-40所示。

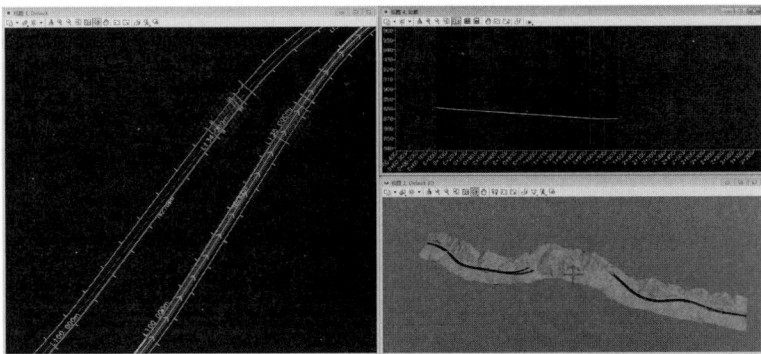

图 3-40   多视图窗口协同设计

二、独立的视图控制技术

每个视图上都有一个视图工具条,包括最主要的视图属性、显示样式、亮度控制等,如图 3-41 所示。具体的视图设置选项,如图 3-42 所示。这些设置只针对当前的视图进行设置,不会影响其他视图,当然如果想实现该功能,也可以做到。

当然,视图可以被保存,保存的内容包括视角、显示内容过滤、分图层显示以及下面介绍的局部显示。视图保存与应用如图 3-43 所示。

图 3-41   窗口独立控制

图 3-42   视图属性设置

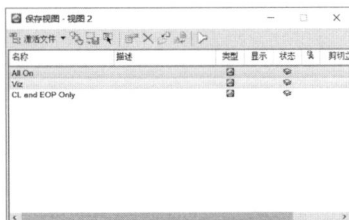

图 3-43   视图保存与应用

三、局部显示技术

可以通过视图工具中的"剪切立方体"(Clip Volumn)工具(图 3-44)来对某个区域进行局部显示,用"清除激活剪切立方体"命令,可以恢复整体显示。应用剪切立方体前和应用剪切立方体后的图形如图 3-45 和图 3-46 所示。

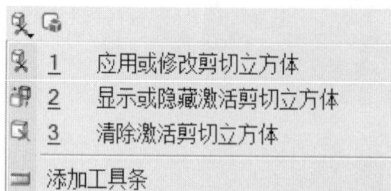

图 3-44　剪切立方体工具

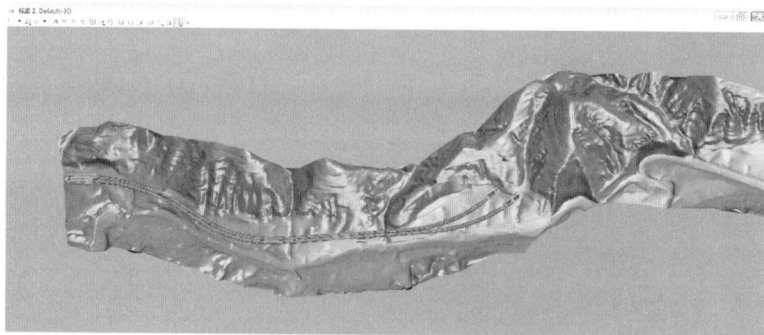

图 3-45　应用剪切立方体前

图 3-46　应用剪切立方体后

需要注意的是,当应用剪切立方体的是动态视图时,即将整体的显示区域区分为不同的部分,可以设置每一部分是否显示、如何显示(显示样式)等,如图 3-47 所示。在视图属性中,也可以决定这个区域设置是否有限。

图 3-47 视图属性中,对剪切立方体的设置

[提示]
利用鼠标中键可以十分方便地对视图进行基本操作,具体操作见表 3-1。

利用鼠标中键进行视图的基本操作   表 3-1

序号	操 作	作用	序号	操 作	作用
1	滚动鼠标中键	缩放视图	3	按压鼠标中键拖动	平移视图
2	双击鼠标中键	全景视图	4	Shift + 按压鼠标中键拖动	旋转视图

四、显示集

显示集(DisplaySet)的主要作用是隔离显示模型组件。当模型很大时,可以仅显示一部分需要的模型以加快浏览速度和关注重点。

显示集的使用方法:

(1)选中想要显示的元素(图 3-48)。

图 3-48 选中要显示元素

（2）在视图任意位置长按鼠标右键,在弹出的菜单中选择"已设置显示集",则只有选择集中的内容被显示,显示集创建后如图 3-49 所示。注意,此时 View（视图）标题中会有[显示集]字样。

图 3-49　显示集创建后

同样,要取消显示集,也是通过长按鼠标右键,在弹出菜单中选择"清除显示集"。

当然,显示集是否起作用同样受到视图属性的控制。如果显示集中将"显示集"设置为OFF,则显示集机制不工作,此时 View 标题中不会出现[显示集]字样。

第七节　统一的命令使用模式

在 MicroStation 以及其他基于 MicroStation 开发的软件中,其命令的定位和操作方法与 AutoCAD 有着非常明显的区别,快捷菜单的调用、元素信息的查询等都有所不同。在 MicroStation 以及基于 MicroStation 开发的软件中,命令的操作步骤和控制方法非常相似,只要能够熟悉其中一款软件即能非常快速的学习掌握其他软件的操作方法。

一、命令执行三步法

在 MicroStation 中,任何命令的执行都可以分为三个步骤:①选命令;②设置参数;③看提示进行操作。这是核心原则。每个命令的参数设置,都是在第二点的命令属性设置上。执行过程中的顺序通过提示就可知道,需要注意的是,点击左键是"接受"命令,点击右键是"重置"命令。

二、命令的属性设置

每个命令都有一个或者多个属性框,用来设置命令执行的参数。通过设置这些参数,可控制命令执行的过程。图 3-50 和图 3-51分别为"选择"命令和"绘制 S 曲线"命令的属性对话框。

图 3-50　选择命令对话框

三、带"三角号"的扩展工具组

无论是工具的选择,还是对话框,很多时候都有一个"三角号",点击这个"三角号"会有更多的工具或者更多的选项。

对于工具的选择,点击带有"三角号"的工具不放,就会弹出更多的工具选择,如图 3-52 和图 3-53 所示。

图 3-51 绘制 S 形曲线对话框   图 3-52 "简单圆弧切向延长"工具组的扩展   图 3-53 选择工具的选项扩展

第八节 文件参考与协同工作

一、文件划分与协同工作

一个项目完整的三维信息模型是由多个不同专业的模型组成的,每个专业又根据专业需求的不同,按照各自不同的专业特点进行模型划分。

在传统的二维工作模式下,各专业间缺乏实时的沟通。每个设计师也倾向于将所有的内容(图纸)放在同一个文件里。而在三维设计模型下,每个专业的模型从容量到复杂度都很大,因此,需要考虑各专业间协同工作的问题。

这就涉及文件内容划分与组装,MicroStation 的参考工作模式为此提供了强力的支持。

根据文件划分原则,可以将不同的工程内容(模型、图纸)放置在不同的文件里,在工作过程中,根据需要参考其他专业的工程内容。因此,最终的总装文件是通过参考方式来组装的,在这个总装文件里,可以进行图纸输出、材料统计、三维漫游等应用。工程内容的组织涉及如下内容。

(1)文件划分

考虑的因素是本专业工作的便利性,以及专业之间的配合。

(2)文件命名

制定统一的文件命名规则。

(3)文件目录

考虑工作的便利性、灵活性。

（4）文件组装

分层的文件组装方式。

二、参考文件类型

使用参考的时候，需要注意，除了 DGN、DWG、Sketchup 外，可以参考很多的文件类型，甚至可以参考 PDF、图片文件，只不过，这些文件无法精确控制尺寸。PowerCivil 可以参考的文件类型如图 3-54 所示。

图 3-54　可以参考的文件类型

三、文件组织与嵌套关系

多层的文件参考关系，涉及文件的参考嵌套关系，即当 A 参考了 B，B 又参考了 C，C 又参考了 D，那么嵌套关系就涉及在 A 中是否显示 B、C、D 内容的问题。如果无嵌套，那么 A 中只显示 B 中的内容；如果嵌套层级为 1，那么在 A 中就可以看到 B 和 C 的内容；如果嵌套层级为 2，那么在 A 中就可以看到 B、C、D 的内容，以此类推。参考嵌套的设置如图 3-55 所示。

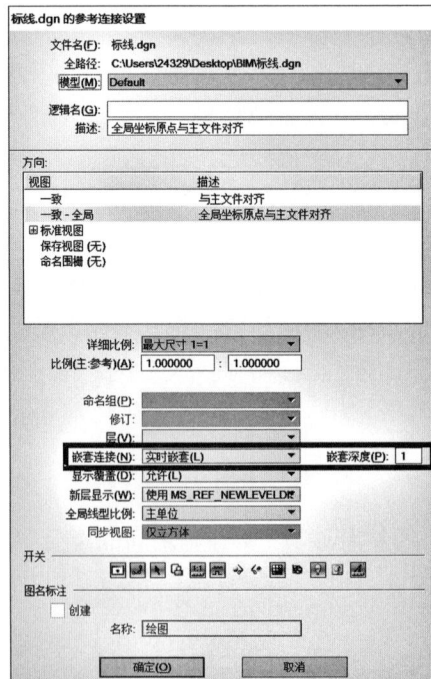

图 3-55　参考嵌套的设置

四、参考的控制与应用

在参考一个对象时,可通过一些设置来控制参考的参数,并可以在参考文件和主文件中进行切换。下面介绍其核心点。

设置图 3-56 所示对话框时需注意如下几点:

(1)可以参考不同的文件类型。

(2)可以利用"添加"按钮,一次添加多个文件。

(3)"保存相对路径"选项,便于一组文件位置移动时参考关系仍然有效。

(4)"连接方法"中可根据需要选择并设置。

● 推荐:系统根据参考的类型是 Design、Drawing 还是 Sheet 来推荐。

● 一致:被参考对象和主对象保持一致。

● 视图:参考对象的某个视图放置在主文件的某个面上。

图 3-56 参考对话框的设置

在参考对话框的上部,有一组工具条,可用其对参考对象进行控制,如图 3-57 所示。例如,只查看参考对象的一部分、对参考对象进行移动、复制(相当于参考两次)、比例控制、选装等。

图 3-57 参考对象控制

[提示]

这些操作都不会更改被参考对象,只是用来设置在主文件中的显示方式而已。

在对话框的下部也有很多选项,用来控制参考对象的参数,例如是否显示、是否被捕捉、是否被选中、参考比例、位置偏移等。

无论是在视图中,还是在参考的对话框内,选中某一个参考对象,总是会有一个菜单出现,如图3-58所示。

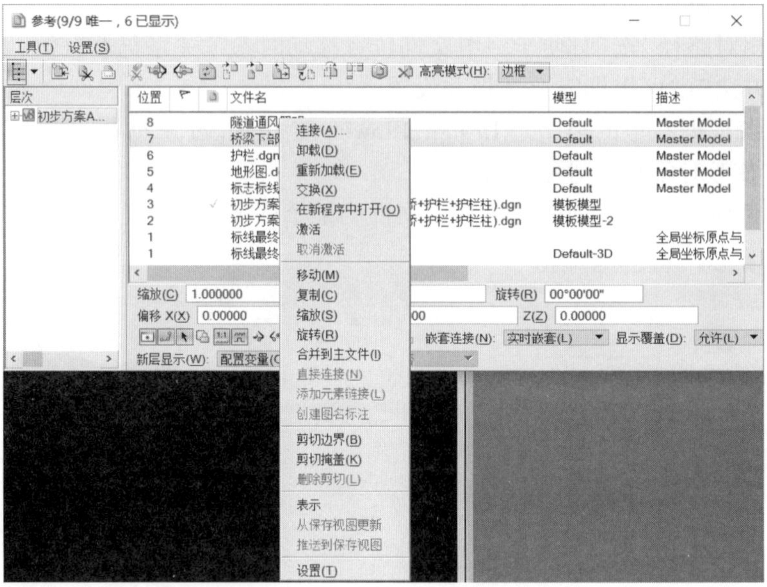

图3-58 参考对话框右键菜单

这些菜单和工具都有重复的部分,下面介绍几个核心的命令。

• 交换:系统关闭当前文件,打开被参考的文件。

• 激活:在当前文件里,"变相"地打开参考文件,此时主文件变灰,实际上,系统已经打开了参考文件,只不过当前在主文件中显示而已,便于与主文件对比。

• 合并:相当于把被参考对象拷贝到主文件中。

第四章
基于 BIM 的道路设计流程

第一节　设　计　流　程

　　利用 PowerCivil 进行道路设计的主要工作是在传统的"平—纵—横"设计的基础上,结合道路带状构造物的特点,以"沿路径拉伸创建实体"为原理,根据横断面模板沿道路设计线创建三维道路模型,然后基于道路三维模型进行超高、加宽等设计。在模型基础上还可以进行道路标志标线设计、车流模拟、施工模拟以及动画渲染,在完成建模工作后还可以将模型导入到 LumenRT 创建的场景中进行动态的实时交互操作,对设计成果进行推敲、交流以及相应的模拟。

　　基于 PowerCivil 进行道路及其他交通基础设施 BIM 设计的工作是在传统设计"平—纵—横"的工作流程基础上,根据 BIM 设计要点,结合 ProjectWise 协作服务系统,以协同工作的理念,按照"设计准备—平面设计—纵断面设计—横断面模板设计—创建走廊带—附属设施设计"的工作流程开展设计工作。图 4-1 为基于 PC 的道路 BIM 设计基本工作流程。

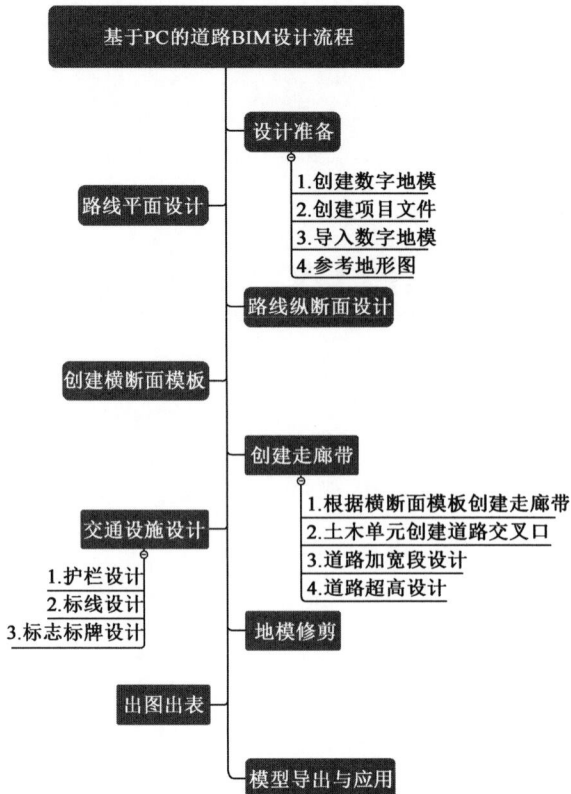

图 4-1　基于 PC 的道路 BIM 设计流程

第二节　数字地模创建

地形信息是项目最主要的设计资料之一,为生成地面线、边坡放置以及工程量分析等功能的必须资料,在开展相关设计之前需要对地形图信息进行相关处理,完成数字地模的创建和导入。在 PowerCivil 中一般通过参考地形图和创建数字地模两种方法将地形图信息导入项目文件中,以供设计者展开相关设计。

PowerCivil 中创建数字地模的方法主要有 6 种:"从文件创建""从 ASCII 文件创建地形模型""按图形过滤器创建地形模型""从点云创建""从元素创建""按文本内插创建地形"。这6 种功能设置都在土木工具栏的地形模型工具框中,其中"从文件创建"和"按图形过滤器创建地形模型"是创建地形模型时最常用的两个功能。

一、按图形过滤器创建数字地模

"按图形过滤器创建地形模型"是根据元素的图层以及元素特征等,筛选出三维等高线、三维高程点等元素,通过提取元素中的三维数据,根据三角网原理构建数字地模。但是经常会发生筛选不够充分,筛选出的元素中夹杂不需要的干扰元素的情况,因此,按图形过滤器创建地形模型之前,首先需要对地形图进行预处理,以便于图形过滤器能够准确筛选相关元素,保证不受干扰元素影响,从而准确提取相关信息。按图形过滤器创建数字地模流程如图4-2所示。

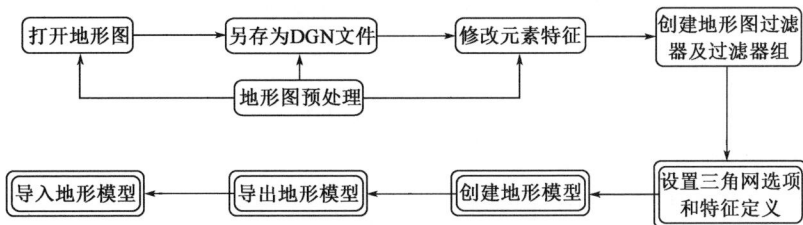

图4-2 按图形过滤器创建数字地模流程

1. 地形图预处理

地形图预处理的目的就是提前将需要的元素与一些不易筛选剔除的元素区分开,简化筛选条件,方便通过图形过滤器创建地形模型。具体方法是对要筛选元素的颜色、图层、元素类型以及线型等进行设置,区别需要的元素与不需要的元素,便于通过图形过滤器准确筛选需要的元素,避免有干扰元素的信息被提取,防止数字地模出现误差或异常。但是不是所有地形图都需要预处理,一般在图层设置规范的情况下,只需要在三维视图下检查有没有与等高线或高程点同图层、同颜色的其他元素,如高程异常的等高线或高程点,如果有的话就需要简单处理,将这些干扰元素设置到其他图层即可(图4-3),以方便按照图层颜色通过图形过滤器筛选出需要的等高线和高程点(图4-4)。

图4-3 需要剔除的干扰元素

图4-4 剔除干扰元素后效果

一般情况下最简单的地形图预处理方法就是把单一条件下需要的元素设置到指定图层或者设置为指定颜色,这样就可以按照图层或颜色筛选需要的元素,进一步提取需要的信息。

2. 按图形过滤器创建地形模型

预处理完 DWG 的相关图层后,就可以利用土木工具中地形模型工具框中的 ▦ "按图形过滤器创建地形模型"命令创建项目需要的地形模型。

按图形过滤器创建地形模型的主要步骤如下:

(1)格式转化。由于在 DWG 文件下无法使用 PowerCivil 的大部分功能,因此需要将 DWG格式文件转为 DGN 格式文件。文件数量较少的情况下可以直接打开 DWG 地形图,通过"另存为"功能将其转化为 DGN 格式,或者通过参考导入 DWG 文件再合并到主文件中,文件数量较多的话需要使用 MicroStation 中"Utilities"的"Batch Convert"即批量转化命令。

[提示]

可通过主界面标题栏查看文件类型,如图4-5和图4-6所示分别为 DWG 文件和 DGN文件。

图 4-5　DWG 格式下 PowerCivil 模式

图 4-6　DGN 格式下 PowerCivil 模式

(2)创建地形模型。点击任务列表中"地形模型"工具栏中的 ▦ "按图形过滤器创建地形模型"命令(图4-7),打开"按图形过滤器创建地形模型"对话框(图4-8),点击"地形过滤器管理器",打开"地形过滤管理器"界面(图4-9),根据需要的元素类型创建相应的过滤器(图4-10),过滤出需要的元素,再根据过滤器创建相应的过滤器组,完成后回到"按图形过滤器创建地形模型"对话框设置三角网选项以及特征定义,在视图空白区点击左键生成对应的地形模型(图4-11)。对于常见的地形图,一般情况下只需要针对等高线和高程点创建两个对应的过滤器,再通过过滤器组关联两个过滤器就能够生成需要的地形模型。详细操作可以参考第五章第二节。

图 4-7　"按图形过滤器创建地形模型"命令　　　图 4-8　"按图形过滤器创建地形模型"对话框

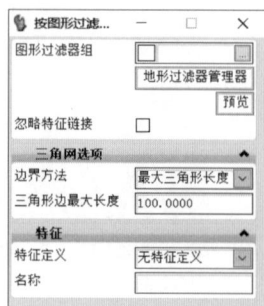

图 4-9 "地形过滤器管理器"界面

图 4-10 "编辑过滤器"界面

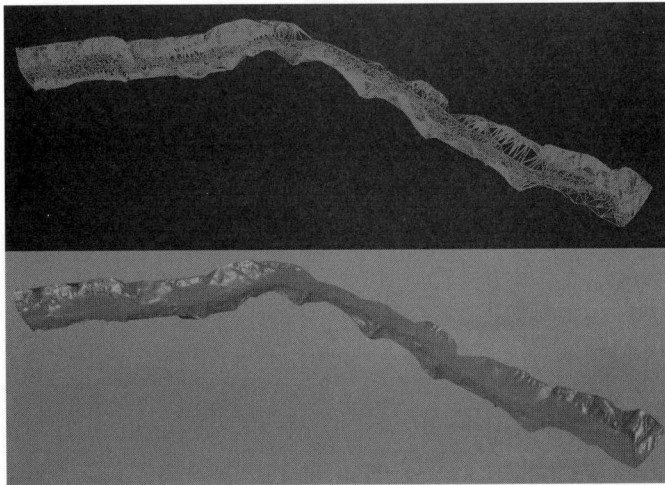

图 4-11 生成的地形模型

（3）导出地形模型。地形模型生成后通过任务列表中"地形模型"工具栏中的"导出文件"命令导出地形模型文件（图4-12），也可以在选中地形模型后，将鼠标放在地形模型边界上,利用快捷菜单导出地形模型(图4-13)。模型可以导出4种常用格式,分别是".fil"格式、".dtm"格式、".tin"格式及".xml"格式。

图4-12 "导出文件"命令

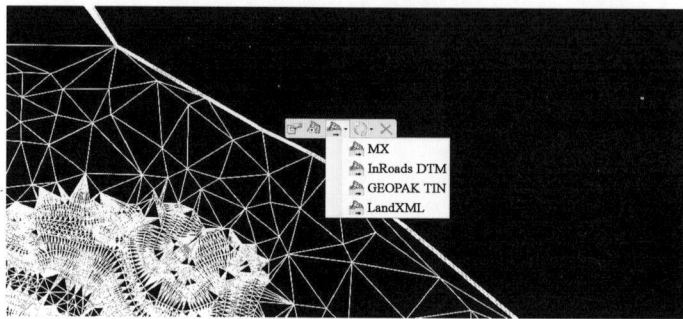

图4-13 通过快捷菜单导出地形模型

二、按文本内插创建地形

"按文本内插创建地形"处理的对象是部分三维信息(主要指高程)通过标注形式表达的地形图,最典型的就是由三维等高线和标注有高程的二维高程点构成的地形图。由于高程点元素自身不具备高程信息,因此无法通过按图形过滤器直接筛选出高程点和等高线。对于这类地形图就需要从文字标注中提取相关的三维信息,再与从其他元素中提取的三维信息结合起来创建项目所需要的地形图。

如图4-14和图4-15所示的某地区地形图,图中等高线为三维元素,而高程点为二维元素,高程点的高程信息由文字标注表达,对于这类由文字标注和二维元素表达三维信息的地形图一般适用于按照"按文本内插创建地形"方法创建地形模型。

"按文本内插创建地形"的具体操作与"按图形过滤器创建地形模型"的操作方法非常类似,都是通过过滤器筛选出需要的元素,再从元素中提取需要的三维信息,区别只是在于"按文本内插创建地形"需要对文本信息进行筛选过滤。以根据图4-14所示地形创建地形模型为例,具体创建方法如下:

(1)打开"按文本内插创建地形"对话框。

点击任务列表中"地形模型"工具栏中的 ﾗ"按文本内插创建地形"命令(图4-16),打开"按文本内插创建地形"对话框,如图4-17所示。

116

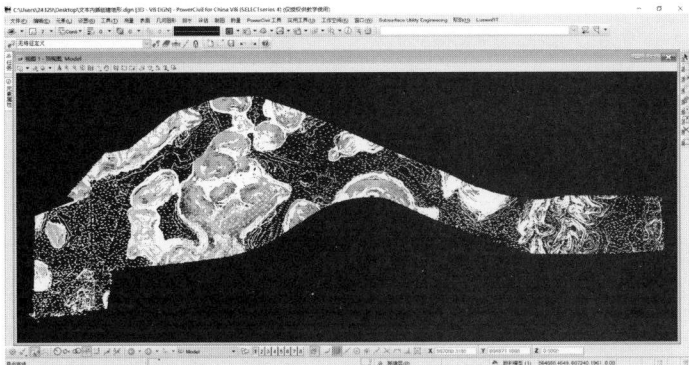

图 4-14 三维等高线和二维高程点顶视图

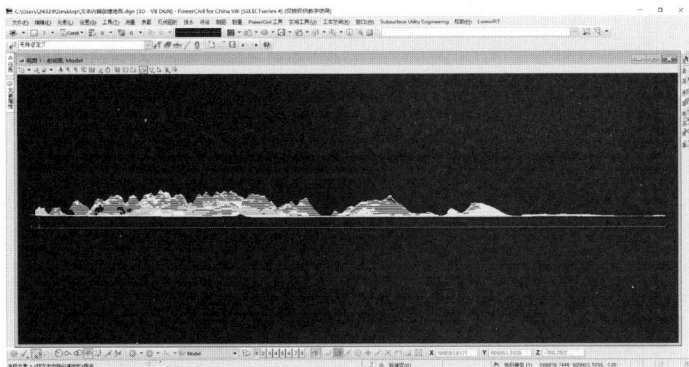

图 4-15 三维等高线和二维高程点前视图

图 4-16 "按文本内插创建地形"命令

图 4-17 "按文本内插创建地形"对话框

（2）创建图形过滤器和过滤器组。

点击 地形过滤器管理器 打开"地形过滤器管理器"界面,新建两个过滤器分别是:针对高程标注文本创建的过滤器,特征类型为"断裂线";针对等高线创建的过滤器,特征类型为"等高线"。同时新建两个过滤器组,将这两个过滤器分别加入到对应的过滤器组中,如图 4-18 所示。

（3）设置"按文本内插创建地形"对话框选项（图 4-19）。

勾选"包括文本作为高程标记",设置"文本过滤器"为过滤器组"标注文本","线性特征过滤器"为过滤器组"等高线",搜索公差为"2.5",边界方法选择"最大三角形长度",最大长度设置为"100"。

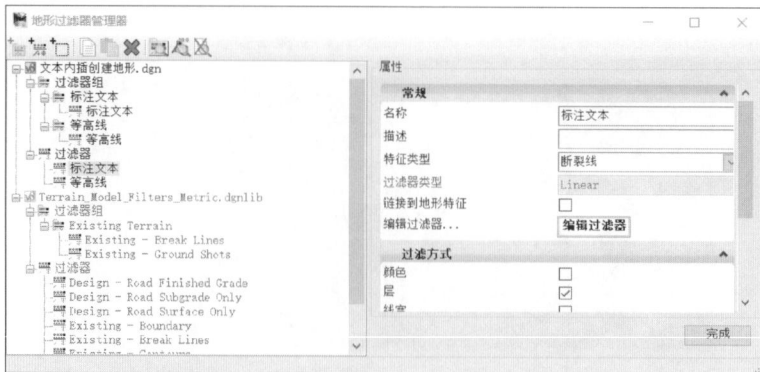

图4-18 "地形过滤器管理器"界面

图4-19 设置"按文本内插创建地形"对话框选项

（4）创建地形模型并导出（图4-20）。

"按文本内插创建地形"对话框设置完成后，在视图窗口中点击鼠标左键确认信息后完成创建，导出地形模型方法与"按图形过滤器创建地形模型"相同，不再详述。

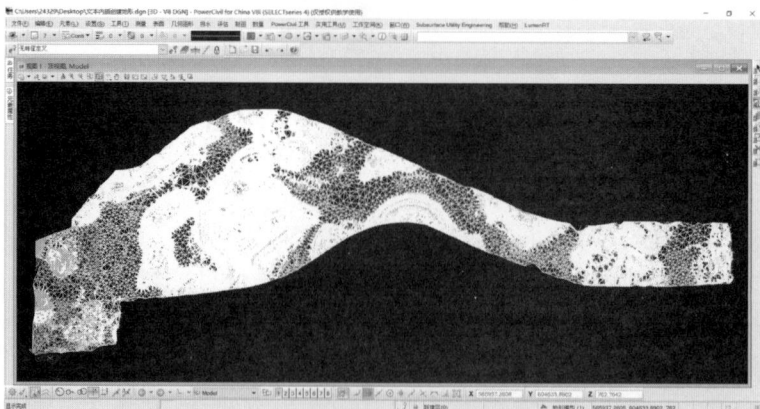

图4-20 地形模型创建完成

三、地形信息导入项目文件

在传统设计软件中,通常是在地形图文件基础上开展设计工作,但是对于使用 PowerCivil 开展设计建议再新建一个 DGN 文件,在这个文件基础上开展相关设计,因为由 DWG 转换生成的 DGN 文件除了本身已经有大量的干扰元素和很复杂的图层外,如果在这个文件中开展设计往往会出现各种难以解决的小问题,例如纵断面地面线混乱等。

因此建议设计者将地形图通过参考命令导入项目文件,将地形模型通过任务列表中"地形模型"工具栏中的 "从文件创建"命令(图 4-21)导入项目文件。

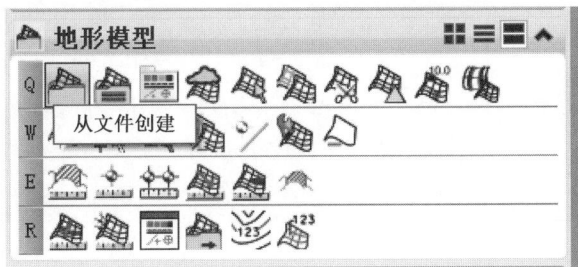

图 4-21　"从文件创建"命令

第三节　平 纵 设 计

平纵设计是道路设计的关键环节,路线方案和道路线形的好坏从根本上决定了道路总体设计的水平,但是在路线方案拟定、道路线形设计以及平纵线形组合设计的过程中,往往需要参照规范反复检查线形合理性,根据沿线地形地物以及地面线情况,不断调整修改路线方案和道路平纵设计,平纵设计的工作量在整个道路设计工作中占据很大的比例,并且对设计质量要求非常高,因此需要一套智能、便捷、自由度高的平纵设计系统,以提高道路平纵断面设计的工作效率和质量。

根据道路平纵断面设计工作的特点,PowerCivil 建立了一套具有以下特点的设计系统:

(1)智能检查。能够将相关的设计规范或设计标准导入系统,在设计过程中系统实时对设计出的线形进行智能检查,及时发现设计中的问题,减少了由于设计过程中的失误而造成的修改工作,进一步提高了平纵设计的质量和效率。

(2)实时剖切地面线。能够根据平面线形实时剖切数字地模得到地面线,可以根据地面线不断修改平纵设计面,进一步优化路线方案,减少填挖工程量,节省了反复生成地面线的工作时间。

(3)关联视图协同设计。能够利用关联视图同时查看平纵断面,结合实时剖切出的地面线,同时对平纵方案进行优化设计,不仅保证了平纵组合的合理性,还避免了设计过程中"顾此失彼"的情况。

(4)沿用传统设计思路。PowerCivil 沿用了传统"交点法"和"积木法"的道路线形设计思路,并且对两种设计方法进行了优化,提高了线形之间的关联性和自由度,使得在设计和修改过程中更加简便高效。

（5）参数化设计。结合参数化设计理念，不仅在创建过程中能够通过设置线形参数进行设计，还可以在修改过程中直接在视图窗口通过修改相关标注进行参数化修改。

平纵设计界面如图 4-22 所示。

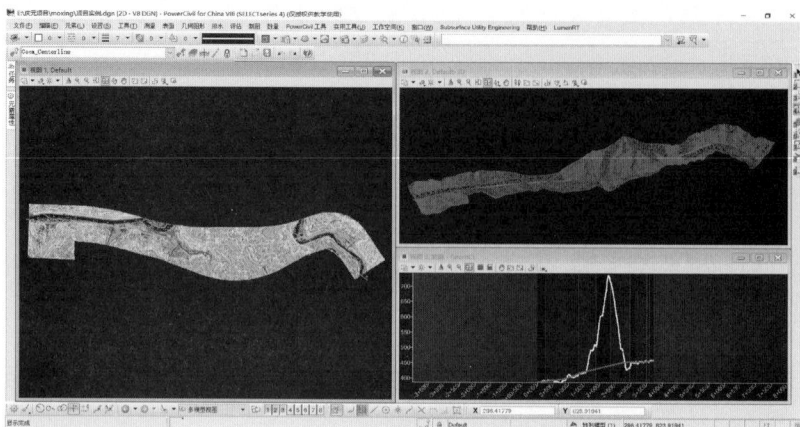

图 4-22　平纵设计界面

一、设置规范标准

在 PowerCivil 中可以设置项目对应的设计规范和设计标准，系统能够智能实时检查设计成果，在一定程度上可以减少设计者查阅规范的时间，及时检查出设计中不符合规范和标准的地方，避免在设计工作完成时才发现存在的问题从而需要从头修改的情况。这一功能不仅能够保证设计质量，还减少了许多不必要的修改工作，极大地提高了设计工作效率。

设计规范和设计标准是通过点击任务列表中"平面几何"工具栏中的 🛠 "规范选择工具"命令进行添加的，点击"规范选择工具"命令（图 4-23）打开"规范选择工具"界面可以在其中找到需要的规范标准，如图 4-24 所示的"JTG D20-2006 China"即 2006 版的《公路路线设计规范》，按照设计速度为 80 km/h 的标准进行设计，在激活规范后就可以实现实时检查的功能。

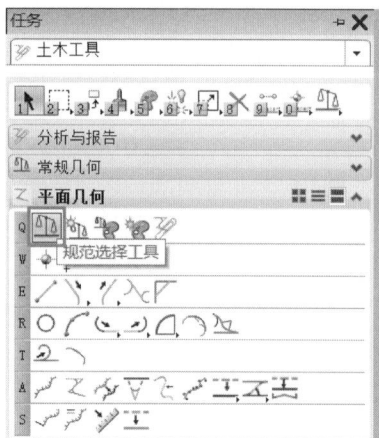

图 4-23　"规范选择工具"命令

图 4-24　"规范选择工具"界面

二、创建平面线形方法

在 PowerCivil 中平面设计方法主要是"交点法"和"积木法"两种,"交点法"操作简单快捷,能够通过交点确定曲线大致位置快速创建平面线形,适用于线形结构简单、项目跨度大的平面方案,如高等级道路、铁路等项目,而"积木法"操作自由度高,局部设计细腻,能够灵活运用各类线形和设计指标创建极其复杂的平面线形,适用于线形结构复杂、项目跨度小的平面方案,如立交、城市道路等项目。

创建平面线形涉及的命令基本都在任务列表"平面几何"工具栏(图4-25)中,其中包含设置规范标准、设置特征定义、生成平面线形数据表、积木法创建路线、交点法创建路线、路线偏移、添加断链等功能的相关命令。

图4-25 "平面几何"工具栏

1.线形标注及颜色设置

设计者往往都会有自己的设计习惯,这些设计习惯在很大程度上方便了设计者开展相关的设计工作,例如将直线、圆曲线、缓和曲线用不同颜色表示,能够方便设计者分辨线形组成,在基于 PowerCivil 开展设计工作之前可以根据自己的设计习惯,对线形标注、线形颜色进行设置。

(1)路线特征点名称设置:在"窗口"菜单栏下找到"InRoads 浏览器显示/隐藏"(图4-26),打开 InRoads 界面,在"文件"中找到"项目选项",打开"项目选项"界面(图4-27),即可进行修改。

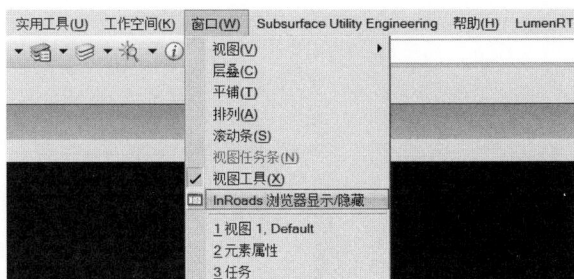

图4-26 "lnRoads 浏览器显示/隐藏"命令

图4-27　"项目选项"界面

（2）交点切线设置：在"几何图形"菜单栏下找到"平面批注"（图4-28），打开"查看平面批注"界面（图4-29），在"主工具板"的平面线形中添加需要修改的平面线形，然后勾选显示属性中的"切线"（图4-30），最后点击应用即可。

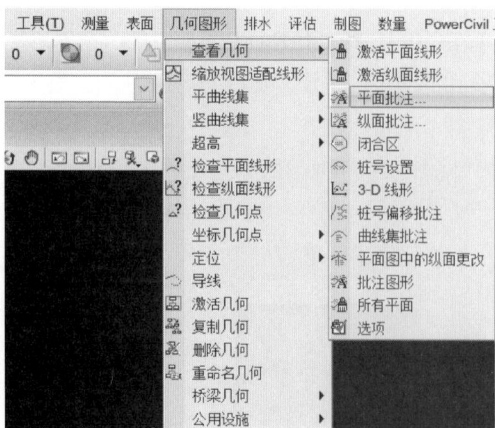

图4-28　"平面批注"命令

图4-29　"查看平面批注"界面

图 4-30　打开交点切线效果

（3）曲线参数标注设置：在"几何图形"菜单栏下找到"曲线集批注"（图 4-31），打开"曲线集批注"界面（图 4-32），在批注中即可对曲线参数的前后缀、位置、精度等进行设置。

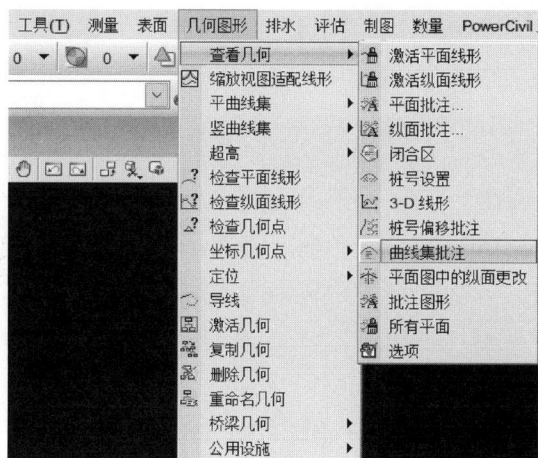

图 4-31　"曲线集批注"命令

图 4-32　"曲线集批注"界面

（4）直线、圆曲线、缓和曲线用不同颜色表示：可利用"样式管理器"命令（图 4-33）实现对直、缓、圆三类线形采取不同样式表示,效果如图4-34所示。具体方法参照第五章第四节相关内容。

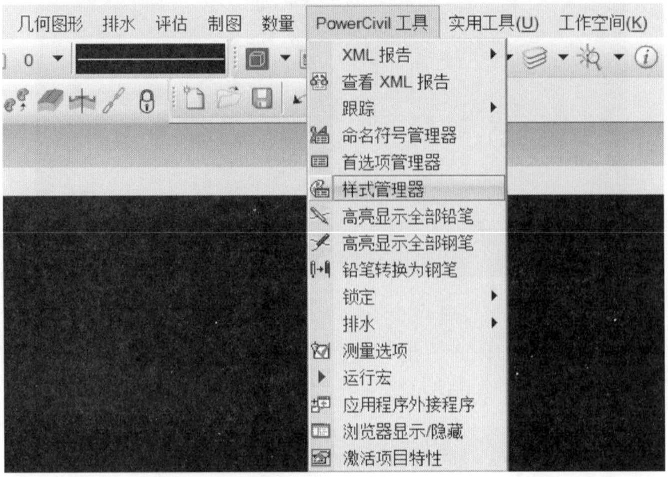

图4-33 "样式管理器"命令

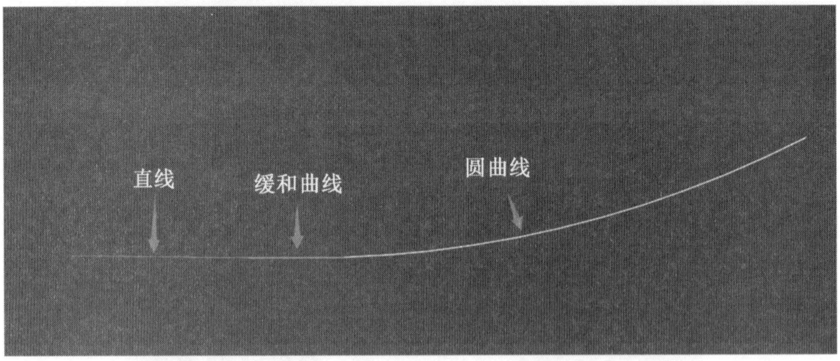

图4-34 直线、圆曲线、缓和曲线不同颜色表示效果

图4-35 "交点法创建路线"对话框

2. 交点法

利用交点法进行路线设计是通过任务列表中"平面几何"工具栏中 "交点法创建路线"命令进行路线创建,在"交点法创建路线"对话框(图4-35)中可以对交点处曲线的半径、前后缓和曲线的基本参数、线形特征定义和路线名称进行设置。交点法绘制比较简单,具体方法可以参照相关章节。

3. 积木法

利用积木法进行路线设计是通过任务列表"平面几何"工具栏中的相关命令创建一段一段线元,再利用"平面几何"工具栏中的 "积木法则创建路线"命令将一段一段的线元首尾相连,创建出完整路线。

积木法设计涉及的线元类型和创建方法较多,下面以几类常用的曲线组合类型的创建方法为例讲解线元的创建方法以及"积木法则创建路线"命令的使用。

（1）基本型

按照"直线—缓和曲线—圆曲线—缓和曲线—直线"顺序的曲线组合称为基本型，绘制基本型曲线可以利用"平面几何"工具栏中的 ✏ "直线"、 ⌒ 中的"圆＋缓和曲线延长"以及" ↗ 回旋线延长"三个命令完成绘制。

①绘制"直线"：利用 ✏ "直线"命令绘制一条直线；

②绘制"直线—缓和曲线—圆曲线"：长按 ⌒ 选中"圆＋缓和曲线延长"命令，打开对话框设置相关参数后，点击直线指定缓和曲线在直线上的起点位置，输入圆曲线半径和弧长，向后修剪，完成"直线—缓和曲线—圆曲线"；

③绘制"直线—缓和曲线—圆曲线—缓和曲线—直线"：长按 ↗ 选中"回旋线延长"命令，打开对话框设置相关参数后，点击圆曲线，指定缓和曲线在圆曲线上的起点位置，输入直线长度后，向后修剪，完成基本型曲线线元创建；

④积木法创建路线：绘制完成线元后，利用"平面几何"工具栏中的 ✏ "积木法则创建路线"命令，将"直线""缓和曲线—圆曲线""缓和曲线—直线"这三段线元连接为整体，完成基本型曲线创建，如图4-36所示。

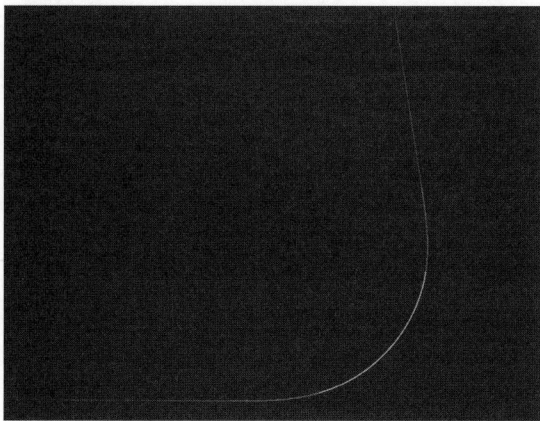

图4-36 基本型曲线

（2）S形

两个反向圆曲线间用两段反向缓和曲线连接的组合称为S形曲线，S形曲线绘制需要利用的是"圆＋双缓和曲线延长"命令（图4-37），这个命令绘制出的是"缓和曲线—缓和曲线—圆曲线"，因此需要基于圆曲线使用"圆＋双缓和曲线延长"命令才能绘制出S形曲线，如图4-38所示，具体操作方法可以参照基本型曲线的创建方法。

（3）卵形

两个同向平曲线，按照"直线—缓和曲线—圆曲线—缓和曲线—圆曲线—缓和曲线—直线"的顺序组合而成的线形称为卵形曲线。卵形曲线可以由一段"直线"、两段"缓和曲线—圆曲线"和一段"缓和曲线—直线"通过积木法连接而成。需要使用的命令是 ✏ "直线"、 ⌒ 中的"圆＋缓和曲线延长"以及 ↗ "回旋线延长"，与基本型相同，区别只在于用了两次"圆＋缓和曲线延长"命令，具体操作方法可以参照基本型曲线的创建方法，卵形曲线如图4-39所示。

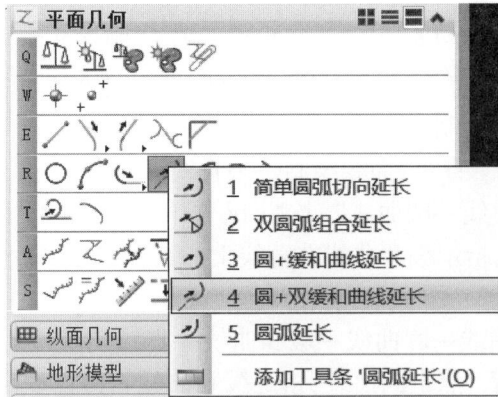

图 4-37　"圆 + 双缓和曲线延长"命令

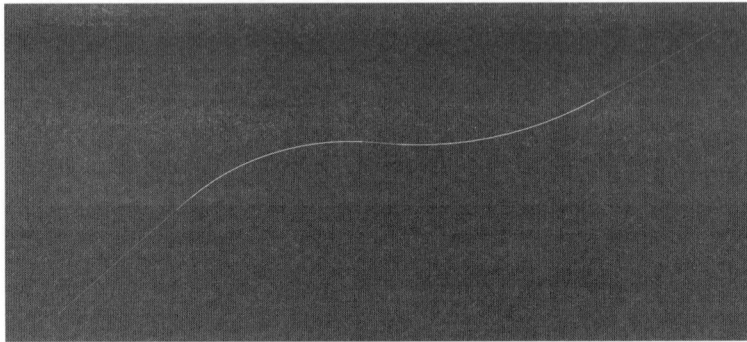

图 4-38　S 形曲线

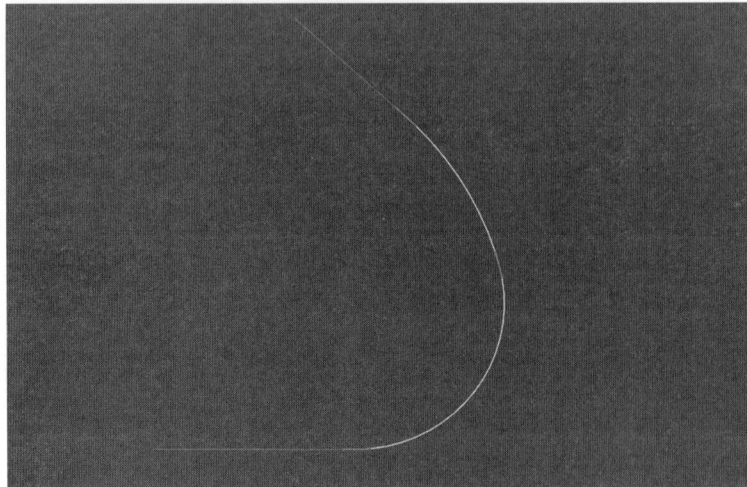

图 4-39　卵形曲线

三、创建纵断面线形方法

在 PowerCivil 中纵断面设计方法与平面设计方法非常相似,都是基于"交点法"和"积木法"两种设计思路,由于纵断面线形一般比较简单,很少有特别复杂的线形,在纵断面设计中一般情况下直接使用交点法即可。

纵断面线形一般由直线和竖曲线直接构成,而竖曲线的形式一般为二次抛物线,竖曲线的大小一般通过竖曲线半径即 R 值来表示,在 PowerCivil 中竖曲线参数有两种格式的 R 值和 K 值,在开始设计工作之前,应在"设置"菜单栏下找到"设计文件",打开"设计文件设置"界面(图4-40),在"Civil 格式化"中设置竖曲线参数格式为所需要的格式。

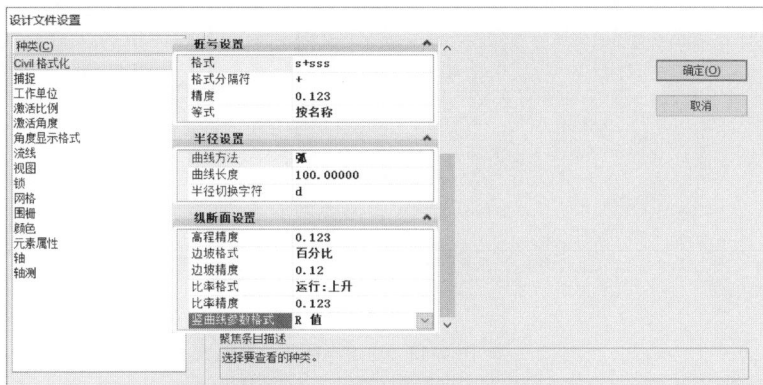

图 4-40 "设计文件设置"界面

打开纵断面视图的方法主要有两种:一种是利用任务列表中"纵面几何"工具栏⊞"打开纵断面模型"命令;另一种是鼠标选中平面线,将鼠标放在平面线上通过弹出的快捷菜单打开纵断面(图4-41)。

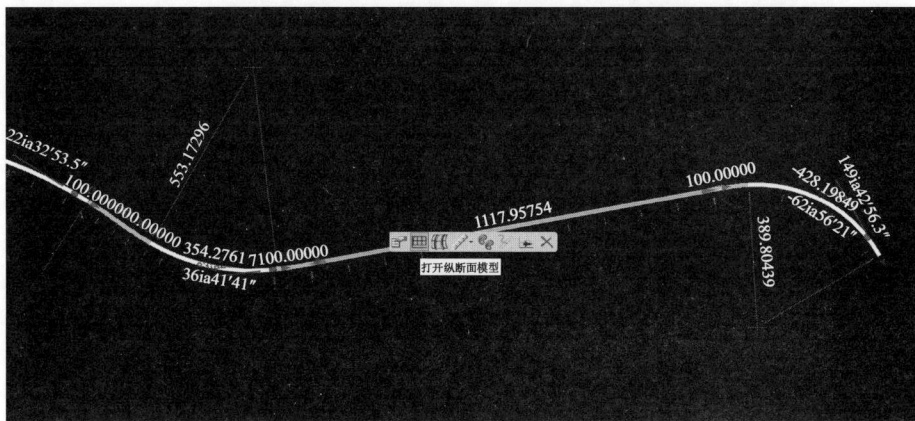

图 4-41 通过快捷菜单打开纵断面

在纵断面视图中根据平面线形的桩号分布,通过不同颜色竖条的形式表示该处所对应的平面线形,如图4-42所示(彩色图见二维码),白色区域代表直线,紫色区域代表缓和曲线,蓝色区域代表圆曲线,从左至右分别是"直线—缓和曲线—圆曲线—缓和曲线—缓和曲线—圆曲线—缓和曲线—直线—缓和曲线—圆曲线"。

纵断面设计涉及的命令基本都在任务列表"纵面几何"工具栏(图4-43)中,其中包含打开纵断面、激活纵断面、纵断面投影、纵断面设计、参照纵坡绘制纵断面、剖切地面线以及生成纵断面竖曲线数据表等功能的相关命令。

图 4-42　通过不同颜色区域表示平面线形

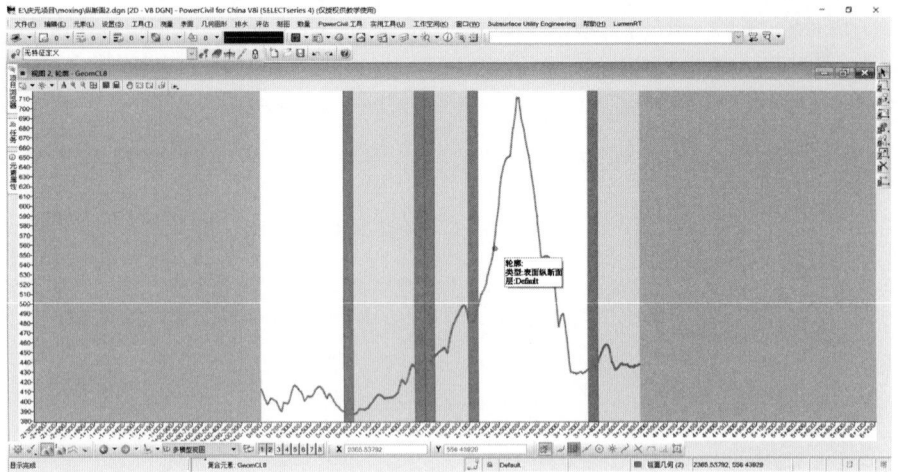

图 4-43　"纵面几何"工具栏

第四节　创建横断面模板

一、横断面模板

在 PowerCivil 中横断面模板是比较难理解的一个部分,横断面模板与标准横断面不同,横断面模板不是一个简单的横断面图,而是一个参数化的线性放样模板。横断面模板一般包含了构造物的几何尺寸、材质、图层等信息,通过横断面模板能够构建路基、路面、桥梁、隧道、排水、护栏等几乎所有道路沿线构造物模型。通过横断面模板创建信息模型的方法非常适用于创建道路、桥梁、隧道等带状构造物。

横断面模板的参数化体现在两方面：一是包括横断面结构、尺寸、材质等项目模型信息都以参数形式进行设置；二是以横断面模板创建出的走廊带等模型为基础，通过标签功能修改相关参数达到控制三维几何形状的效果。

创建横断面模板时主要有四部分工作，分别是：横断面模板几何设计；横断面模板点约束设计；横断面模板参数标签设计；对组件添加特征定义。

图4-44为双向四车道道路填方横断面模板，根据其创建出的走廊带模型的2D和3D视图如图4-45所示，填方道路模型效果如图4-46所示，道路材质效果如图4-47所示。

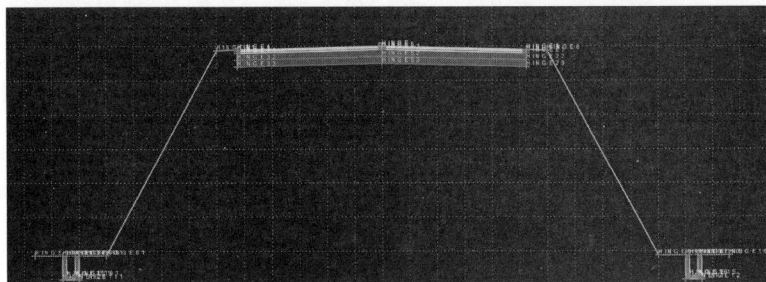

图4-44　填方横断面模板

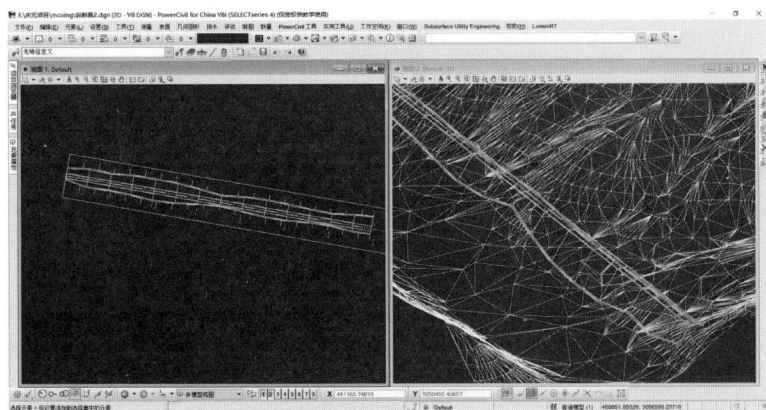

图4-45　填方道路模型2D和3D视图

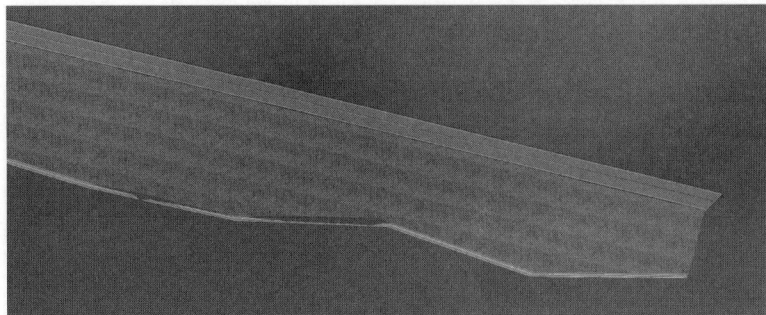

图4-46　填方道路模型效果

图4-47　生成的模型材质效果

二、约束关系

在横断面模板的设计中需要创建许多复杂的约束关系,要想学会怎样才能通过参数设置控制横断面模板的几何形状,就要理解点与点之间约束关系的作用。例如,对一个点"Rock 1"添加两个约束,两个约束的父约束都是"Rock",约束设置如图4-48所示。

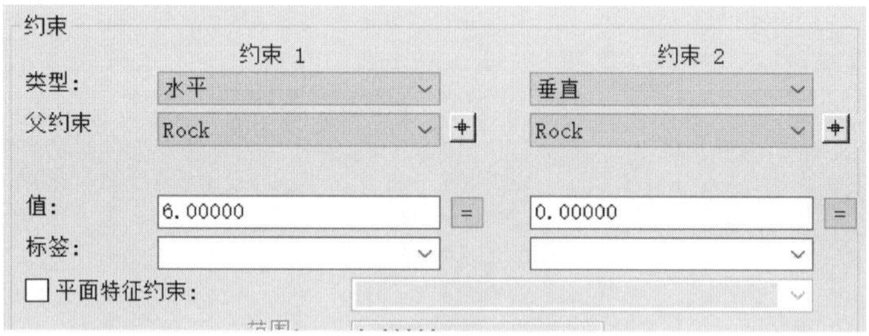

图4-48　圆环沿路径放样创建水管示意图

假设"Rock"点的坐标是(X,Y),"Rock 1"的坐标是(X_1,Y_1)。对于约束1,这个约束实现的效果就是使$X_1 = X + 6$,即两点之间的水平距离永远是6,"Rock 1"由于受到约束不能在水平方向移动,"Rock 1"只会随它的父约束"Rock"在水平方向移动而移动;对于约束2,这个约束实现的效果就是使$Y_1 = Y$,即两点之间的垂直距离永远是0,"Rock 1"由于受到约束不能在垂直方向移动,"Rock 1"只会随它的父约束"Rock"在垂直方向移动而移动。两个约束效果合并得到的效果就是"Rock 1"不能自己移动,"Rock 1"只能随父约束"Rock"移动,并且时刻保持两个点之间水平距离为6m,垂直距离为0,如图4-49 ~ 图4-51所示。

图4-49　点"Rock"与点"Rock1"约束效果对照示意1

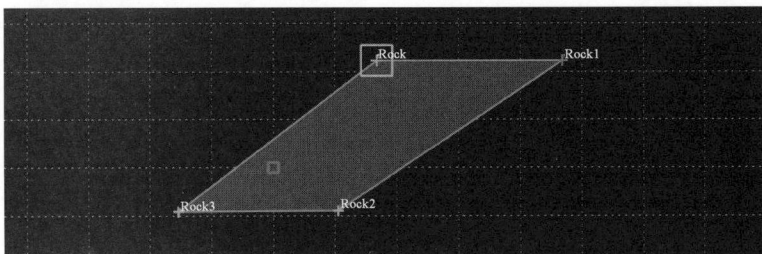

图 4-50 点"Rock"与点"Rock1"约束效果对照示意 2

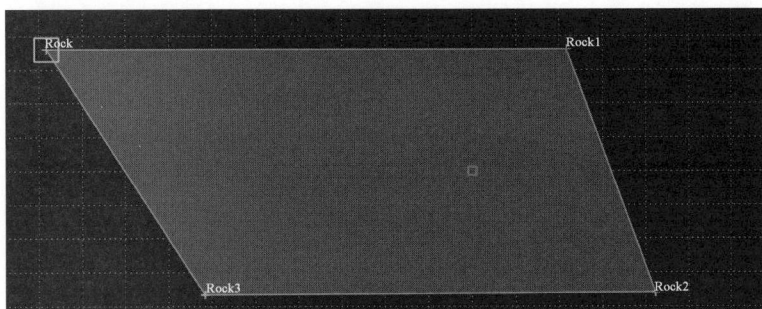

图 4-51 点"Rock"与点"Rock1"约束效果对照示意 3

三、标签与参数化

在设置约束关系时,不同类型的约束都需要一个对应的约束值,而标签的作用就是给这些约束值定义一个名字,也可以看作是一个变量参数。以创建路拱横坡和路基宽度的标签为例,道路中线构造点为"HINGE",左侧硬路肩外边缘线构造点为"HINGE 4",左侧土路肩外边缘线构造点为"HINGE 61",如图 4-52 所示。

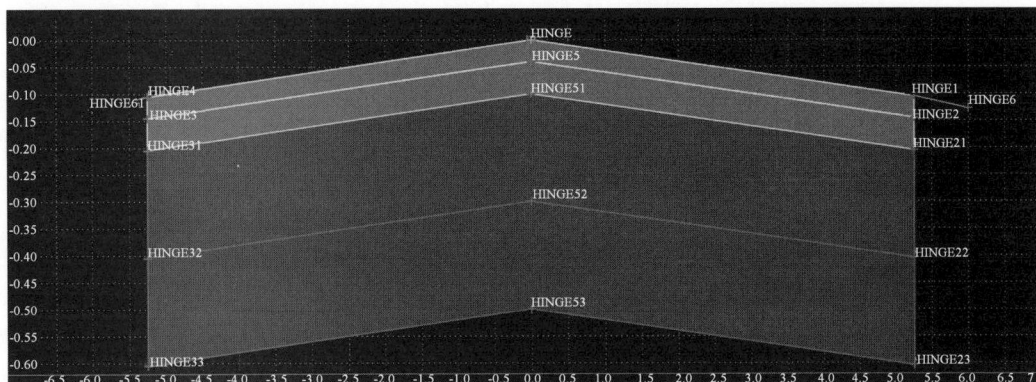

图 4-52 路面横断面模板

首先对左侧硬路肩外边缘线构造点"HINGE 4"添加双约束(图4-53),父约束都是道路中线构造点"HINGE",约束分别为以行车道与硬路肩宽度"-5.25"为值的水平约束和以行车道与硬路肩横坡"2%"为值的坡度约束,标签分别为"行车道与硬路肩宽度"和"行车道与硬路肩横坡"。约束的效果就是点"HINGE 4"随"HINGE"移动而移动,且保持水平距离-5.25m,坡度2%,并且可以在模型生成后,通过设置对应标签的值对模型进行参数化修改。

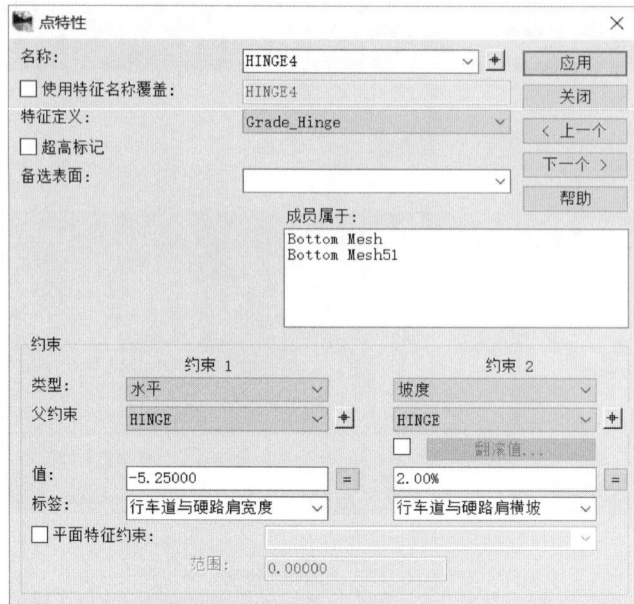

图4-53 点"HINGE 4"添加双约束

在按照这个横断面模板创建走廊带后,就可以利用任务列表中"廊道模型"工具栏中的 "创建参数约束"命令(图4-54)对走廊带模型进行参数化控制,并且可以灵活地对项目模型进行渐变段和加宽设计,如图4-55~图4-57所示。

图4-54 "创建参数约束"命令

图4-55 "创建参数约束"对话框

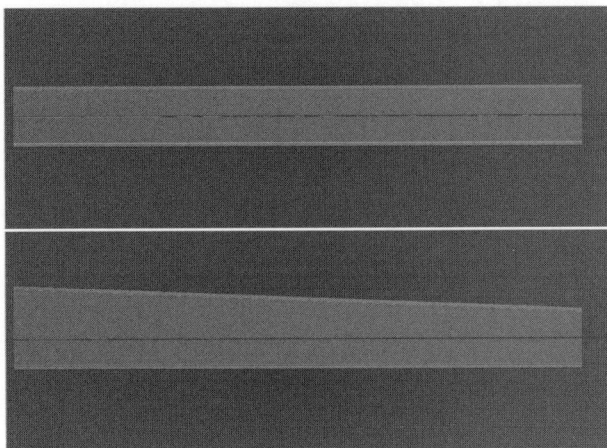

图 4-56　参数修改前后对比

图 4-57　通过设置参数约束创建的渐变段

四、末端条件组件

在横断面模板设计中,对于边坡这类根据地形模型不断变化的构造物,需要利用末端条件组件。末端条件组件可以看作一条可控的射线,当末端条件为无限时,这个组件长度不限,会一直延伸直至连接到地形模型,当末端条件不是无限时,这个组件会以实际设置的高度为上限,如果到达上限还没有连接到地形模型就不会再延伸。图 4-58 是对末端条件组件测试的界面,左侧边坡没有设置末端条件为无限,右侧末端条件为无限,在设计高度范围内,左右侧边坡均以实际地面高度放置边坡,而在设计高度范围外,左侧不再放置边坡,右侧边坡仍然按照实际地面高度放置边坡。

对于高填高挖的路基,一般设置多级边坡。设置多级边坡,需要利用"弯曲计数"参数的设置,如图 4-59 所示的挖方道路模板,可以先设计一级边坡,通过添加"弯曲计数"实现多级边坡的设置,图 4-60 中"弯曲计数"为"5"即最多可以设置 5 级边坡,多级边坡测试效果如图 4-61所示。

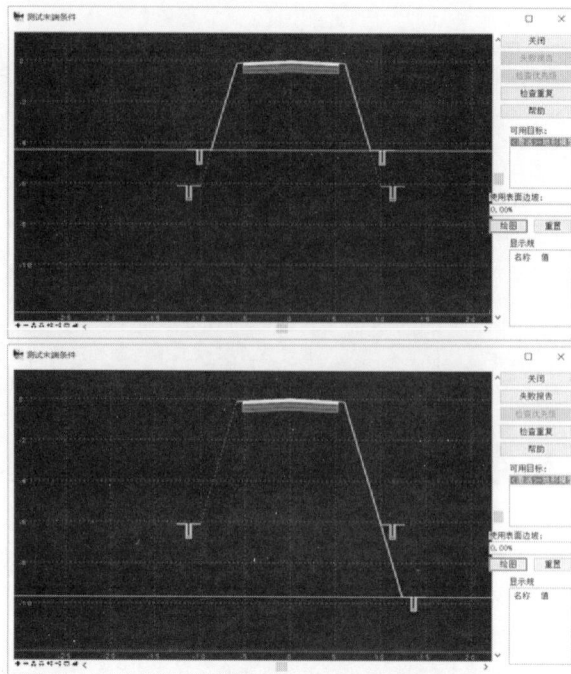

图 4-58　末端条件为无限效果对比

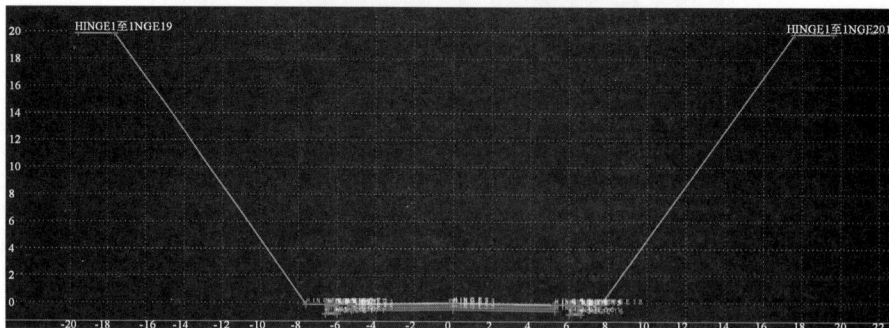

图 4-59　挖方道路模板

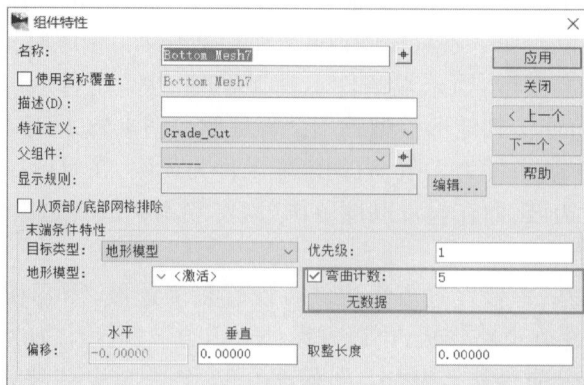

图 4-60　通过弯曲计数设置多级边坡

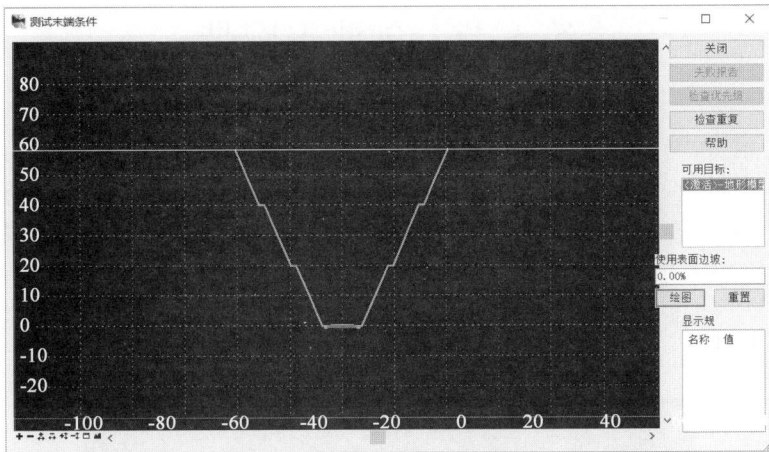

图 4-61 多级边坡测试效果

五、批量修改组件特征

在完成横断面模板的几何设计以及约束设置后就需要对横断面模板的组件设置相应的特征定义,由于组件及点会非常多,因此需要使用到"工具"中的"应用特征定义到组件"命令(图 4-62),批量修改组件特征。"应用特征定义到组件"界面如图 4-63 所示,完成特征定义后模板效果如图 4-64 所示。

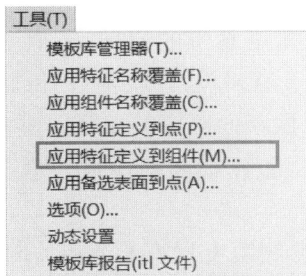

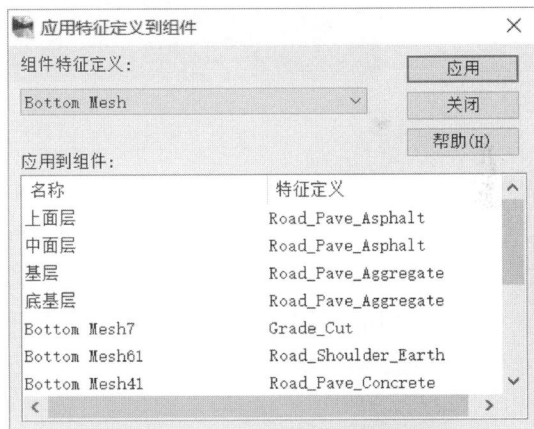

图 4-62 "应用特征定义到组件"命令

图 4-63 "应用特征定义到组件"界面

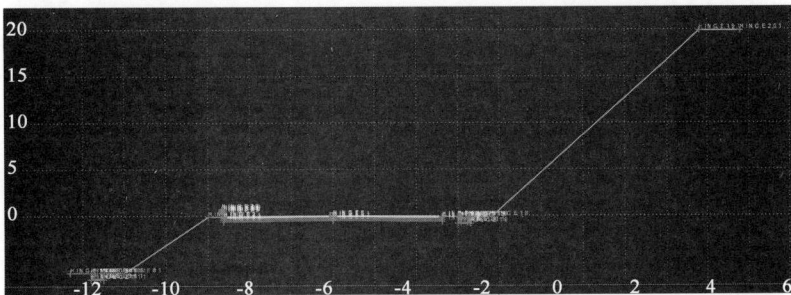

图 4-64 完成特征定义后模板效果

第五节　创建走廊带

一、创建走廊带

在创建走廊带之前,需要理解横断面模板创建走廊带的原理,在实体建模过程中使用的"沿路径放样创建实体"命令,其实就是将一个二维平面图形,沿预设的路径进行拉伸,将其沿路径拉伸为"体",例如圆沿垂线方向进行拉伸就能创建出圆柱体,三角形沿垂线方向拉伸就能创建出三棱柱。圆环沿 Z 形路径放样创建水管示意图如图 4-65 所示。

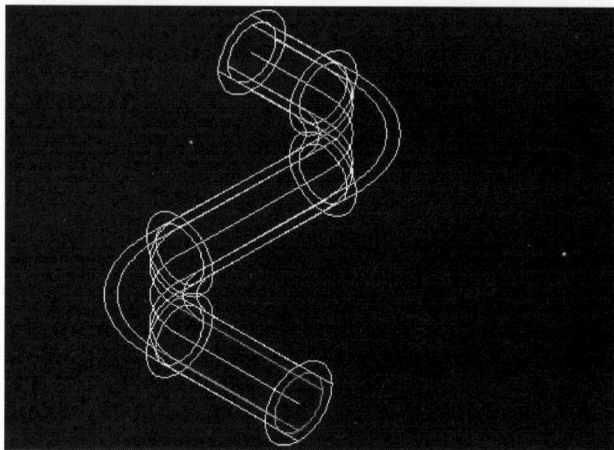

图 4-65　圆环沿路径放样创建水管示意图

众所周知,道路是一种带状构造物,根据横断面模板创建走廊带的原理,类似于"沿路径放样创建实体"命令的原理,就是将无数个道路横断面垂直于道路设计线,沿设计线方向紧密堆积,形成一个三维带状实体。因此在创建走廊带时就要按照断面对应的横断面模板,对走廊带进行分段。分段利用任务列表"廊道模型" ▄▆ 工具栏中的"根据横断面模板创建三维路面"命令,采用对应的横断面模板分段生成三维路面。

走廊带创建以及土木单元的使用方法的具体操作可以参照第五章第七节相关内容。

二、创建土木单元

在走廊带创建过程中,常常会遇到类似交叉口、导流岛、立交出入口等无法直接通过"拉伸"横断面创建的局部走廊带,这种情况下就需要利用土木单元功能创建相应的走廊带。

一般情况下,土木单元的创建可以利用已有模板,通过放置土木单元命令直接创建,下面以创建 T 字形交叉口为例,简述放置土木单元的操作。

1. 放置土木单元

(1)绘制交叉道路中线。按照设计要求,绘制 T 字形交叉的道路中心(绿色区域为地模),如图 4-66 所示。

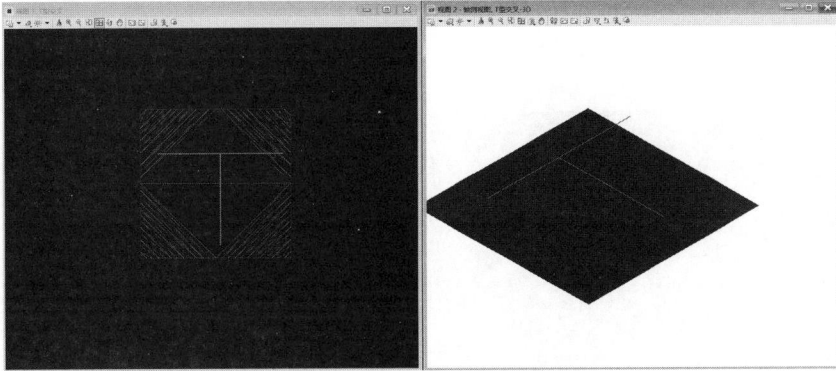

图4-66 T字形交叉道路中心线

（2）选定土木单元模板。点击任务列表中【土木工具】→【土木单元】→【放置土木单元】，打开对话框，选择对应的土木单元模板，如图4-67所示。

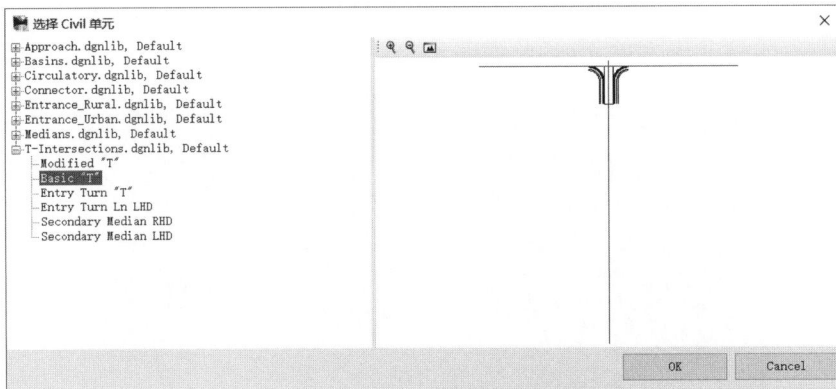

图4-67 T字形交叉土木单元模板

（3）确定对应路线。按照左下角的操作提示，依次选择对应的路线，如 Basic "T" 模板中，"Secondary Rd CL" 指的是被交道路中心线，"Thru Rd CL" 指的是主路中心线，选择完成后即可看到交叉口轮廓以及两条道路的设计方向，如图4-68所示。

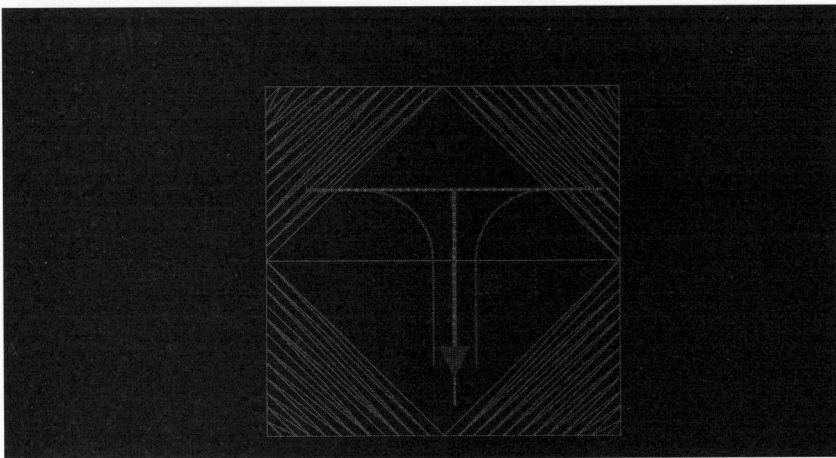

图4-68 T字形交叉土木单元模板

（4）完成土木单元放置。确定交叉口轮廓及方向后，确定要剪切的路廊，点击右键重置，点击左键接受，即可完成土木单元放置，完成后效果如图4-69所示。

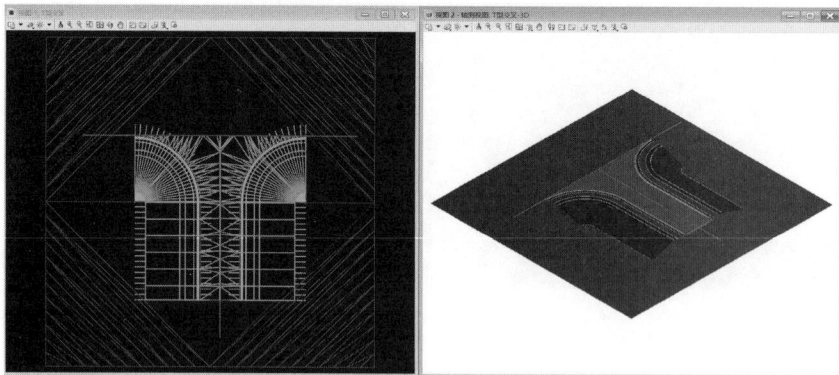

图4-69　T字形交叉土木单元效果

（5）修改模板参数。完成土木单元放置后，可以根据设计要求修改模板中的弧半径、道路距离等参数，进一步修改土木单元模型，如图4-70所示。

图4-70　修改模板中的弧半径参数

在许多情况下，尤其是在国内外设计标准和设计思维有较大差异时，系统自带的土木单元模板不能满足需求，需要根据设计要求创建土木单元模板。下面以创建十字形交叉口土木单元模型为例，简述创建土木单元模板的操作。

2. 创建土木单元模板

（1）绘制交叉道路设计线。利用任务列表中【土木工具】→【平面几何】中的 ╱【直线】命令，绘制交叉道路设计线如图4-71所示。作为土木单元模板的控制线，模板中其余构造线均通过对控制线的平移或剪切产生，以达到模板随控制线变化而变化的效果（控制线的高程及位置可以任意给出，长度适当即可）。

（2）偏移道路设计线创建道路边缘线。利用任务列表中【土木工具】→【平面几何】中的 ⊡【局部路段等距离偏移】功能，对交叉道路设计线进行偏移创建道路边缘线。由于创建倒角时需要进行两端修剪，因此应将每条边缘线分为两段绘制，如图4-72所示。

（3）插入圆弧创建倒角。利用任务列表中【土木工具】→【平面几何】中的 ◁【插入简单切向圆弧】命令创建倒角,并对两端进行修剪,完成后效果如图 4-73 所示。

图 4-71 绘制交叉道路设计线

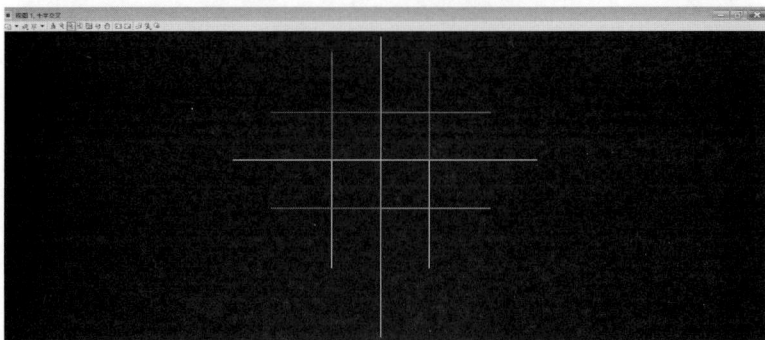

图 4-72 偏移道路设计线创建出道路边缘线

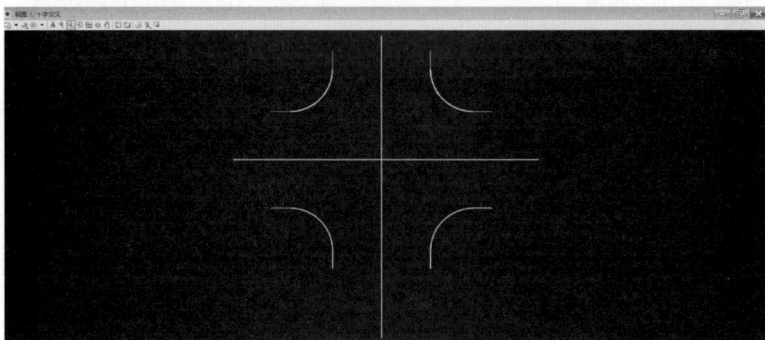

图 4-73 插入圆弧后创建的交叉口轮廓线

(4)绘制纵断面。轮廓线的纵断面应参照控制线的纵断面进行绘制,直线段应利用任务列表中【土木工具】→【纵面几何】中的 ▬【基于参照纵坡按固定坡度绘制纵断面】命令进行绘制,曲线段应利用【纵面几何】中的 ▬【插入过度纵断面】命令进行绘制,以达到土木单元模型随控制线变化而变化的效果。纵断面绘制完成后即可在 3D 视图中观察到交叉口轮廓线,如图 4-74 所示。

(5)按照交叉口轮廓创建地形模型。利用任务列表中【土木工具】→【地形模型】中的 ▲【从元素创建】命令,根据交叉口轮廓线创建地形模型,特征类型选择为"边界",创建完成后效果如图 4-75 所示。

图 4-74　交叉口轮廓线 2D 和 3D 视图

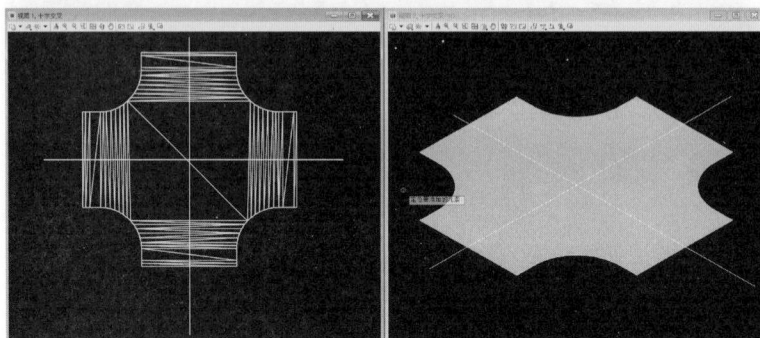

图 4-75　基于交叉口轮廓线创建的地形模型

（6）对地形模型添加特征。第（5）步创建的地形模型为一个平面，要创建出有路拱的地模，还需要利用任务列表中【土木工具】→【地形模型】中的 █【添加特征】命令，将地形模型范围内的交叉道路设计线添加到地形模型中（需要提前偏移出地模范围内的交叉道路设计线），添加完成后的地形模型效果如图 4-76 所示。

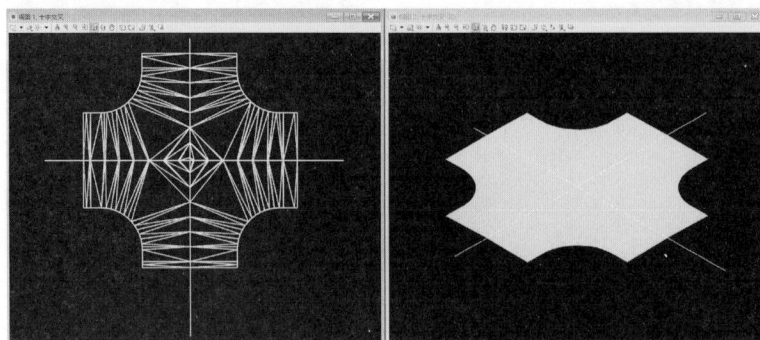

图 4-76　添加完成特征元素后的地形模型

（7）应用面模板、线模板。完成交叉口地形模型创建后，利用任务列表中【土木工具】→【三维几何】中的 █【应用表面模板】和 █【应用线模板】命令，创建交叉口的道路面层和边坡等构造物模型。本例中应用的线模板、面模板如图 4-77 和图 4-78 所示，应用完成后效果如图 4-79 所示（彩色图见二维码）。

（8）创建土木单元模板。完成上述操作后即完成了十字形交叉口的创建。为方便以后调用该模板，还需要利用任务列表中【土木工具】→【土木单元】中的"创建土木单元"完成土木单元模板创建（按提示选择两条控制线后，土木单元显示为蓝色即表示可创建，如图 4-80 所示,彩色图见二维码),完成创建后即可在【放置土木单元】命令中调用此模板。

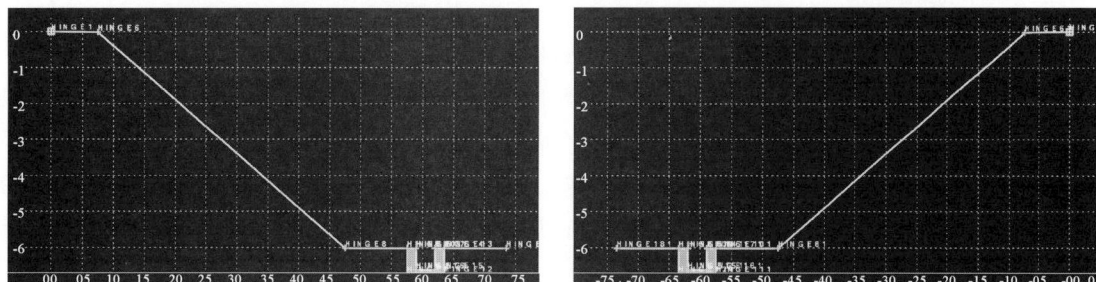

图 4-77　应用于轮廓线的边坡"线模板"

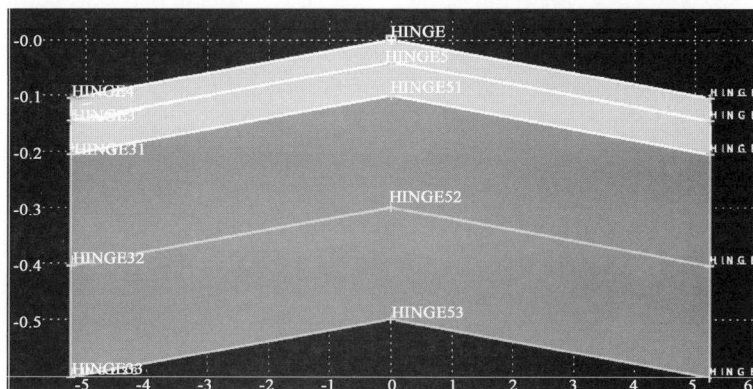

图 4-78　应用于地形模型的路基路面"表面模板"

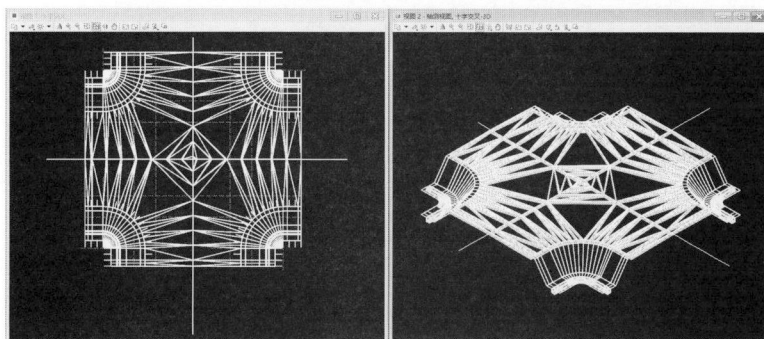

图 4-79　应用完成线模板、面模板后的交叉口模型

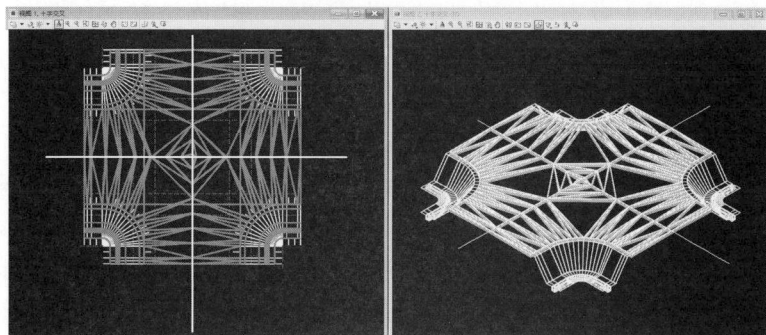

图 4-80　利用"创建土木单元"命令添加的创建完成的十字形交叉口土木单元模板

三、超高设置

走廊带创建完成后,设置超高,超高设置的相关命令都在任务列表"廊道模型"工具栏中,如图4-81所示。对走廊带进行超高设置主要利用🔲"创建超高区域"命令按照相应标准规范对道路设置超高过渡区域,然后将计算出的超高应用到走廊带模型上。

(1)创建超高区间。点击"创建超高区域"命令(图4-82),选择道路中心线,设置相应的参数,完成创建后,出现类似于廊道的边框,如图4-83所示。

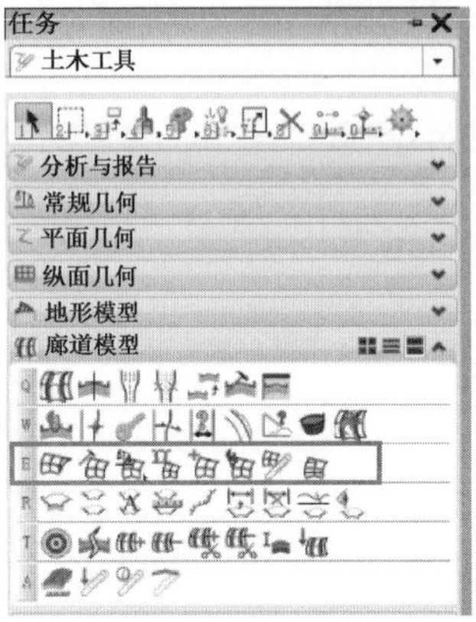

图4-81 超高设置相关命令 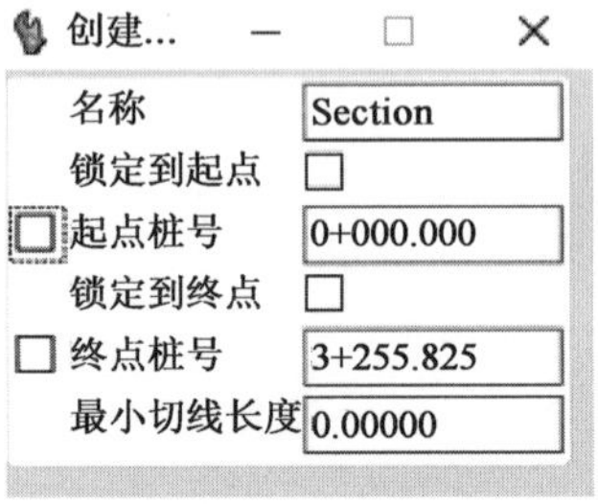　　图4-82 "创建超高区域"对话框

(2)创建超高车道。完成超高区域创建后一般会自动弹出"创建超高车道"的对话框(图4-84),如果没有也可以利用🔲"创建超高车道"命令打开,然后通过对话框创建超高车道,左右各一个。

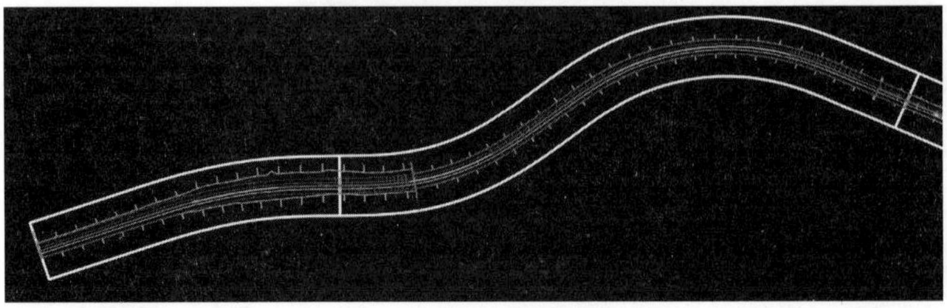

图4-83 创建超高区域示意图 　　图4-84 "创建超高车道"对话框

在对话框中进行参数设置,对于有中央分隔带的道路,需要设置"内边缘偏移",偏移值为中央分隔带宽度的一半,宽度应设置为自中央分隔带外边缘至土路肩外边缘的距离,本例中右半幅道路宽12.25m,中央分隔带宽度为2m,则偏移值为1m,宽度为11.25m;对于没有中央分隔带的道路,偏移值为0,宽度为半幅道路宽。

(3)计算超高。完成超高车道创建后,同样会自动弹出"计算超高"的对话框(图4-85),如果没有也可以利用🔲"计算超高"命令打开,然后在对话框中选择对应的标准和最大超高,设置对应的车速和超高过渡方式,并勾选打开编辑器,在视图中点击左键确认信息,打开"超高编辑器"界面(图4-86),完成修改后将超高应用到走廊带模型中。超高应用后的效果如图4-87所示。

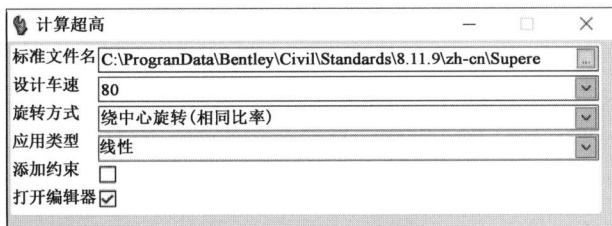

图 4-85 "计算超高"对话框

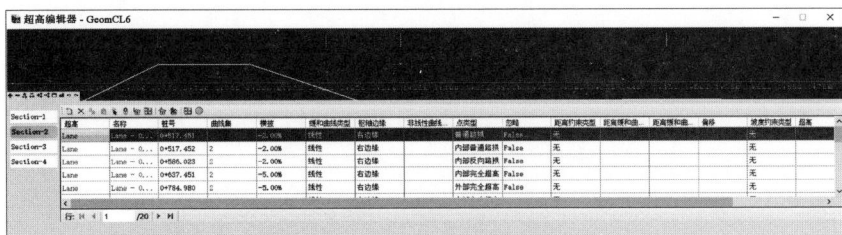

图 4-86 "超高编辑器"界面

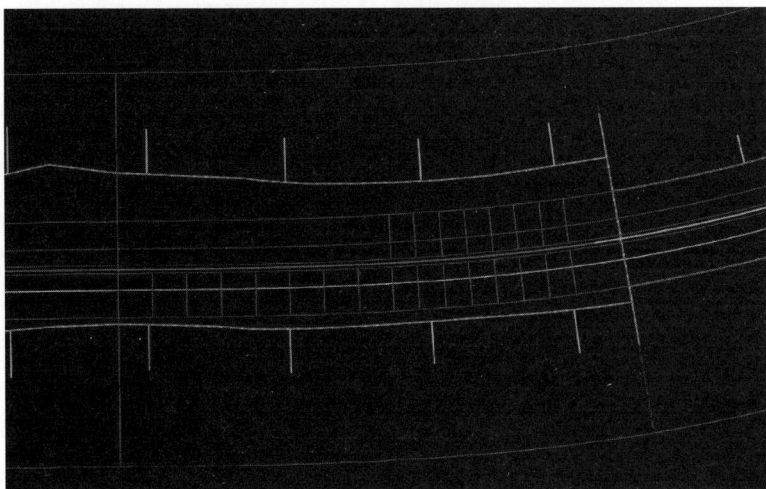

图 4-87 超高应用后的显示效果

四、加宽设置

在三维道路模型创建完成后就可以对模型进行道路加宽设计,道路加宽是通过任务列表中"廊道模型"工具栏里的 "创建曲线加宽"命令实现的。曲线加宽的原理和通过参数标签修改模型的原理相同,都是通过控制横断面模板上的点来实现的,因此在曲线加宽之前需要检查控制点的约束关系,确认控制点位置变化后相关的点能否随之变化,横断面结构能否保持正常。

具体操作步骤:点击"创建曲线加宽"命令,打开曲线加宽对话框(图4-88),点击需要加宽的廊道,设置相关参数,选定控制点和加宽表,在视图中点击左键完成曲线加宽。加宽表文件见图4-89。

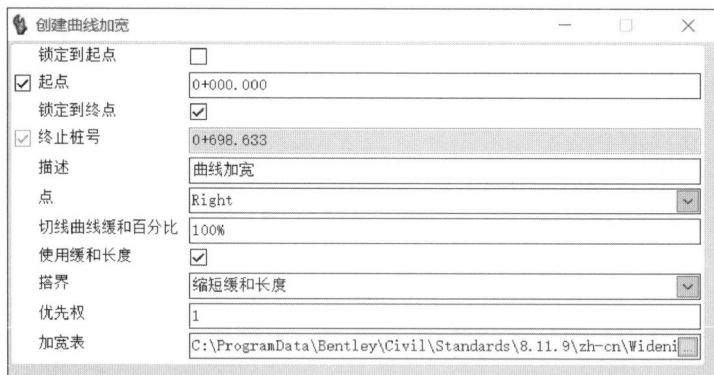

图4-88 "创建曲线加宽"对话框

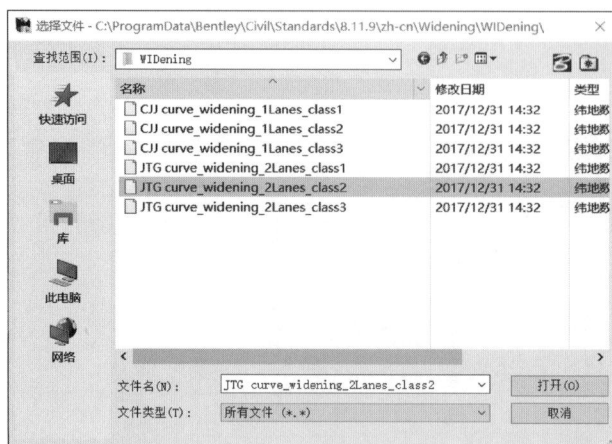

图4-89 加宽表文件

加宽创建完成后可以通过任务列表中"廊道模型"工具栏里的 "打开横断面视图"命令(图4-90)创建一个横断面视图,在 "显示横断面标注"命令下添加内侧道路的宽度标注,以观察加宽效果,如图4-91所示。

图4-90 "打开横断面视图"和
"显示横断面标注"命令

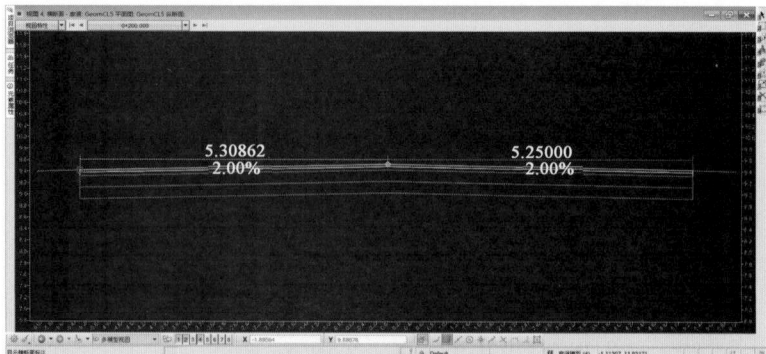

图4-91 横断面视图中查看加宽效果

第六节 PowerCivil 的其他功能

BIM 的两个显著特点就是良好的可视化和模拟性,本节将围绕这两个特点讲解 PowerCivil 的其他功能,例如:标志标线的设计、模拟车流、添加植被、道路漫游观察、施工模拟等。

一、标志标线

借助 BIM 可视化和可模拟性的特点,能够进一步优化道路交通标志和标线的设计,可以在设计阶段对道路交通标志和标线的设计必要性、合理性、安全性和运营效果进行模拟验证。

对于交通标志物的设计,在 PowerCivil 中可以利用灵活的视图操作和内嵌的 MicroStation 建模工具对交通标志物进行设计建模,结合驾驶模拟能够进一步优化交通标志牌的尺寸、高度以及布设位置,并且可以通过车流模拟出预期的交通状况,验证相关的交通管制措施。图 4-92 所示为通过 PowerCivil 创建的标志标牌。

图 4-92 道路标志物模型

对于交通标线的设计,PowerCivil 中自带了丰富的标线线型,此外还可以创建自定义的交通标线。标线导入道路模型的方法一般分为两种:一种是在空白模块中按照道路设计方案,利用道路标线相关线型创建道路标线,通过"三维几何图形上的模板二维元素"命令将二维标线覆盖粘贴在三维模型上;另一种是将标线直接创建在横断面模板中,在创建走廊带过程中标线与走廊带一起创建出来。由于第二种方法比较复杂,并且后期调整修改过程相对麻烦,因此,一般采用第一种方法创建道路标线。图 4-93 为在空白模块中创建的道路标线。图 4-94 为标志标线导入模型的可视化效果。

道路标志物设计建模是 PowerCivil 最基本的实体建模功能,主要步骤如下:

(1)创建新的 DGN 文件或新的模块(3D Metric 格式)。

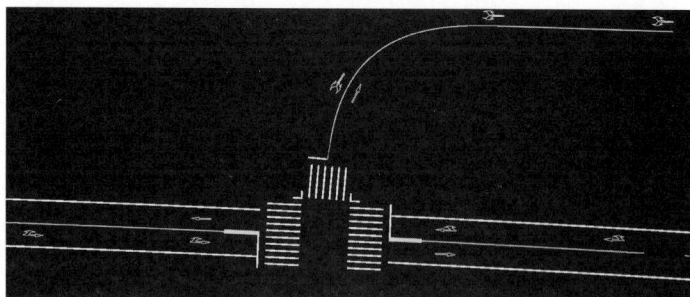

图4-93　在空白模块中创建的道路标线

图4-94　标志标线导入模型的可视化效果

（2）利用精确绘图功能和实体建模任务栏（图4-95）中相关命令，设计创建标志物三维模型，如单悬臂标志牌。

（3）通过材质编辑器，修改模型材质（图4-96）。

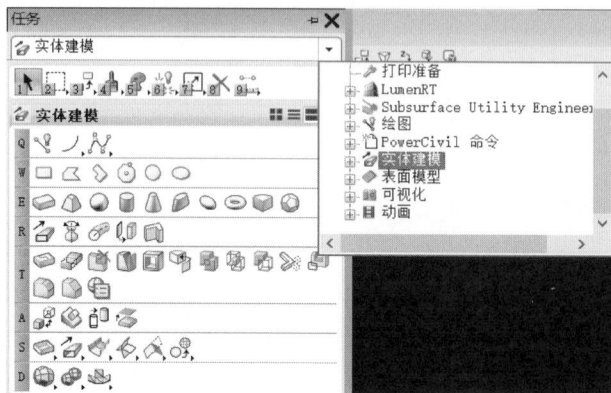

图4-95　实体建模任务栏

图4-96　定义材质

（4）将交通标志物参考进入总装文件（或道路模型），通过参考的相关功能合理布设交通标志物模型。

（5）模拟验证标志物尺寸、位置、高度等设计的合理性、安全性以及对交通流的影响，不断优化完善设计。

利用"三维几何图形上的模板二维元素"进行道路交通标线设计建模的主要步骤如下。

（1）创建新的DGN文件或新的模块（2DMetric格式）。

（2）参考导入道路主线平面线。

（3）基于道路主线平面线利用"平面几何"中的路段偏移功能（图4-97），灵活偏移出需要的平面线，并将特征定义设置为对应的特征定义（系统预设的道路标线特征定义在"line"→"Pavement Marking"中，如有特殊需要可以创建自定义的特征定义），如图4-98所示。

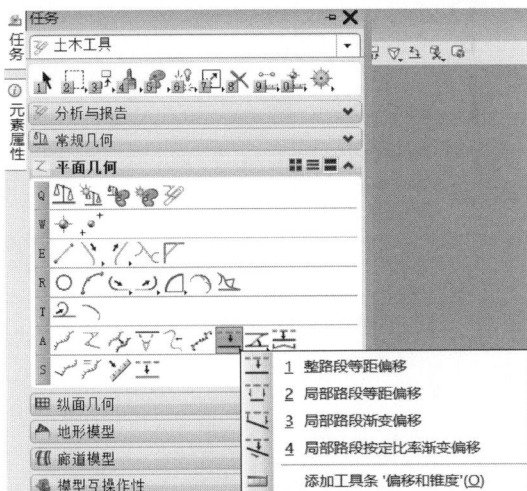

图4-97　路段偏移工具

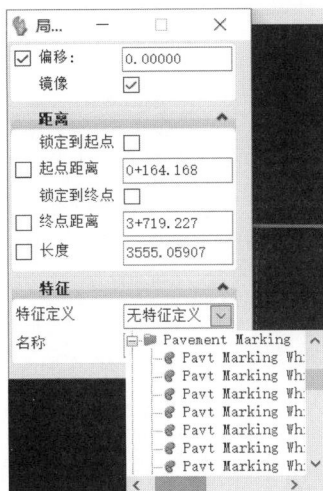

图4-98　在局部路段偏移中设置特征定义

（4）将设计完成的道路交通标线参考进入总装文件（或道路模型）的3D Model模块中，关闭路面以上的覆盖物，如地模、隧道以及明洞等，打开光滑建模显示样式，在顶视图中利用"可视化"任务栏中的"三维几何图形上的模板二维元素"（图4-99）将道路交通标线覆盖粘贴在路面上。模拟道路交通标志标线效果如图4-100所示。

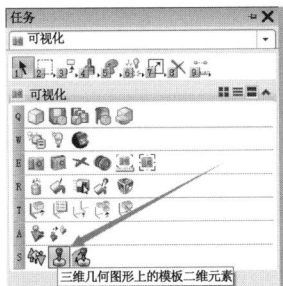

图4-99　"可视化"中的"三维几何图形上的模板二维元素"命令

图4-100　模拟道路交通标志标线

详细操作可见第五章第八节。

二、模拟车流

车流的模拟是一个非常简便实用的功能，不仅可以在设计阶段协助模拟论证相关的设计方案，还能够服务于施工和运营等阶段，如模拟施工便道运营状况、模拟施工期间区域交通管制方案、模拟特殊情况下交通疏导方案等。

在PowerCivil中模拟车流主要通过"动画"菜单中"车道设置"和"车道连接"下的相关命令实现，创建单车道车流的主要步骤如下。

（1）在道路3D模型中，选择"工具"菜单栏→【动画】→【车道设置】→【单车道】（图4-101），打开"放置单车道流量"界面(图4-102)。

图4-101 "车道设置"和"车道连接"相关命令

图4-102 "放置单车道流量"界面以及
"浏览车辆"按钮

(2)点击 🔍【浏览车辆】按钮打开"车辆库"界面,点击 🗋【新建车辆列表】创建一个空白车辆列表,如图4-103所示。

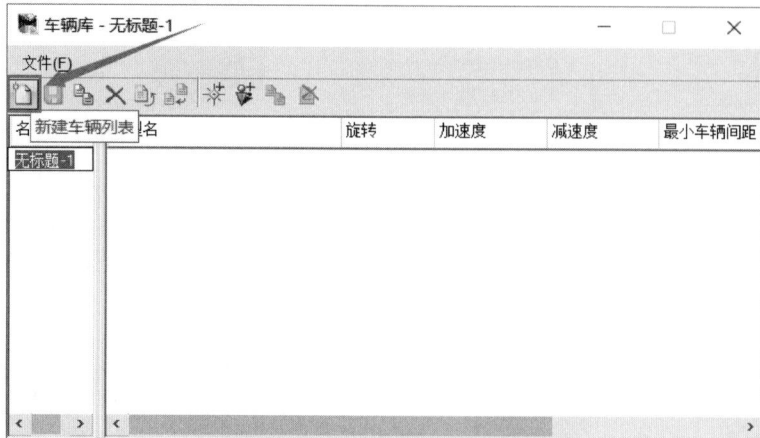

图4-103 "添加车辆"界面以及"浏览"按钮

(3)点击 ❋【从(.cel、.dgn、.dgnlib)文件添加车辆】打开"添加车辆"界面,在"添加车辆"界面中点击 🔍 按钮,打开浏览界面,如图4-104所示。

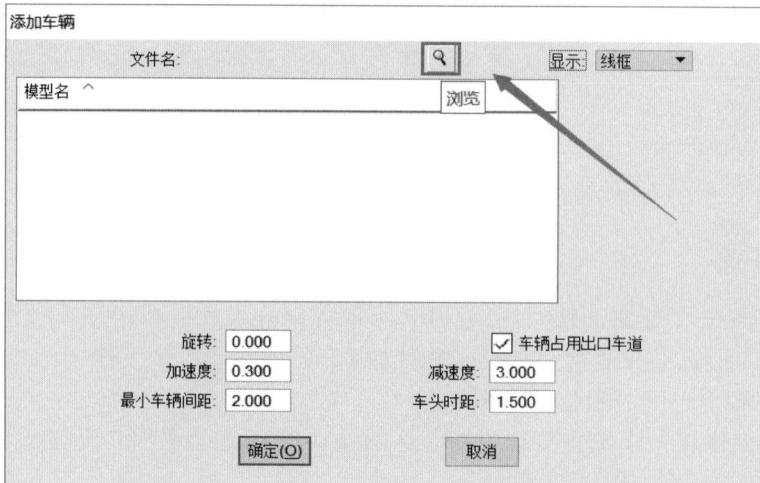

图4-104 "车辆库"界面以及"新建车辆列表"按钮

148

（4）在"Bentley"文件目录下找到"Marlin_Studios"文件夹，文件夹中的四个.cel 格式文件就是车辆模型文件，选择其中一个车辆模型文件，点击【完成】，如图 4-105 所示。

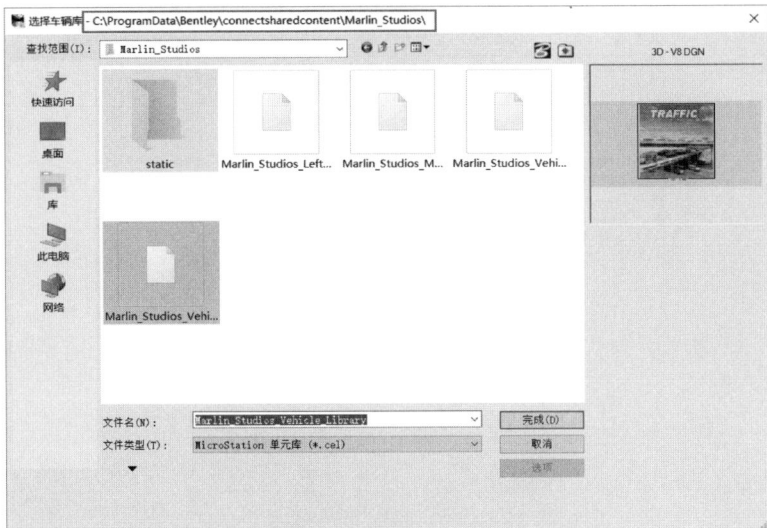

图4-105 "Marlin_Studios"文件夹中的车辆模型文件

（5）选择要添加的车辆类型，调整相应的加速度、最小车辆间距等设置，点击【确定】，如图 4-106所示。

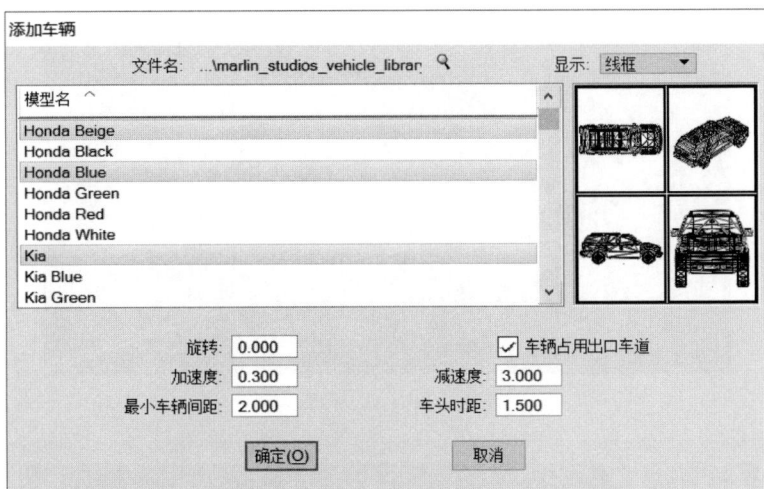

图 4-106 添加需要的车辆模型

（6）在"车辆库"界面可以再次对车辆模型的加速度、最小车辆间距等设置进行修正，如图 4-107所示。

（7）关闭"车辆库"界面后，在"放置单车道流量"界面，设置车道偏移值、车流平均速度、车辆间距、路径采样距离以及动画起终点距离，同时应该注意修改相应的单位，如图 4-108 所示。

（8）左键选中道路中心线后，选择车流方向（图 4-109），然后左键确认接受车流，完成车流添加，车流添加完成后显示的车辆如图 4-110 所示。

图 4-107　车辆列表"car-1"

图 4-108　调整单车道车流相关参数设置

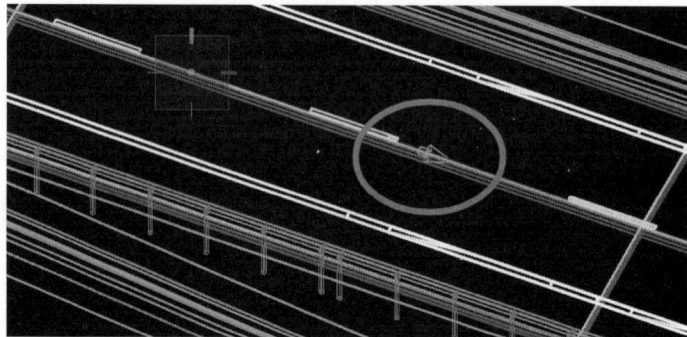

图 4-109　车流方向箭头

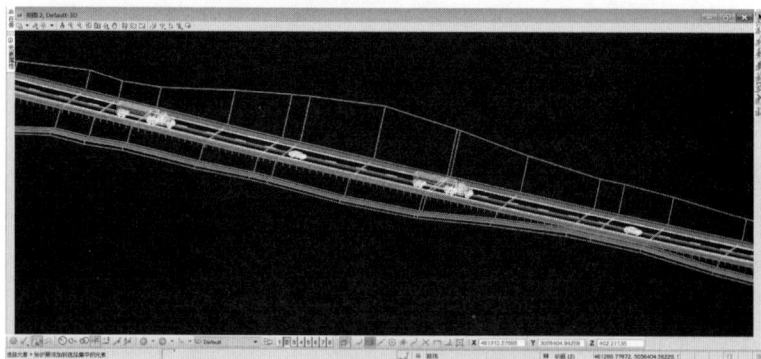

图 4-110　车流添加完成后显示的车辆

添加多车道车流方法与单车道方法类似,配合车道连接相关工具可以模拟出需要的车流状况,并且可以在特定车辆模型上添加摄像机以驾驶视角观察实时车流状况。要使添加完成的车流"动起来",就要使用"动画"中的动画预览命令(图 4-111),需要注意的是动画预览需要指定对应的视图(图 4-112)。

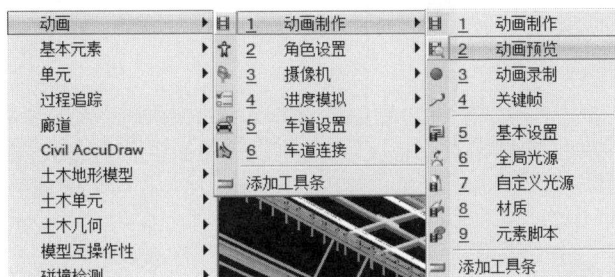

图 4-111　"动画预览"命令

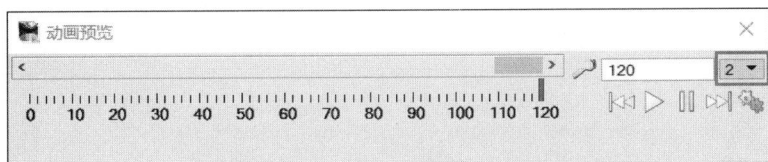

图 4-112　"动画预览"界面以及视图设置

三、添加植被

交通领域的工程项目设计经常会涉及绿化设计,例如道路的中央绿化带、交通岛绿地、立交绿岛等,在 PowerCivil 中可以利用填充功能在模型中添加树木、草丛等绿化植被,进一步提高模型的可视化程度,具体操作与添加车流的方法非常相似,并且更加简单,下面简单讲一下相关操作。

(1)点击"工具"菜单中的【渲染】→【填充】→【填充】,填充命令如图 4-113 所示,打开"填充单个"对话框(注意应在 3D 视图中打开)。

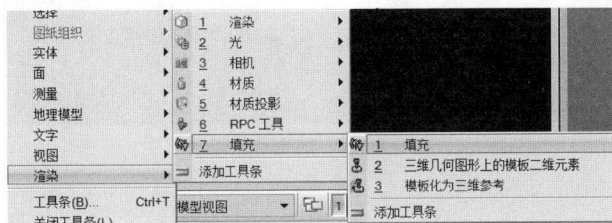

图 4-113　渲染工具中的"填充"命令

(2)在"填充单个"对话框中点击 🔍【浏览内容】(图 4-114),打开"填充内容"界面(图 4-115),在"填充内容"界面中新建一个条目,然后点击 ✳【添加文件】,打开"添加文件"界面(图 4-116),在"添加文件"界面中点击 🔍【浏览】,在 C 盘中找到"C:\ProgramData\Bentley\connectsharedcontent\XFrogSamples"文件夹中的"xfrog_Sample_Library"文件,添加需要的植被模型,完成后在"填充内容"界面调整高度、比例、放置间距等设置并保存创建的条目。

图 4-114 "填充单个"对话框以及
"浏览内容"按钮

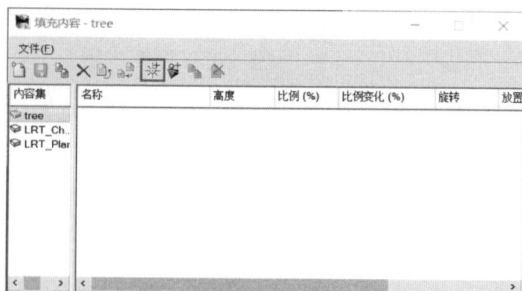

图 4-115 "填充内容"界面

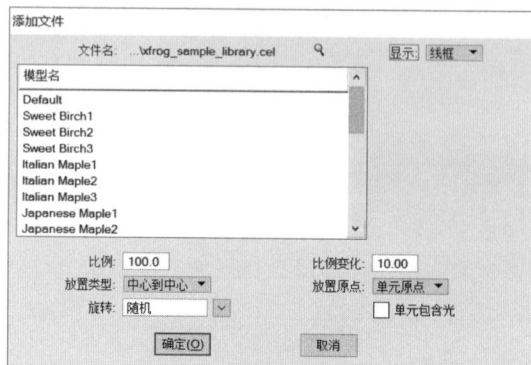

图 4-116 "添加文件"界面

（3）在"填充单个"对话框中选择要添加的模型、对齐方式以及填充方式（填充方式一般有点、线、面三种），按照选定的填充方式进行填充，填充后效果如图 4-117 所示。

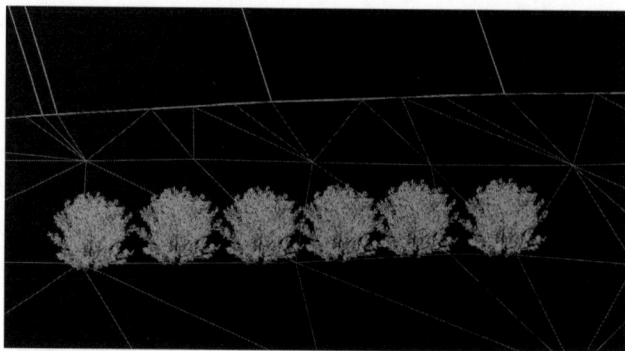

图 4-117 填充后效果

四、3D 漫游

在设计中常常需要以驾驶员的视角观察项目模型，以便验证通视情况、道路平纵组合效果以及标志标线设置的合理性。因此 PowerCivil 提供了"3D 穿过"命令（图 4-118）以方便设计者实时观察设计成果，除此"3D 穿过"命令外，还可以通过在车辆模型上连接摄像机以实现漫游观察效果。

使用"3D 穿过"功能实现 3D 漫游（"3D 穿过"对话框如图 4-119 所示），主要是沿道路中心线，通过设置平面偏移和纵断面偏移模拟驾驶员位置，通过设置目标控制中的高度和距离模拟驾驶员视觉角度和视距，通过设置速度模拟行车速度，还可以通过设置桩号调整静态观察位置,"3D穿过"效果如图4-120所示。总的来说"3D穿过"是一个非常便捷实用的功能,同样体现了BIM的可视化、模拟性以及优化性的特点。

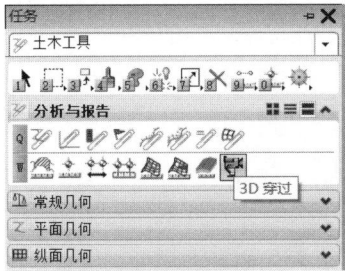

图4-118 "3D穿过"命令

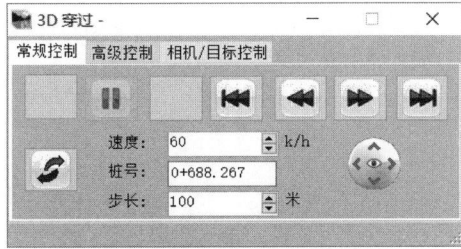

图4-119 "3D穿过"对话框

图4-120 "3D穿过"效果

使用车辆模型上的连接摄像机以实现漫游观察效果,首先应设置相应的车流,再通过"连接相机"命令(【动画】→【车道设置】→【连接相机】,如图4-121所示),创建一个随车辆移动的相机(图4-122、图4-123),以该车辆驾驶员的视角进行漫游观察,如图4-124所示。

图4-121 "连接相机"命令

图4-122 "创建车辆相机"界面

图4-123 相关关联车辆

153

图 4-124　车辆连接摄像机漫游效果

五、进度模拟和动画渲染

进度模拟是在 3D 的 BIM 模型中附加时间因素,将模型的形成过程以动态的 3D 方式表现出来,一般可以理解为 4D 模型。进度模拟可将进度相关的时间信息和静态的 3D 模型链接产生 4D 的施工进程动态模拟,将整个施工进程直观的展示出来,实现施工作业流水的三维可视化。施工计划的可视化可以帮助项目管理人员在计划阶段识别和预测潜在的施工流水冲突,合理进行设备定位、现场空间区划、资源分配计划等,以及更高效的与不同项目参与方进行沟通和协调,从而可以提高施工效率、缩短工期、节约成本。

PowerCivil 直接沿用了 MicroStation 中的进度模拟功能,主要通过进度视图下的动画制作进行相关的模拟,以模拟桥梁施工为例讲解进度模拟,具体操作如下。

(1)点击"工具"菜单中【动画】→【动画制作】→【动画制作】,"动画制作"命令如图 4-125所示,打开动画制作界面(图 4-126),在视图选项中设置为"进度视图"。

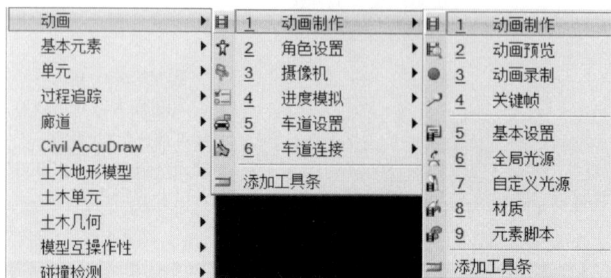

图 4-125　"动画制作"命令

(2)点击【新建任务】创建相应的任务,并按照施工进度设置相应的时间节点、任务类型以及模拟施工起始结束颜色,需要说明的是任务类型分四类,分别是:"构造",任务开始前没有,任务中建设,任务结束后建成时一直显示,如桥墩施工、桥面铺装等建设任务;"拆解",任务开始前有,任务中拆解,任务结束时拆除完成不再显示,如需要拆除的沿线建筑物等拆除任务;"永久",任务前后以及任务中均存在,在任务进行时标注颜色显示,可用来标注演示中需要突出显示的构造物;"临时",任务前后均不存在,在任务进行中存在,如脚手架等临时设施。如图 4-127 所示。

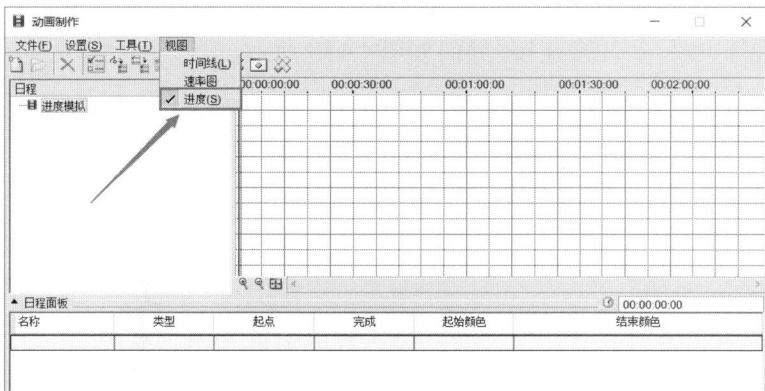

图 4-126　动画制作界面

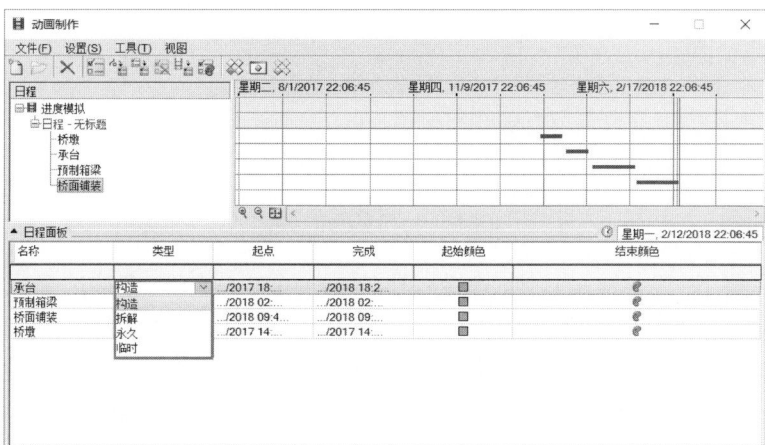

图 4-127　创建相关任务

（3）任务创建完成后就需要把相关模型与任务进行关联，关联的方法一般有两种，一种是通过"动画制作"界面【元素连接】；另一种是通过"工具"菜单栏中下【动画】→【进度模拟】→【任务链接规则】进行关联。

需要说明的是两种方法都涉及命名组，创建一个命名组可以简单理解为对模型进行编组以方便管理，创建命名组命令在"实用工具"菜单栏下的【命名组】（"命名组"界面如图4-128所示）工具中。利用"命名组"命令根据任务需求，创建相关命名组并在命名组中添加相关的模型（命名组名称应该与任务名称一致以方便按照"任务链接规则"关联模型）。

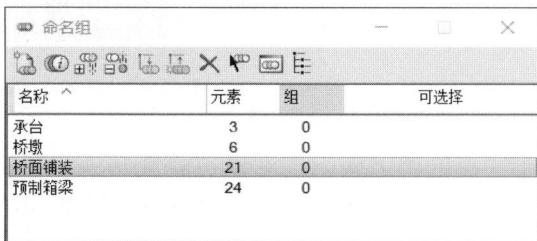

图 4-128　"命名组"界面

第一种方法利用"元素连接"命令(图4-129)比较简单,可以直接选择元素进行关联,也可以利用命名组进行关联。"元素连接"界面如图4-130所示。

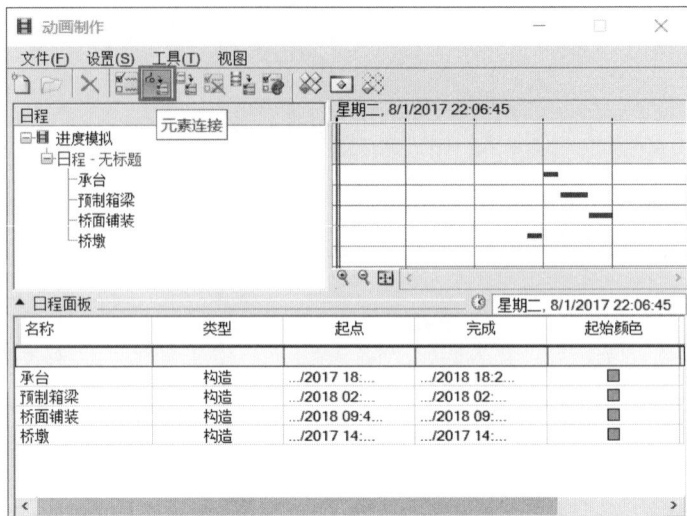

图4-129　"元素连接"命令

第二种方法利用"任务链接规则"命令(图4-131)可以一次性,直接选择元素进行关联,也可以利用命名组进行关联。具体操作:首先点击"工具"菜单栏下【动画】→【进度模拟】→【任务链接规则】,打开"任务链接规则"界面(图4-132),然后点击【新建】,创建一个新的规则("规则模板"选择界面如图4-133所示),规则集设置为"将命名组链接到任务"并将规则描述中的任务属性改为"名称"(图4-134),完成后点击【处理】。

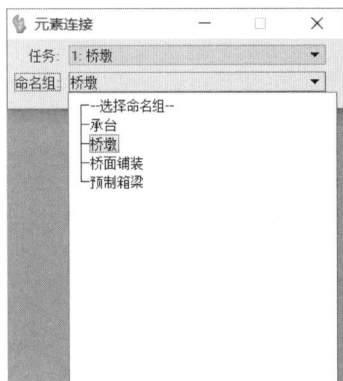

图4-130　"元素连接"界面

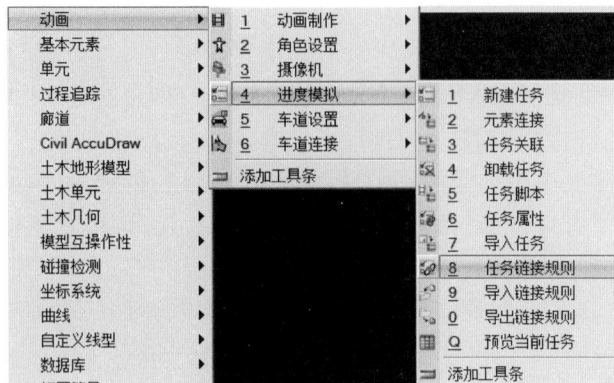

图4-131　"任务链接规则"命令

以上操作完成后,一个简单的桥梁施工进度模拟就能够实现了,可以利用"动画制作"界面中【工具】→【预览】进行预览观察,在修正完成后以"动画制作"界面中的【文件】→【录制脚本】(图4-135)进行动画渲染,可以在"动画渲染"界面设置相关的渲染选项,渲染出需要的动画(图4-136),具体方法在此不再赘述。

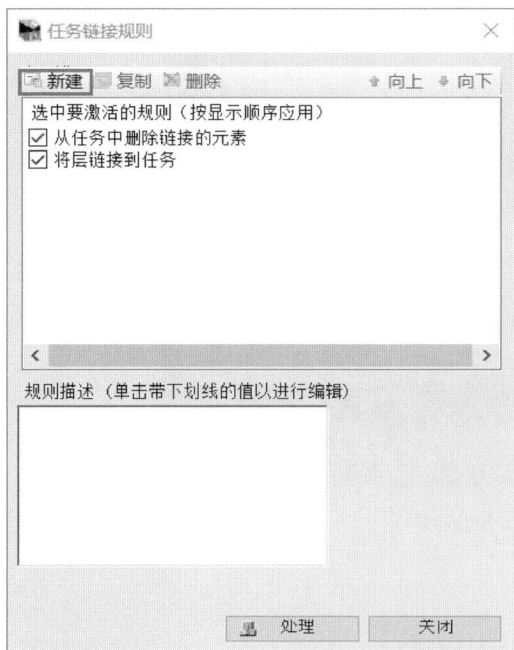

图 4-132 "任务链接规则"界面

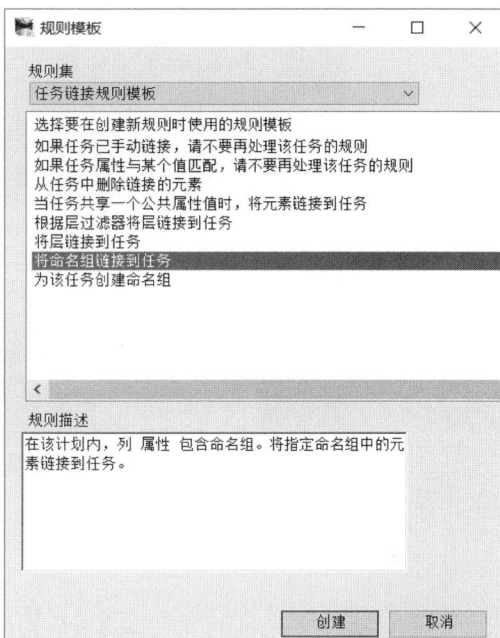

图 4-133 "规则模板"选择界面

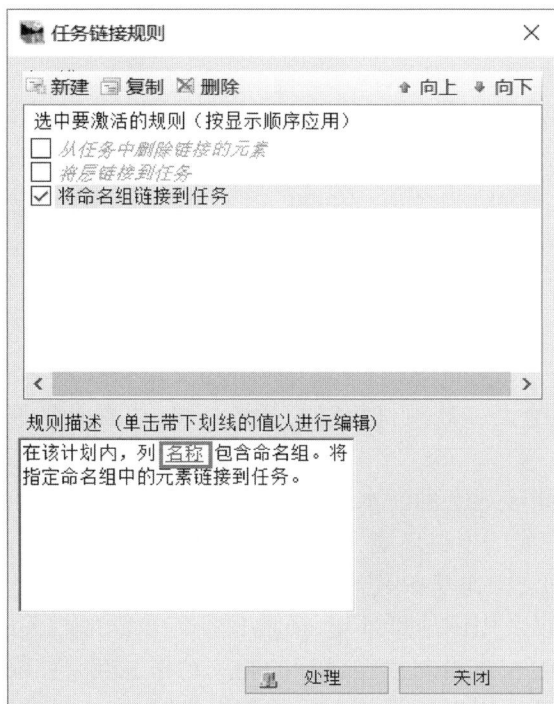

图 4-134 按照名称将命名组链接到任务

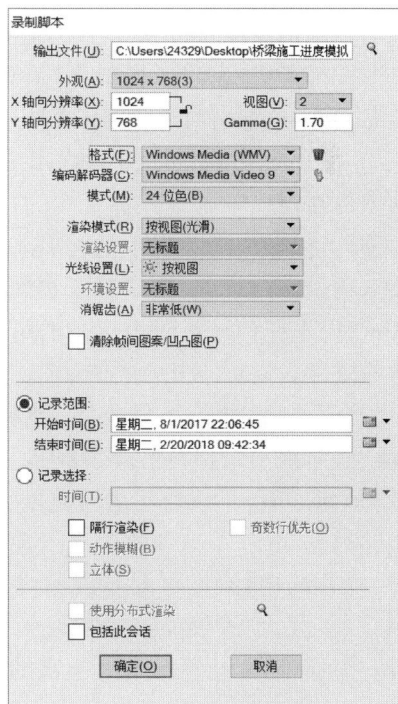

图 4-135 "录制脚本"界面

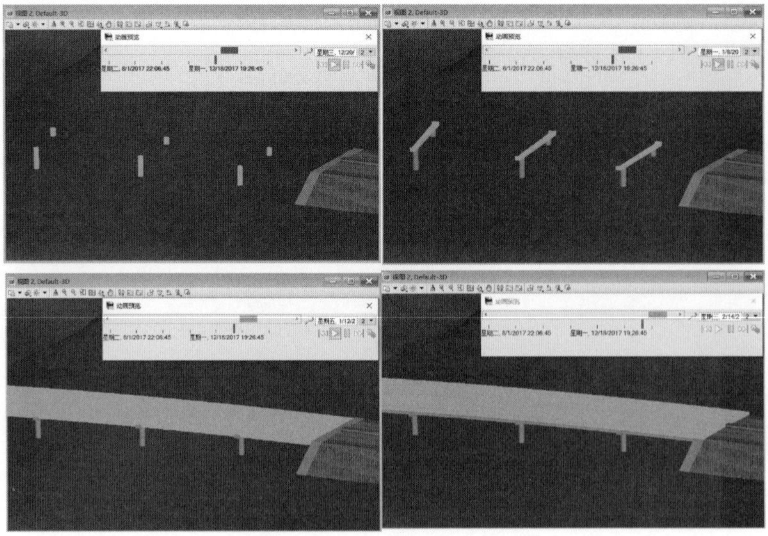

图 4-136　进度模拟预览效果

第七节　LumenRT

　　LumenRT 是由 E-on software 公司开发的一款虚拟建筑可视化软件,也可理解为一款针对三维设计的场景模拟软件,它为土木行业提供了一个理想的虚拟可视化解决方案,能够为数字化的基础设施信息模型创建一个真实的场景,将数字化的模型和"逼真"的场景结合起来,从而满足设计师对模型设计、模拟、演示和交流等方面的需求。

　　LumenRT 功能与 VUE 类似,支持 3DS、OBJ、FBX 和 DAE 等多种格式文件,能配合 Sketch-Up、Autodesk Revit、Bentley PowerCivil 等建筑三维设计软件使用,利用自带的海量模型包可轻松帮助用户在模型基础上添加真实的自然环境,如栩栩如生的植物、树木、人物、动物、车辆、天空和水等环境效果,随心所欲的将其渲染成高品质的视频、图形或者几乎完全真实的三维世界。而且在设计过程中,建筑师们能随时利用 LumenRT 的储存功能将设计方案打包成独立的、几乎可以在任何计算机上运行的可执行文件,方便用户进行展示或携带,十分强大。

　　这款软件具有以下几个特点:

　　(1)场景丰富:建模场景丰富,能够满足绝大多数项目所需的场景环境,内置有平原、山区、沙漠、海滩等十余种自然环境场景。

　　(2)效果逼真:不仅自然景观真实细腻,能够观察到海水的微波甚至草原上每一株小草,而且能够根据纬度、季节、时间、天气模拟出真实的项目环境,如图 4-137 所示。

　　(3)操作简单:操作与大多数 3D 游戏类似,操作基本不需要学习。

　　(4)功能强大:不仅能够控制天气、光线以及周围地形环境,还能根据需求添加相关的人物、动物、交通工具、花草树木等丰富的模型组件,配合对模型设计的相关动作,能够创建出动态的、实时的交互场景,实现在一个真实的世界中对基础设施项目的设计推敲、交流以及模拟等相关功能。

图 4-137　LumenRT 逼真的场景效果

一、模型导入

LumenRT 可以和很多应用程序集成(图 4-138 和图 4-139),包括 MicroStaiton 的各种应用程序,如 AECOsimBD、OpenPlant、Substation、PowerCivil 等,也可以和第三方应用程序如 Revit、ArchiCAD 等集成。

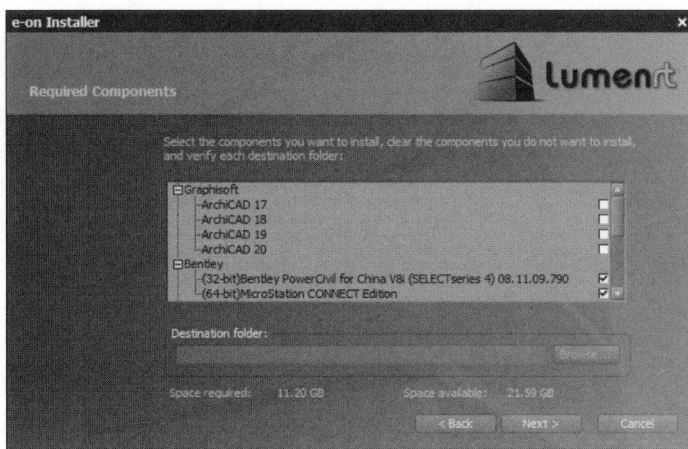

图 4-138　"导出到文件"功能位置

在安装 LumenRT 时,系统会自动和已经安装的应用程序进行集成,如图 4-140 所示。LumenRT 在安装完成并集成后,在应用程序的菜单上也会有相应的导出按钮。

当 BIM 建模工作完成后,就可以使用 LumenRT 导出的选项,将模型导出到 LumenRT 做后期的效果。

在导出的菜单里可以使用"LumenRT"选项(图 4-141 ~ 图 4-143)选择场景,以及控制初始的场景细节。

在 LumenRT 选项中选择一个特定的场景和天气类型,点击【Start】开始输出过程,如图 4-143选择"Caribbean"作为项目场景输出工程模型,打开后场景如图 4-144 所示。

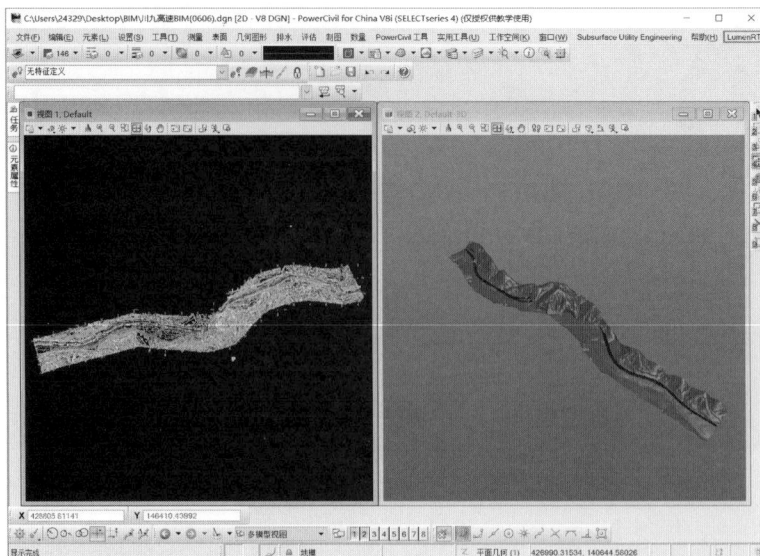

图 4-139　LumenRT 与 PowerCivil 集成界面

图 4-140　LumenRT 与 MicroStation 集成界面

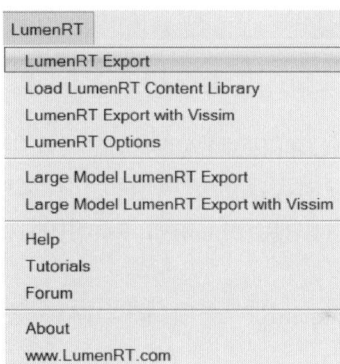

图 4-141　PowerCivil 导出 LumenRT 菜单

图 4-142　MicroStation 导出菜单

图 4-143　导出选项设置

很多时候,由于应用程序中高程设置的问题,导入到 LumenRT 后,模型的位置会过高,可以调整它的高度,使其与 LumenRT 的场景地面相匹配。

可以在左面的主菜单里点击"Selection"工具,如图 4-145 所示。

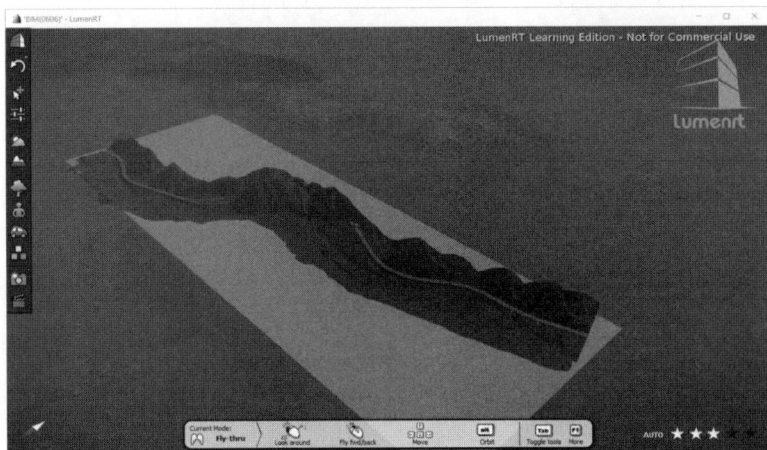

图 4-144　打开场景

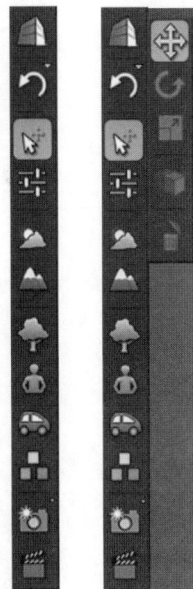

图 4-145　工具栏及"Selec-
tion tool"工具

点击"Selection"后,选择"Move",然后选择导入的模型,如图 4-146 所示。

一旦选中模型,"Object properties"打开,如图 4-147 所示,将"Lock Transform"选项解锁,以便移动模型。

现在可以通过点击箭头垂直移动模型,如图 4-148 和图 4-149 所示。

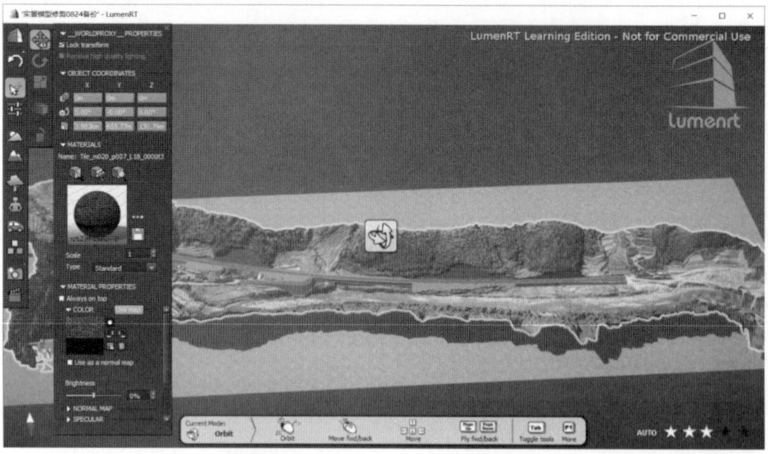

图 4-146　"Move tool"工具选中模型 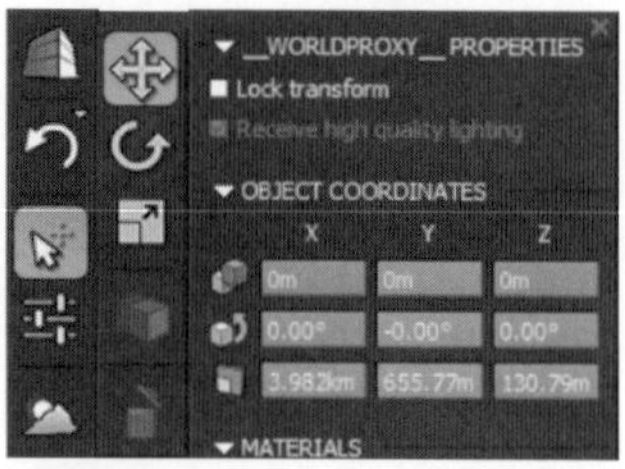　　　　　　图 4-147　解锁"Lock Transform"

图 4-148　垂直移动模型

图 4-149　模型垂直移动到地面以下

二、场景调整与元素添加

一般情况下,项目在设计时使用的地形模型,都类似一张没有厚度的纸,因此在模型导入
LumenRT 后需要利用相关工具对场景地形进行调整,以便于添加其他元素对项目环境进行

设计。

1.地形调整

地形调整的相关工具在任务栏的▲【Terrain & Ocean】下面的✍【Sculp Terrain】(图4-150)中,一共有 4 个命令,分别是:①▲【Raise】堆填抬高地面(图 4-151);②▲【Dig】挖坑降低地面(图 4-152);③▲【Flatten】整平地面(图 4-153);④▲【Stitch to geometry】推移地面制造斜坡。每个命令都可以对地形调整范围(Size)、调整幅度(Flow)以及地形调整的边缘曲率(Softness)进行设置。

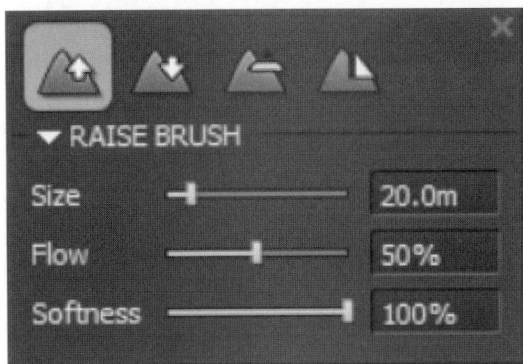

图 4-150 "Sculp Terrain"界面

图 4-151 利用"Raise"命令升高地面

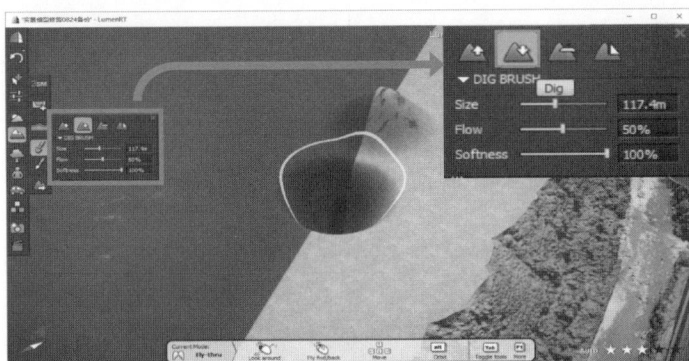

图 4-152 利用"Dig"命令拉低地面

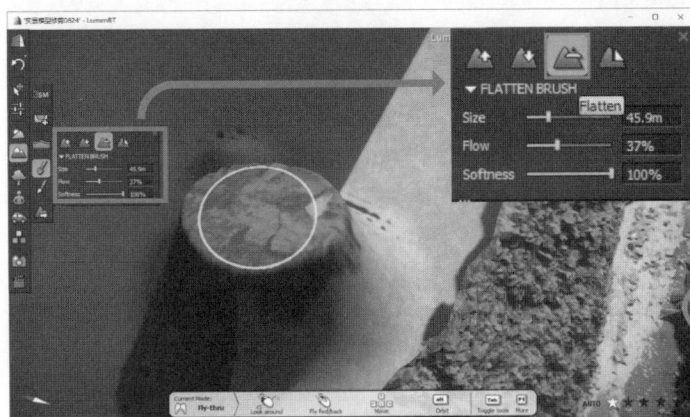

图 4-153 利用"Flatten"命令整平地面

2. 场景地面材质赋予

对场景中的地面材质进行修改,可以利用任务栏的▲【Terrain & Ocean】下面的✏【Paint Terrain】工具(图4-154)。

操作示例:从左边的主菜单里选择✏【Paint Terrain】工具,并且选择"Seasonal grass"材质,对地面进行材质赋予操作,如图4-155所示。

图4-154 "Paint Terrain"
命令界面

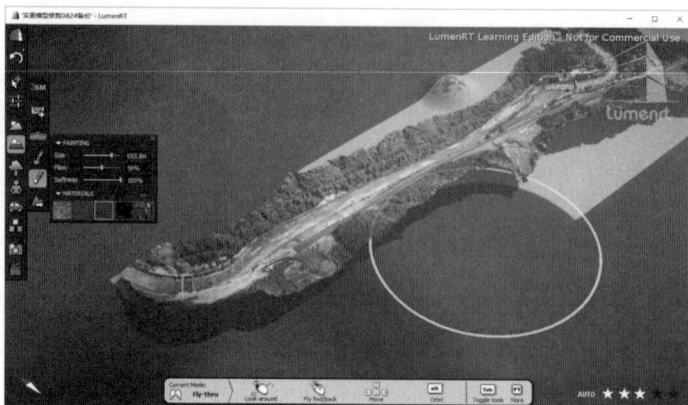

图4-155 利用"Paint Terrain"命令修改地面材质

3. 添加水域

在诸多项目环境中水域水系是一个非常重要的元素,LumenRT中水域的创建需要配合地形,因此一般在地形创建完成后添加水域。

操作示例:在添加水域之前通过▲【Terrain & Ocean】下面的✏【Sculp Terrain】中的▲【Dig】命令创建一个坑槽,如图4-156所示。

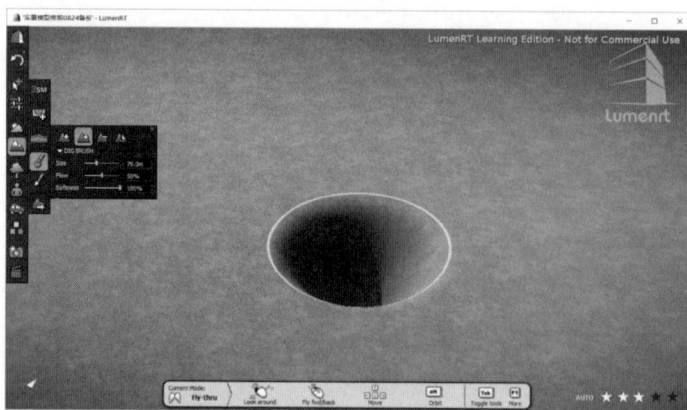

图4-156 利用"Dig"命令创建一个坑槽

创建坑槽后可以使用任务栏▲【Terrain & Ocean】下面的🔲【Add Water Body】工具添加水域(图4-157),还可以控制水面的高低。

在坑槽中添加一片水域(图4-158),水面的位置可以使用移动工具进行调整,水域的颜色会随水面的高程位置即"水深"变化,水面越高水的颜色越深,透明度越低。同时可以使用🔲【Size tool】工具对水域范围进行调整。

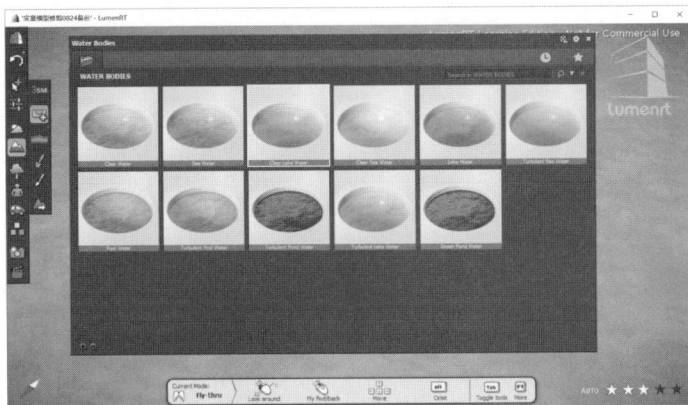

图 4-157 选择水质

图 4-158 在坑槽中添加水域后效果

水域添加完成后，可以在水域中添加船舶、人物、鱼群等元素，丰富项目场景，如图 4-159 所示。

图 4-159 添加完人物和船舶后效果

4. 添加植被

为了使场景更加真实，可以利用任务栏的🌳【Add Plant】工具添加植被。

操作示例:从左边的任务栏里选择 📦【Add Plant】工具,选择需要添加植被种类,如图4-160
所示。

图4-160　选择植被种类

放置的树木会自动匹配地形高度,也可以使用选择工具对树木的位置进行调整,如
图4-161所示。

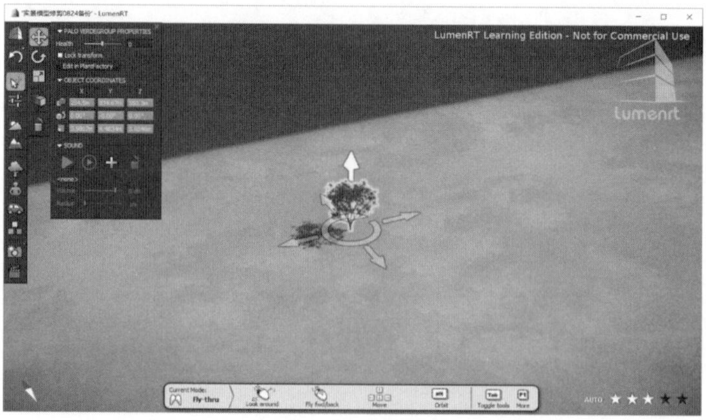

图4-161　调整树木高度和水平位置

并且可以利用任务栏的 📦【Selection】下面的 📦【Size tool】工具对树木的大小进行调整,如
图4-162所示。

图4-162　通过"Size tool"工具调整树木大小

使用 【Piant instance tool】工具,可以随机地添加所选择的一批树木,如图 4-163 所示。这个工具可以根据所选择的笔刷大小随机地放置所选择的构件。

图 4-163　利用"Piant instance tool"工具添加树木

可以通过移动笔刷快速地添加一批树木,树木的种类取决于选择的多个对象,系统随机放置,添加树木后的效果如图 4-164 所示。

图 4-164　添加树木后的效果

5. 添加人物、车辆以及其他元素

人物、车辆以及其他元素的添加方法与添加植被非常类似,分别通过任务栏中 【Add Character】、【Add Vehicle】和 【Add Misc】实现相关功能,添加车辆和人物后的场景如图 4-165 所示。

6. 设置元素路径

在 LumenRT 中元素几乎都可以设置相应的路径,通过设置路径可以实现模拟车流、添加人物动画等效果。具体操作:首先选择任务栏 【Selection】选中需要设置的元素,然后利用里

面的🖼【Animation Settings】工具对相关元素设置相关动作路径,如图 4-166 所示,完成后点击
▶【Play】开始运动,如图 4-167 所示。

图 4-165　添加车辆和人物后场景

图 4-166　对车辆设置动作路径

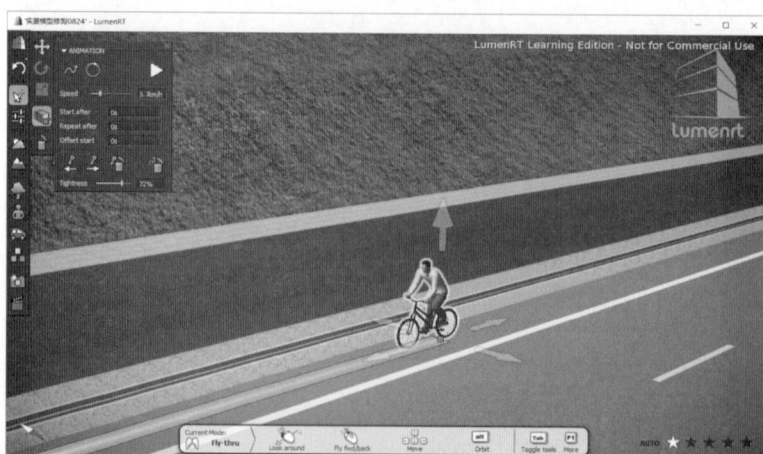

图 4-167　对骑自行车人物设置动作路径

三、模型材质修改

在建模过程中,项目模型都会按照实际材料设置对应的材质,在导入 LumenRT 的过程中项目的材质也会同时导入,并且可以在 LumenRT 中对模型的材质进一步修改。具体操作:首先利用任务栏 ![icon]【Selection】选中需要设置的元素(图 4-168),然后在材质编辑器"MATERI-ALS"中修改模型材质(图 4-169),具体方法与常见建模软件修改方法类似。

图 4-168 选中边坡显示边坡材质

图 4-169 利用材质编辑器修改材质

四、环境设置

环境设置主要是对项目模型所在场景的时间、位置、季节以及天气等进行设置,可以通过任务栏中的 ![icon]【Sun&Atmosphere Setting】进行设置,如图 4-170 所示。

1. 调整时间

在"SUN POSITION"中通过修改"Time"和"Date"设置项目场景中的时间(图 4-171 ~ 图 4-173),以改变光照的强度、方向以及色温。

图4-170 "Sun&Atmosphere
Setting"界面

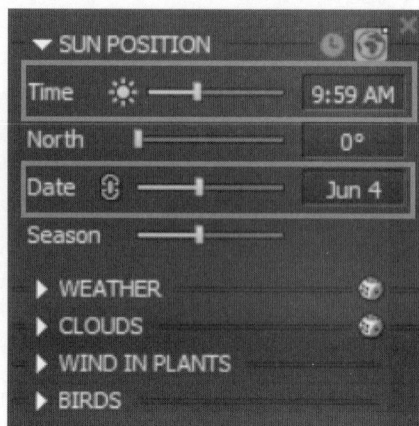

图4-171 "Time"和"Date"选项

图4-172 项目时间设置为"9:00AM"的效果

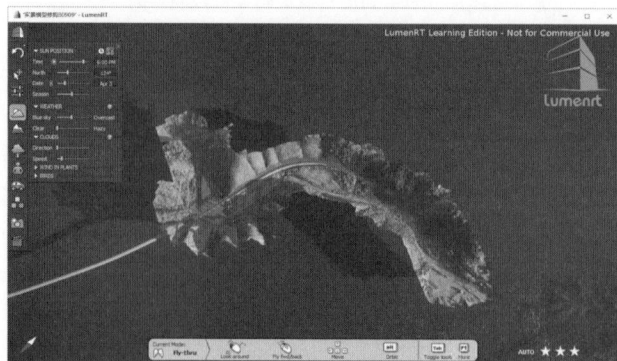

图4-173 项目时间设置为"6:00PM"的效果

2. 调整北向

在 LumenRT 中可以通过设置"North"值来修改项目所在的位置(图 4-174),以改变光照方向,如图 4-175 和图 4-176 所示。

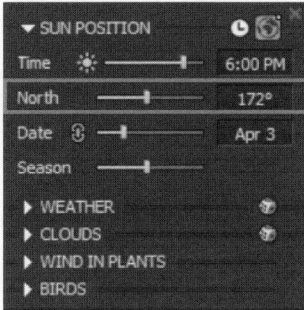

图 4-174 North 设置为"172°"效果

图 4-175 North 设置为"52°"效果

图 4-176 North 设置为"229°"效果

3. 调整季节

在 LumenRT 中可以通过设置"Season"来修改项目所在的季节(图 4-177),以改变季节性变化的植被效果,如图 4-178 所示。

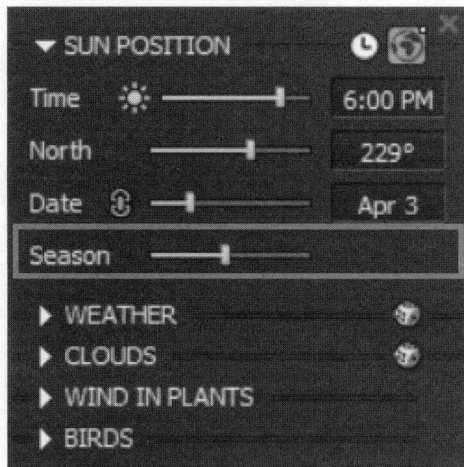

图 4-177 "Season"选项

图 4-178　树木随季节变化效果

4. 调整天气

在 LumenRT 中可以通过设置"WEATHER""WIND IN PlANTS"以及"CLOUDS"中的"Direction""Speed"来修改项目所在的天气环境(图 4-179),对日照强度、能见度、风速以及云移动的方向、速度等参数进行设置,如图 4-180 和图 4-181 所示。

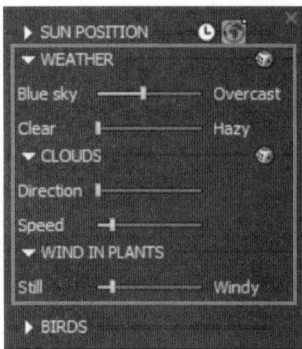

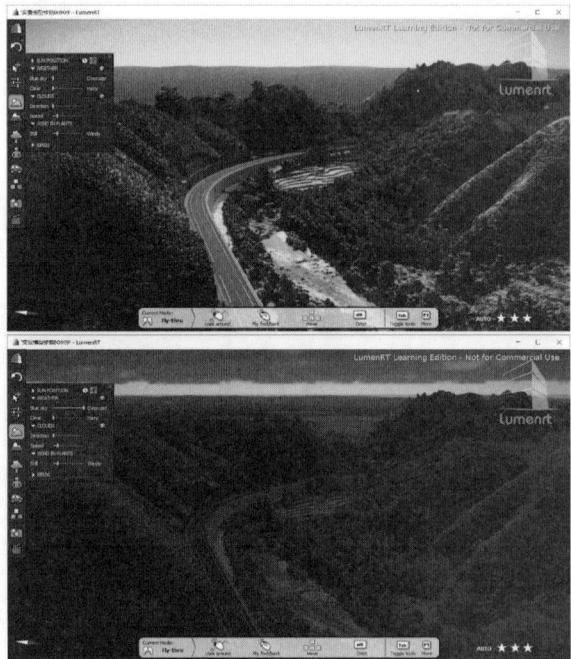

图 4-179　天气要素选项　　　　　图 4-180　"Blue sky"与"Overcast"效果对比

图 4-181 "Clear"与"Hazy"效果对比

五、层设置

在项目模型导入 LumenRT 的过程中,模型所在层信息随之导入,并且可以在 LumenRT 中使用层来管理模型的显示,如图 4-182 所示。

六、项目交流

利用 LumenRT 处理项目模型的主要目的就是进行项目交流,因此 LumenRT 不仅能够导出图片、视频,还可以创建交互式场景"Live Cubes"实现 360 度自由视角观察。

1. 保存图片

在左侧任务栏中选择■【Photo Options】,对图片导出选项进行设置(图 4-183),并以实时视角导出图片。

2. 创建动画

LumenRT 中创建动画的方法是通过在连续的关键帧画面间自动生成画面路径而实现的,比较简单。选择■【Movie Editor】,通过移动相机创建关键帧画面,制作需要的动画效果,关键帧动画制作界面如图 4-184 所示。

创建完成动画后,点击■【Export Movie】打开"Movie Options"界面设置相关的动画选项并完成动画导出,如图 4-185 所示。

3. 发布交互式场景"Live Cubes"

通过任务栏中的■"Share"命令(图 4-186)可以创建一个不需要安装 LumenRT 就能运行的交互式场景,使项目交流更加自由、便捷,而且这个 exe 格式的交互式场景文件,可以同时支持 Windows 和 MAC 系统。

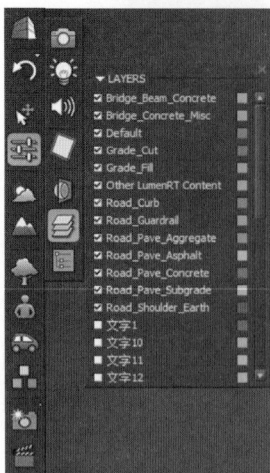

图 4-182　LumenRT 中的
层管理界面

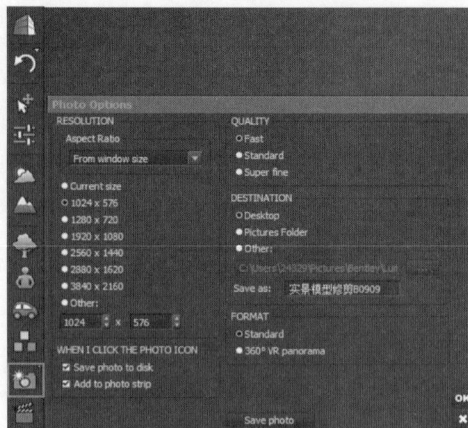

图 4-183　图片导出选项

图 4-184　关键帧动画制作界面

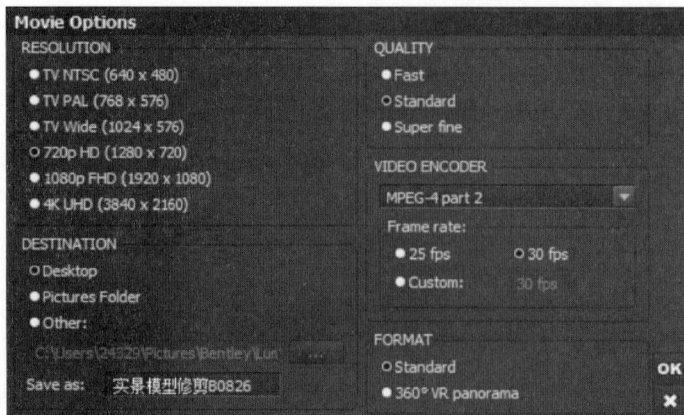

图 4-185　动画导出选项

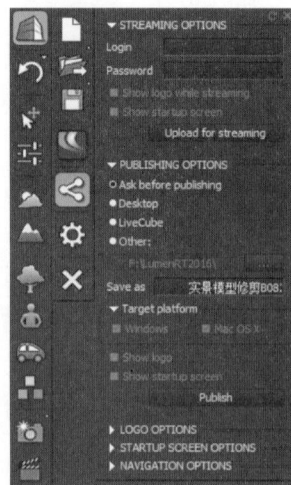

图 4-186　动画导出选项

七、对导入模型进行修改的方法

当项目模型导入 LumenRT 并且完成场景调整、元素添加、环境设置以及动画关键帧创建后，如果发现项目模型需要修改，因为 LumenRT 无法进行修改操作，需要回到建模软件中对原文件进行修改，如果想要继续沿用已经设置完成的场景、元素、环境以及动画关键帧，只需要保证 LRT 文件的文件名与项目模型的文件名一致，并且 LRT 文件在默认路径的文件夹下，在修改完模型后重新利用导入命令将模型导入 LumenRT 即可。

能够以这种方式实现对导入模型的修改，主要是根据 LumenRT 的储存方式，模型从专业软件导入到 LumenRT 的文件时，会默认在"Scenes"文件夹中保存为同名的 LRT 格式文件。比如模型文件是 3D. DGN，而导出到 LumenRT 后被保存为 3D. lrt 文件。其次，在这个 lrt 文件内部，它又分为两部分来存储：第一部分是存储从其他专业软件导进来的元素，第二部分是存储在 LumenRT 软件本身进行绘制的元素。因此，在二次导入到 LumenRT 时，LumenRT 会先在指定文件夹中搜索是否有同名文件，如果有则会自动的替换原 3D. lrt 中的第一部分，即模型存储部分，而另一部分的场景信息则和原来保持一致，避免了场景模型的重复编辑。

第五章

公路 BIM 的项目实例

第一节　设计项目有关资料

　　本章将以某地区二级公路设计项目为实例，结合前面章节的内容，详细讲解公路项目基于 PowerCivil 的具体设计，立交、铁路、市政等其他设计项目可借鉴本项目的设计流程和相关操作进行。本项目主体模型基于 PowerCivil for China V8i（SELECTseries 4）版本创建，地区环境实景模型通过 Context Capture 建立。项目局部成果展示见图 5-1。

图 5-1　项目局部成果展示

拟建公路位于某山脉西面,地势东北部高,西南部低,呈东北向西南倾斜,区内山峦起伏,河流蜿蜒曲折,主要山脉和水系受地质构造控制,呈南东~北西方向展布。区内地貌形态主要以剥蚀切割为主,河谷狭窄,地形陡峻,河流中下游沿溪两岸有较宽的谷地,地势较平缓,属山间冲洪积堆积地貌,河谷两侧常有孤山和剥蚀残丘地形分布,其海拔多在600m以下。

本设计项目为某地区山区公路改建项目,原道路为双车道三级公路,路基宽度7.5m,拟建公路在起点处与在建公路顺接,在终点处与原公路顺接,其间穿越村落一处,设置交叉口一处、隧道一处、大桥一处。由于项目设计资料保密等原因,本设计项目中部分资料已隐去或替换。

一、公路等级和设计速度

根据工程可行性研究,本项目根据交通运输部《公路工程技术标准》(JTG B01—2014)相关规定,采用二级公路技术标准设计,设计速度采用60km/h。

二、路幅宽度、桥梁宽度以及隧道宽度

1.路幅宽度及组成

设计荷载公路—Ⅰ级,路基宽度12.0m,行车道宽2×3.5m,硬路肩宽2×1.75m,土路肩宽2×0.75m,道路宽度横断面示意图如图5-2所示。

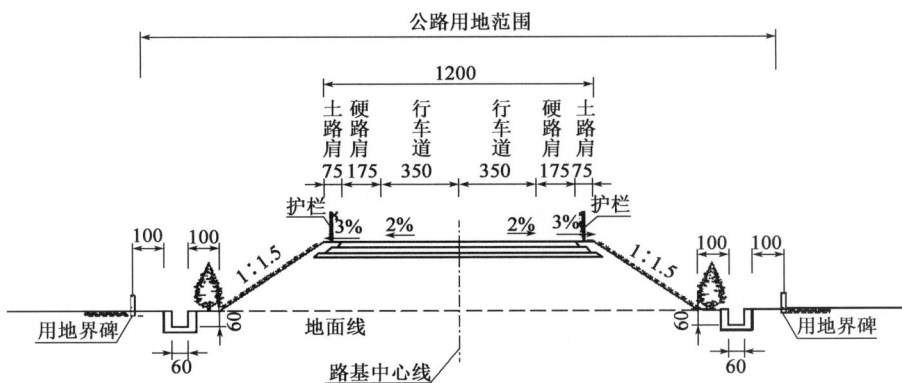

图5-2 道路宽度横断面示意图(尺寸单位:mm)

2.桥梁宽度及组成

桥梁宽度12.0m,行车道宽2×3.50m,硬路肩宽2×2m,栏杆2×0.5m,桥梁宽度横断面示意图如图5-3所示。

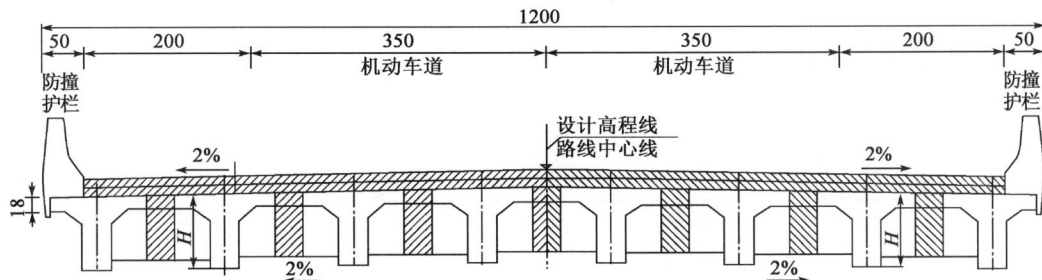

图5-3 桥梁宽度横断面示意图(尺寸单位:mm)

3.隧道宽度及组成

主线隧道采用二级公路二车道60km/h标准,根据《公路隧道设计规范》(JTG D70—2004)、《公路工程技术标准》(JTGB01—2014)的具体技术标准见表5-1,隧道宽度横断面示意图如图5-4所示。

隧道采用技术标准表　　　　　　　　　　　　表5-1

项　　目		设 计 标 准
		二级公路单洞二车道
设计行车速度(km/h)		60
隧道净空	行车道宽度(m)	2×3.5
	侧向宽度L(m)	$L_{左} = 1.50, L_{右} = 1.50$
	检修道宽(m)	$L_{左} = 1.0, L_{右} = 1.0$
	检修道高(m)	0.4
	建筑界限总宽(m)	12

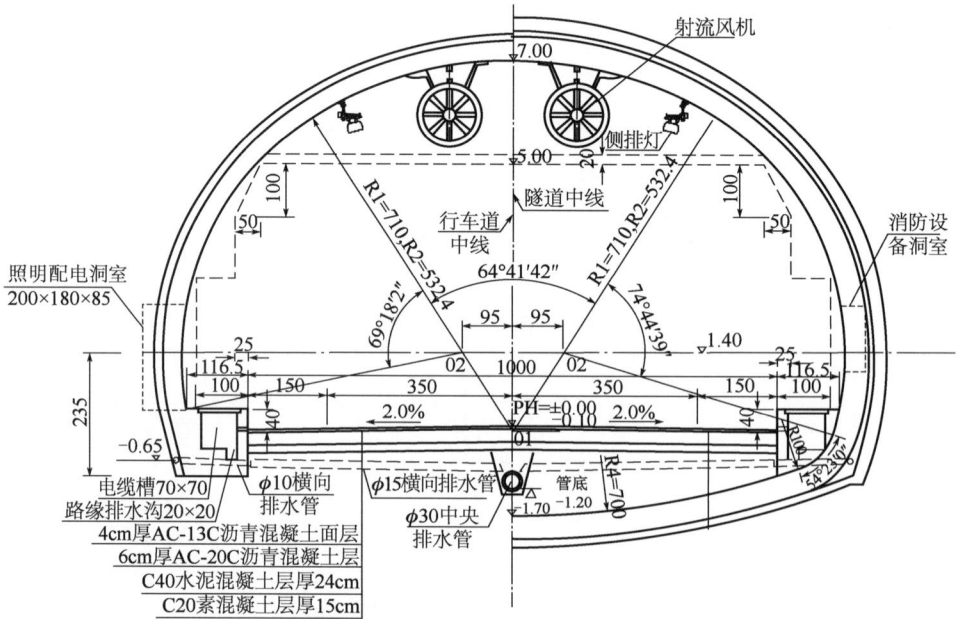

图5-4　隧道宽度横断面示意图(尺寸单位:mm)

三、主要技术指标

参照有关技术规范,本项目设计采用的主要技术指标见表5-2。

主要技术标准表　　　　　　　　　　　　表5-2

公 路 等 级	二 级 公 路
设计速度(km/h)	60
停车视距(m)	75

续上表

公 路 等 级		二 级 公 路
圆曲线最小半径(m)	一般值(设超高)	200
	极限值(设超高)	135
	不设超高最小半径	1500
最大超高(%)		6
凸形竖曲线最小半径(m)	一般值	2000
	极限值	1400
凹形竖曲线最小半径(m)	一般值	1500
	极限值	1000
竖曲线最小长度(m)		50
最大纵坡(%)		6
最小坡长(m)		150
桥涵设计车辆荷载		公路-I级
桥梁设计洪水频率		大中桥 1/100
路基设计洪水频率		1/50

第二节 创建地形模型

本设计项目所采用的设计基础地形图为常用的 DWG 图形资料,因此通过【按图形过滤器创建地形模型】功能创建 DTM 文件,并导出作为项目设计的基础资料。

一、DWG 图层预处理

由于按图形过滤器创建地形模型需要利用高程点、首曲线和计曲线所在的图层,因此将现有的 DWG 图形资料中高程点、首曲线和计曲线所在图层中会造成干扰的元素移动到其他图层,保证所使用的图层中没有干扰元素。

DWG 图层预处理:

- 打开 PowerCivil,进入打开界面,选择 DWG 文件,点击【打开】;
- 选择 DWG 文件的设计单位为"米",点击【确定】,如图 5-5 所示;

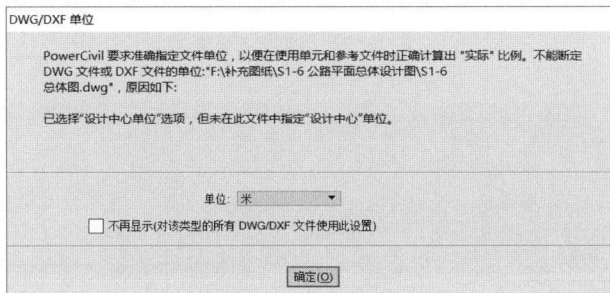

DWG/DXF 单位

PowerCivil 要求准确指定文件单位,以便在使用单元和参考文件时正确计算出 "实际" 比例。不能断定 DWG 文件或 DXF 文件的单位:"F:\补充图纸\S1-6 公路平面总体设计图\S1-6 总体图.dwg*,原因如下:

已选择"设计中心单位"选项,但未在此文件中指定"设计中心"单位。

单位: 米 ▼

☐ 不再显示(对该类型的所有 DWG/DXF 文件使用此设置)

确定(O)

图 5-5 DWG 单位选择界面

- 点击 ⬛▾【层管理器】打开层管理器界面,如图5-6所示;

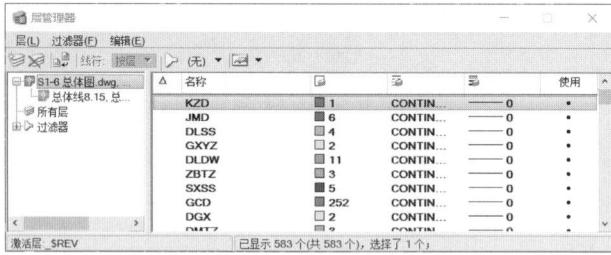

图5-6　层管理器界面

- 点击📄【新建层】,将新建图层命名为"空白层",并右键将其设置激活,如图5-7所示;
- 点击⬛▾【层显示】,在层浏览窗口点击右键,选择【全部关】,如图5-8所示;

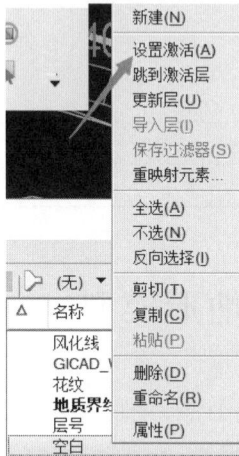

图5-7　图层管理子菜单　　　　图5-8　层显示子菜单

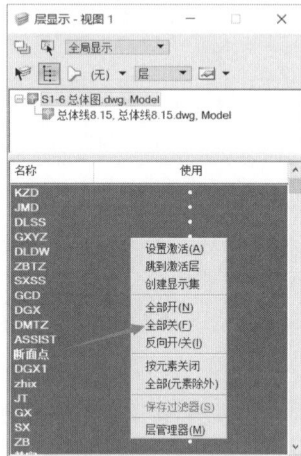

- 逐一打开首曲线、计曲线以及高程点所在图层,通过视图旋转检查是否存在高程异常的元素,如图5-9和图5-10所示;

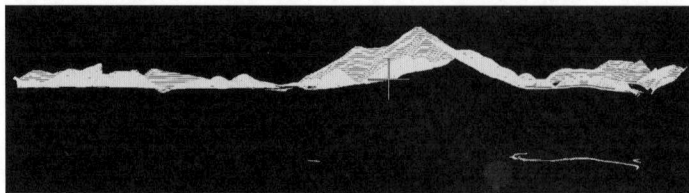

图5-9　首曲线图层高程异常元素

图5-10　高程点图层高程异常元素

● 再次新建图层"高程异常元素",通过设置元素信息中的图层,将这些高程异常的图形元素转移到该图层;

● 高程异常元素全部处理完以后,保存处理完的 DWG 文件,DWG 图层预处理工作完成。

二、按图形过滤器创建地形模型

预处理完 DWG 的相关图层后,就可以利用"按图形过滤器创建地形模型"功能创建项目所在地的地形地模。

按图形过滤器创建地形模型:

● 打开预处理完成的 DWG 文件;

● 点击菜单栏【文件】→【另存为】,打开另存为子界面,将保存类型设置为 MicroStation V8 DGN 文件,设置好储存路径和文件名后,点击【保存】,如图 5-11 所示;

图 5-11　预处理完成的 DWG 文件转存为 DGN 文件

● 保存完成后,标题栏变为"地模.［3D-V8 DGN］";

● 点击任务列表中【土木工具】→【地形模型】→　【按图形过滤器创建地形模型】,如图 5-12 所示;

● 右键点击【过滤器】,选择【创建过滤器】,创建两个新的过滤器,如图 5-13 所示;

图 5-12　"按图形过滤器创建
地形模型"功能位置

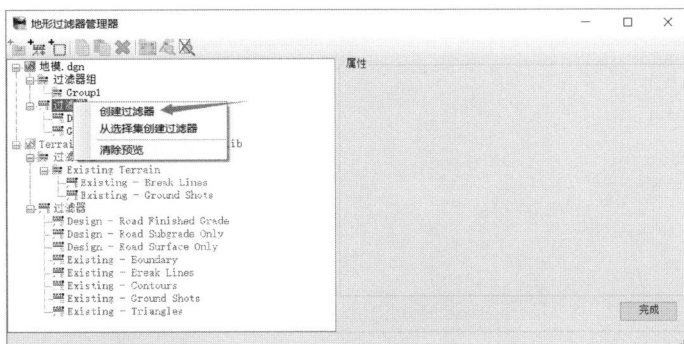

图 5-13　创建过滤器

● 点击新建的过滤器,在属性框中更改名称和特征类型,两个过滤器分别设置为"名称-DGX,特征类型-等高线"和"名称-GCD,特征类型-点",如图 5-14 所示;

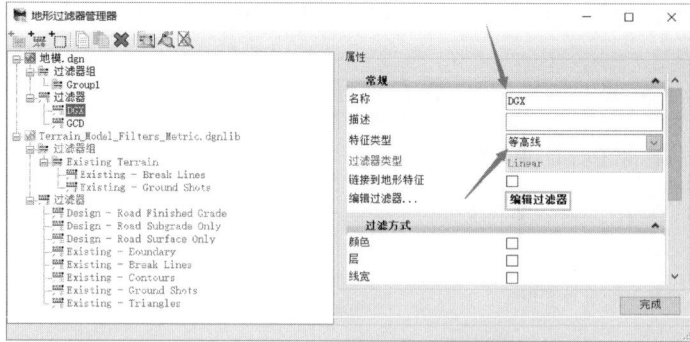

图 5-14 更改过滤器名称和特征类型

• 点击新建的过滤器【GCD】，在属性框中选择【编辑过滤器】，进入编辑过滤器子界面，在子界面中选择【层】，在层浏览框中找到"DGX"和"DGX1"图层，然后点击【添加】，将"DGX"和"DGX1"标记为选定层，点击完成退出编辑过滤器子界面，利用同样方法编辑"GCD"过滤器，将"GCD"图层标记为"GCD"过滤器的选定层，如图 5-15 所示；

图 5-15 编辑"DGX"过滤器

• 右键选择【过滤器组】，选择【创建过滤器组】，在属性框中将名称改为"Group1"，点击【选择过滤器】下拉菜单，勾选中"GCD"和"DGX"过滤器，如图 5-16 所示；

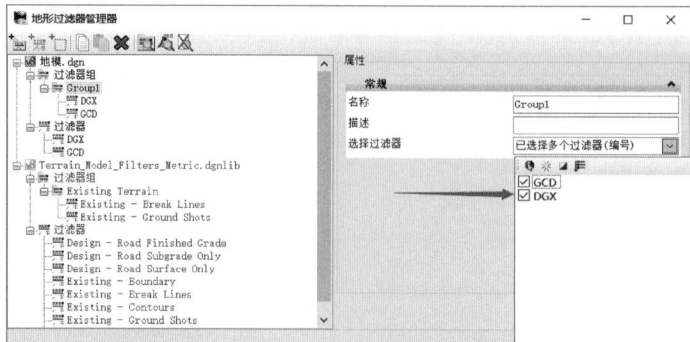

图 5-16 编辑"Group1"过滤器组

• 点击【完成】，进入退出地形过滤器管理器子界面，主界面中弹出按图形过滤器创建地形模型子界面(图 5-17)，图形过滤器组选择"Group1"，边界方法选择"最大三角形长度"，三角

形边最大长度选择默认值100,然后在主界面窗口中,点击左键确认相关提示选项,成功创建地形模型,如图5-18所示;

图5-17 按图形过滤器创建
地形模型子界面

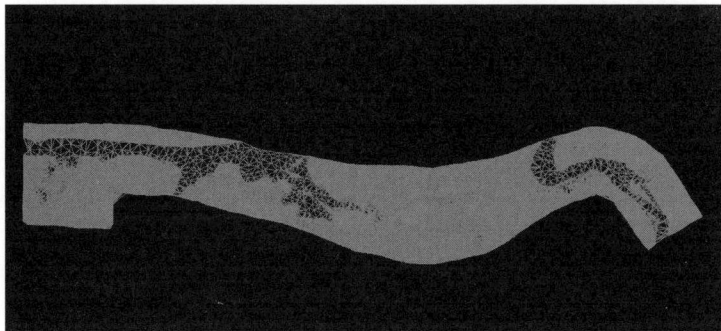

图5-18 按图形过滤器创建出的地形模型

● 点击任务列表中【土木工具】→【地形模型】→【导出到文件】,打开导出到文件子界面,左键点击生成出的地形模型,将导出格式设置为"Inroads DTM(.dtm)",点击左键选中确认相关选项,如图5-19所示,然后会弹出储存界面,设置完成后选择保存,即完成了地形模型的创建。

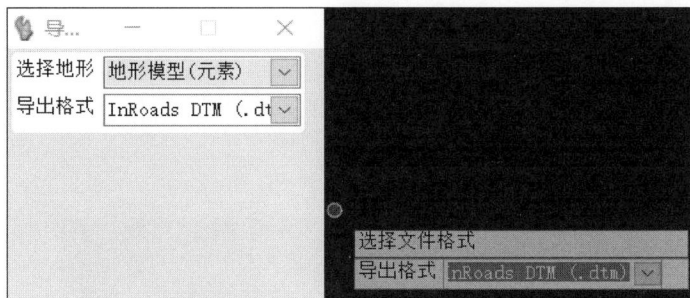

图5-19 "导出到文件"功能位置

第三节 设 计 准 备

完成地形模型即DTM文件的创建后,接下来就要进行设计准备工作,准备工作主要是新建一个项目文件,然后将DWG格式的地形图参考到项目文件中,作为平面设计的依据,将地形模型导入到项目文件中,作为纵断面设计和边坡放置的基础。

一、创建项目文件

在创建地模的过程中,由DWG文件转存为DGN格式的项目文件,不是通过规范的种子文件创建生成的,大量实践发现以DWG文件转存生成的DGN文件为项目文件,在设计中会出现许多难以解决的问题,因此一定要在设计前期按照规范的项目文件创建方式,新建一个项目文件。

创建项目文件：

- 启动 PowerCivil,通过加载界面,进入打开界面；
- 点击 🗋【新建文件】,进入新建项目文件界面；
- 点击 ▭▭▭【浏览】,进入种子文件选择界面；
- 选择对应种子文件,点击打开,进入新建项目文件界面,选择"Seed2D-InRoads-Metric" 2D 公制种子,如图 5-12 所示；
- 在新建文件界面的文件名输入框内,输入新建项目文件名称"项目实例",设置好项目文件储存路径,点击【保存】,进入打开界面,项目文件创建成功。

二、参考地形图

路线平面设计时需要考虑地形地质变化、水文水系分布、地区建筑物等信息,选择合适的走廊带布设路线。因此,在路线平面设计时必须以勘测得到的 DWG 地形图为依据进行设计,但又不能使 DWG 地形图影响到 PowerCivil 的相关功能,考虑采用参考的方式将 DWG 地形图在 PowerCivil 中打开。

- 点击【常用工具】中的 ▤【参考】,打开参考子界面,"参考"功能位置如图 5-20 所示,参考子界面如图 5-21 所示；

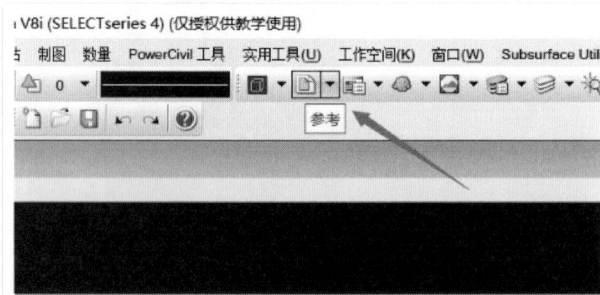

图 5-20　"参考"功能位置

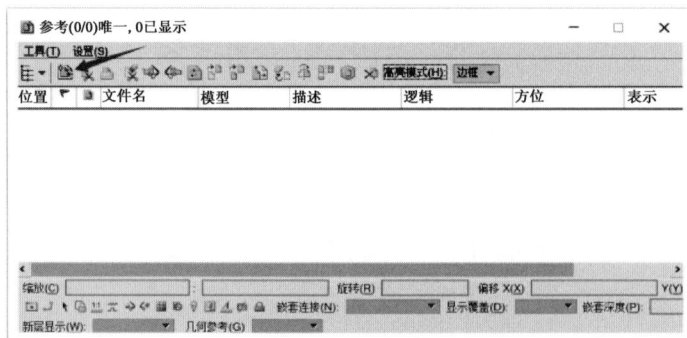

图 5-21　参考子界面

- 点击 ▤【链接】,打开连接参考子界面,如图 5-22 所示；

图 5-22　连接参考子界面

• 选择项目地形图的 DWG 文件,点击【打开】,进入 DWG/DXF 单位设置界面,单位选择为米,点击【确定】,进入参考连接设置界面(图 5-23),设置比例为 1∶1,点击【确定】,地形图参考完成,如图 5-24 所示。

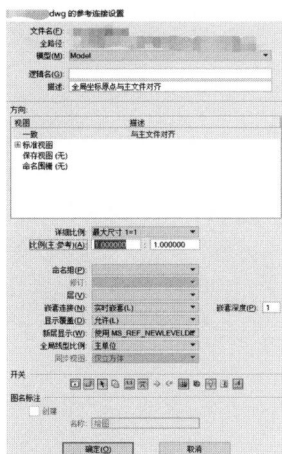

图 5-23　参考连接设置界面

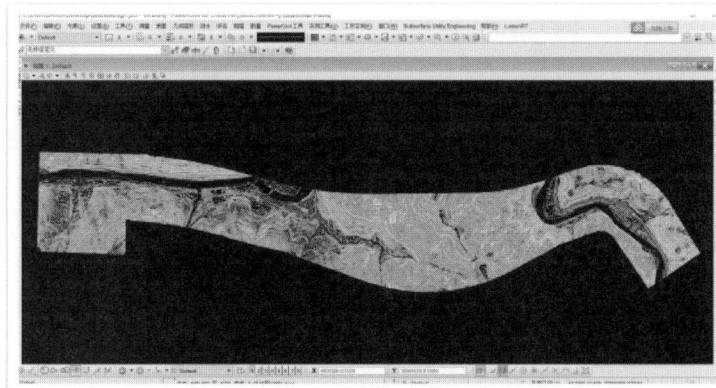

图 5-24　DWG 地形图参考进入项目文件

三、导入地形模型

地形模型文件是 PowerCivil 设计过程中非常重要的基础资料,纵断面设计过程中地面线的剖切和生成走廊带过程中边坡的放置都需要以激活的地模文件为依据开展相关工作。

• 点击【常用工具】中的 【层管理器】,打开管理器界面,点击 【新建层】,将新建图层命名为"地模",并点击右键将其激活;

• 点击任务列表中【土木工具】→【地形模型】→ 【从文件创建】,"从文件创建"功能位置如图 5-25 所示,打开选择要导入的文件界面;

• 在选择要导入的文件界面中选择生成的地形模型 DTM 文件,点击【完成】,如图 5-26 所示;

图 5-25 "从文件创建"功能位置

图 5-26 选择要导入的文件界面

● 在选择要导入的文件界面中选择生成的地形模型 DTM 文件,点击【完成】进入导入地形模型界面,点击【导入】,完成地形模型的导入,如图 5-27 所示;

图 5-27 导入地形模型界面

● 地形模型导入项目文件后,鼠标左键点击地模边界选中地模,将鼠标放置在地模边界上,快捷菜单弹出,点击 【设置为激活地形模型】,地模激活完成,如图 5-28 所示。

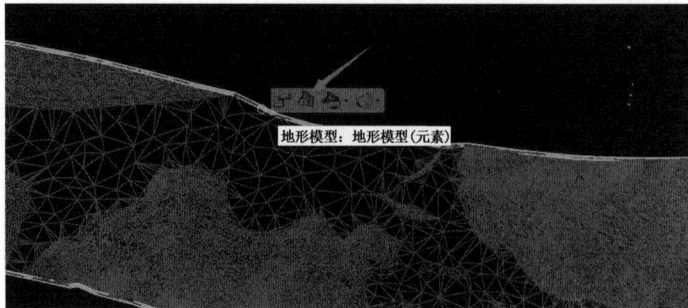

图 5-28 激活地形模型

第四节 路线平面设计

一、路线特征定义

为了提高设计效率和表达效果需要对平面线型的特征定义进行设置,实现桩号、线性参数等信息的实时表达,为参数化设计奠定基础,必要时还需要设计自定义的特征定义,以满足不同设计工作的要求。

本项目中公路平面设计线型的特征定义采用"Geom_Centerline",如图5-29所示。

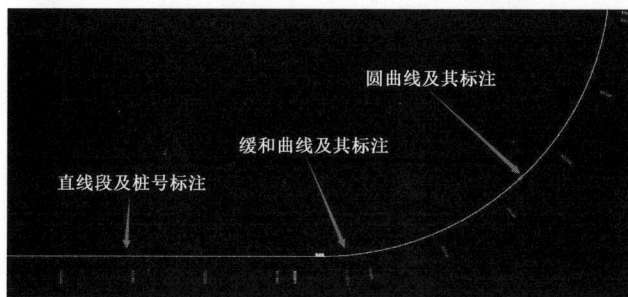

图5-29 "Geom_Centerline"样式示例

"Geom_Centerline"样式应用于本项目无法直观分辨直线段、圆曲线段和缓和曲线。因此,为了更好地查阅设计线的线型组成,需要对"Geom_Centerline"稍作修改,以实现直线、圆曲线以及缓和曲线的清晰表达。

• 调出菜单栏【PowerCivil工具】的子菜单,点击【样式管理器】,"样式管理器"功能位置如图5-30所示,打开样式管理器界面(图5-31);

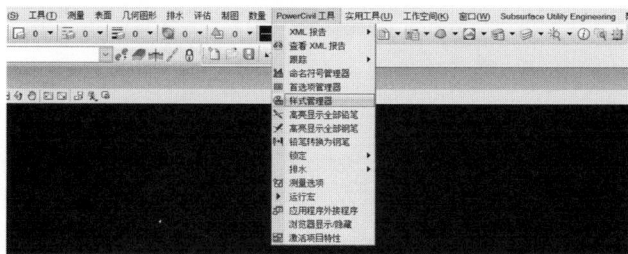

图5-30 "样式管理器"功能位置

• 鼠标放在浏览框中标题区的"名称"上,键盘输入"G"找到"Geom_Centerline"文件,点击【编辑…】,打开编辑样式界面(图5-32);

• 在编辑样式界面中,依次打开【编辑样式】→【几何特征】→【直线】→【符号】,点击新建,打开新建命令符号界面(图5-33);

• 在新建命令符号界面中修改命名符号的名称为"Lines",然后双击符号框的"缺省线"打开线符号界面,将图层改为"Geom_Centerline"层,颜色改为"3"红色,权重改为"5",点击【确定】,在新建命令符号界面中点击【应用】,直线段颜色、线宽修改完成;

187

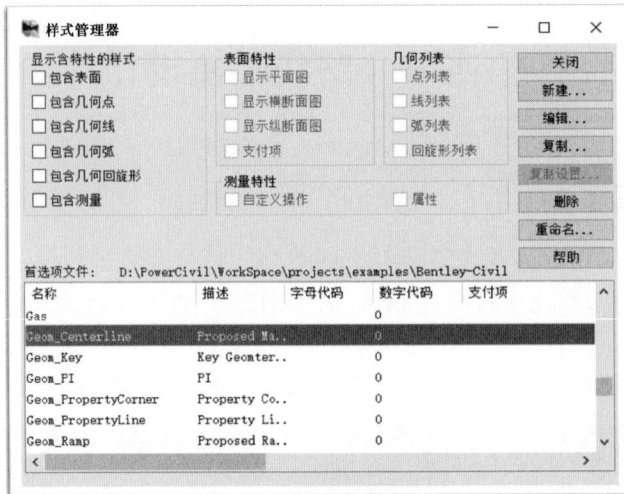

图5-31　样式管理器界面

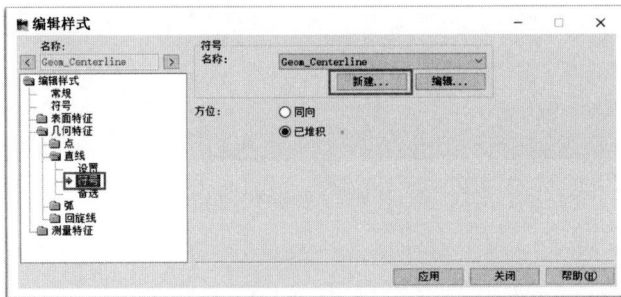

图5-32　编辑样式界面

图5-33　新建命令符号界面

● 使用同样方法在【弧】→【符号】和【回旋线】→【符号】中修改圆曲线和缓和曲线的颜色、线宽,修改内容见表5-3;

新建命名符号设置内容

表5-3

对　象	命名符号名称	线符号图层	颜　色	权　重
直线	Lines	Geom_Centerline	"3"	5
圆曲线	Arcs	Geom_Centerline	"7"	5
缓和曲线	Spirals	Geom_Centerline	"5"	5

● 修改完成后,在编辑样式界面中点击应用,"Geom_Centerline"样式修改完成,如图5-34所示。

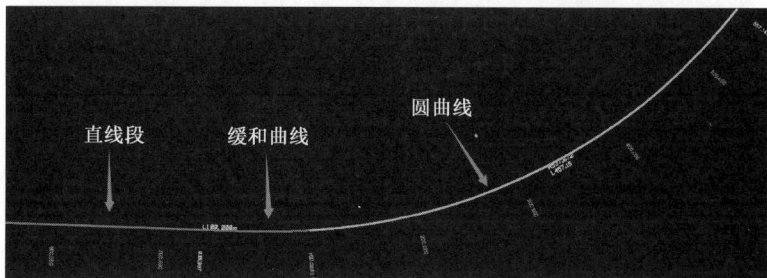

图 5-34 "Geom_Centerline"修改后样式示例

二、创建路线

根据项目要求公路在起点处与在建公路顺接,在终点处与原公路顺接,其间设交叉口一处与村镇道路连接,设隧道一处穿越山体,设大桥一座跨越河流,因此可确定起点位置,终点位置基本确定在大桥后段落,具体位置要根据设计方案确定,具体路线设计思路在此不加以详述。

本项目中采用交点法和积木法两种方法进行设计,以交点法进行主线设计(图5-35),以积木法进行交叉口设计,具体设计过程以及参照规范在此不加以详述,下面根据最终的设计成果简单讲述操作方法。

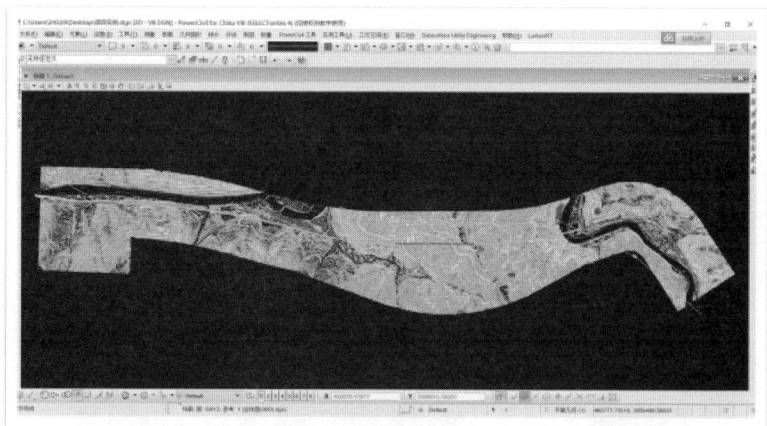

图 5-35 以交点法创建的路线方案

设计准备:
● 激活地形模型;
● 预设两个窗口以实时观察地面线,如图5-36所示,具体操作见前面章节;
● 点击左下角的▨【切换 Civil AccuDraw】,打开精确绘图坐标系。

1. 以交点法进行主线设计

由于主线设计范围较大且注重总体走向,因此采用交点法进行设计较为适宜,其设计思路与纬地等传统道路设计软件相似,首先根据隧道、桥梁的位置以及相关控制点进行总体布线,随后通过不断地调整,直至最终确定道路主线。

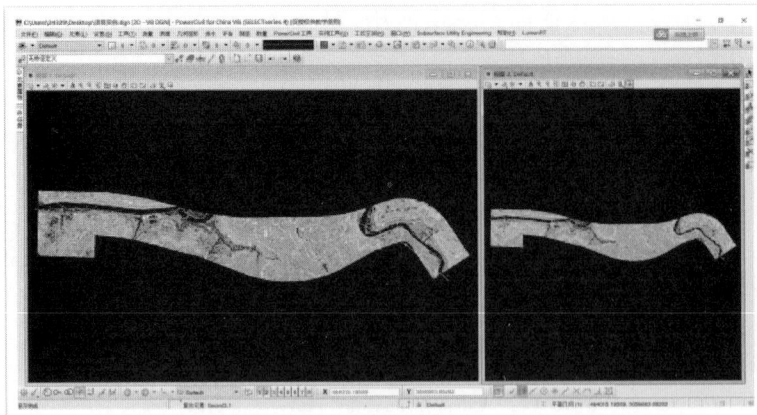

图 5-36 预设两个窗口及"切换 Civil AccuDraw"位置

主线设计成果各交点元素信息见表 5-4(注意:如果是根据纬地设计结果进行翻模,其坐标 X 与 Y 刚好相反)。

主线交点元素信息表   表 5-4

交点	坐标 X	坐标 Y	桩号	半径 (m)	后缓和曲线长度 (m)	前缓和曲线长度 (m)
BP	460920.9744	3056403.586	K0 + 000	—	—	—
JD1	461707.6461	3056393.430	K0 + 786.737	4000	—	—
JD2	462494.8065	3056166.484	K1 + 599.513	2000	—	—
JD3	463552.774	3056164.269	K2 + 653.85	2100	—	—
JD4	464257.3474	3056384.387	K3 + 387	295	70	70
EP	464477.1522	3056055.393	K3 + 719.227	—	—	—

以交点法进行主线设计:

• 点击任务列表中【土木工具】→【平面几何】→【交点法创建路线】,打开交点法创建路线对话窗口,如图 5-37 所示;

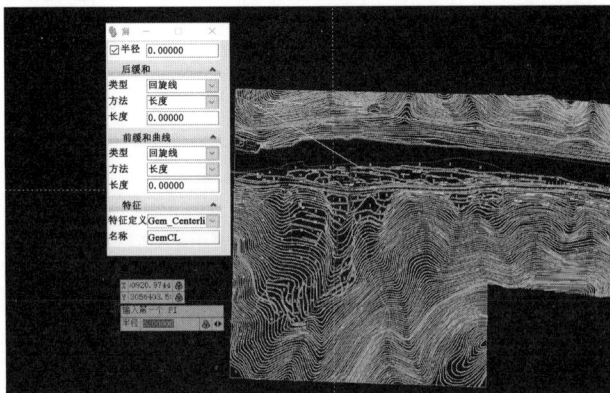

图 5-37 交点法创建路线对话框以及精确绘图坐标输入框

● 在交点法创建路线对话框中,将半径设为0、前后缓和曲线半径设置为0,特征定义设置为"Geom_Centerline";

● 对话框相关信息设置完成后,将鼠标放置在窗口内,按【Tab】键切换到 X 坐标输入栏,输入 BP 点 X 坐标"460920.9744",输入完成按回车键锁定,继续切换将 Y 坐标设置为"3056403.586",按回车锁定;

● 坐标设置完成后,确认快捷窗口的元素信息后点击左键完成起点输入;

● 接下来依次完成各交点的信息输入,需要注意的是在输入某一交点的元素信息时(元素信息包括半径和缓和曲线长度),输入的不是本交点的元素信息,而是上一个交点的元素信息,例如输入 JD1 时半径应输入 0 而非 4000;

● 输入完成最后一个 BP 点后,点击右键结束交点法创建路线;

● 点击任务列表中【土木工具】→【纵断面几何】→囲【打开纵断面模型】,然后点击路线,将鼠标放在窗口2,点击左键打开纵断面模型,即可实时观察地面线,如图5-38所示;

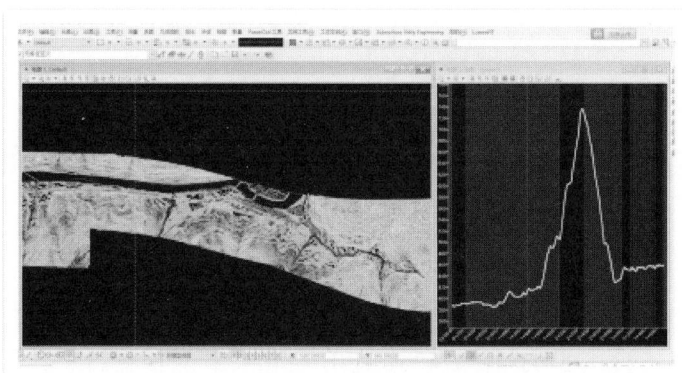

图 5-38　实时观察路线剖切生成的地面线

● 路线初步设计完成后,应根据地面线的情况对路线进行修改优化,此部分工作已完成,在此不详述。

2. 以积木法进行交叉路线设计

由于交叉口设计范围较小,需注重细节设计,因此采用积木法进行设计较为适宜,其设计方法非常灵活,对于细节设计十分有利。

交叉路线设计成果各交点元素信息见表5-5。

交叉路线元素信息表　　　　　　　　　　　　　　　　表5-5

元素	起 点 坐 标		终 点 坐 标		缓和曲线长度 (m)	半径 (m)
	X	Y	X	Y		
(起点)直线	461926.302	3056358.231	461768.604	3056380.478	—	—
缓和曲线 + 圆曲线	461768.604	3056380.478	461739.130	3056358.873	20	15
缓和曲线 + 直线(终点)	461739.130	3056358.873	461738.890	3056355.434	—	—

以积木法进行交叉口设计：

● 点击任务列表中【土木工具】→【平面几何】→／【直线】，结合精确绘图功能，绘制起点处直线段；

● 左键长按任务列表中【土木工具】→【平面几何】→ ⌒【简单圆弧切线延长】，调出菜单列表，拖动鼠标选中【圆 + 缓和曲线延长】（图 5-39、图 5-40），放开左键，打开对话框，设置半径为 15 并回车锁定，缓和曲线类型为回旋线，方法为长度，长度为 20，结合精确绘图功能，绘制缓和曲线 + 圆曲线；

图 5-39　圆 + 缓和曲线
延长功能位置

图 5-40　圆 + 缓和曲线
延长对话框

● 左键长按任务列表中【土木工具】→【平面几何】→ ✓【切线延长】，调出菜单列表，拖动鼠标选中【回旋线延长】（图 5-41、图 5-42），放开左键，打开对话框，设置缓和曲线类型为回旋线，方法为长度，长度为 20，结合精确绘图功能，绘制缓和曲线 + 直线；

图 5-41　圆 + 缓和曲线
延长功能位置

图 5-42　圆 + 缓和曲线
延长对话框

● 路线初步设计完成后，应根据地面线的情况对路线进行修改优化，此部分设计工作已完成，在此不详述；

● 三段元素绘制完成后点击【平面几何】→ ↲【积木法则创建路线】，按路线方向依次连接各元素，成为一个路线整体，设计成果如图 5-43 所示。

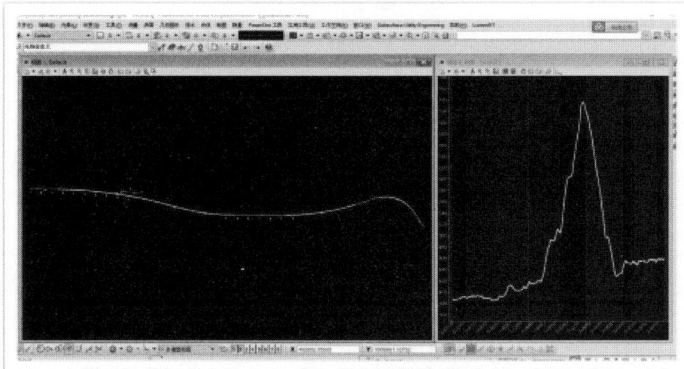

图 5-43 路线平面设计成果

第五节 路线纵断面设计

一、主线纵断面设计

道路主线的纵断面设计采用按竖交点创建纵断面的方法进行纵断面拉坡设计。纵断面竖曲线线型设计除了考虑坡率、坡长等基本要素的规范限制进行设计外,还需要考虑平纵线型的组合是否合理,其设计同样是一个反复修正优化的过程,对于设计思路及过程在此不详述,下面以最终设计成果讲解相关操作。

纵断面设计之前需要查看其在设计文件中的设置,确定竖曲线参数格式是采用 R 值还是 K 值,具体方法如下。

- 点击菜单栏中的【设置】→【设计文件】,打开设计文件设置界面,如图 5-44 所示;

图 5-44 设计文件设置界面

- 在【Civil 格式化】列表最下面一项中可以找竖曲线参数格式,将其设置为 R 值,保存即可。

主线纵断面竖曲线设计成果各交点元素信息见表 5-6。

主线纵断面元素信息表 表 5-6

交点	桩号	高程	竖曲线半径(m)		纵坡(%)	
			凹曲线	凹曲线	前坡	后坡
0	K0 + 000	387.390	—	—	—	1.17
1	K0 + 780	396.516	—	9000	−1.17	2.9
2	K1 + 010	403.186	—	12000	−2.9	4
3	K1 + 420	419.586	9000	—	−4	2.5
4	K2 + 815	454.461	11000	—	−2.5	−0.3
5	K3 + 250	453.156	—	15000	0.3	0.9
6	K3 + 719.227	457.379			−0.9	—

按竖交点创建主线纵断面：

● 打开前面工作中创建的纵断面模型视图窗口；

● 点击任务列表中【土木工具】→【纵面几何】→◣【按竖交点创建纵断面】,打开按竖交点创建纵断面对话框,设置竖曲线参数为 0 并回车锁定,竖曲线类型选抛物线,名称设置为"VC1"；

● 鼠标放到窗口中,在精确绘图快捷栏中,输入桩号为"0 +000",Z 值为"387.390"并按回车锁定,坐标设置完成后,确认快捷窗口的元素信息后点击左键完成起点输入,如图 5-45 所示；

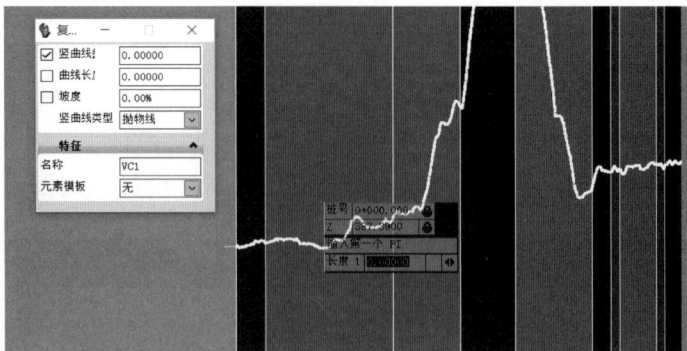

图 5-45 按竖交点法创建纵断面对话框以及精确绘图坐标输入框

● 接下来按照表 5-6 依次完成各交点的信息输入,与平面设计相同,需要注意的是在输入某一交点的元素信息时,输入的不是本交点的元素信息,而是上一个交点的元素信息,例如输入交点 1 时半径应输入 0 而非 9000；

● 输入完成最后一个竖交点后,点击右键结束交点法创建路线,设计成果如图 5-46 所示；

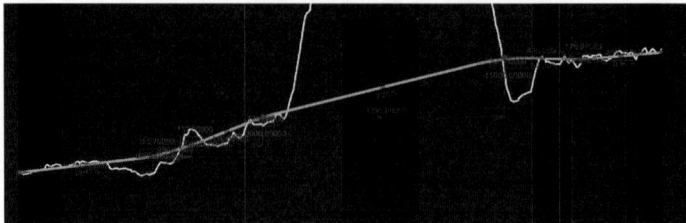

图 5-46 主线纵断面设计成果

● 纵断面竖曲线创建完成后,应反复检查不断修改,最终确定纵断面方案；

● 纵断面方案确定后,左键点击选中竖曲线,将鼠标放在竖曲线上,快捷窗口弹出,点击◪【设置为激活纵断面】(或在【纵面设计】中找到相同命令),主线纵断面设计完成。

二、交叉路线纵断面设计

交叉路线纵断面的设计需要根据主线纵断面的设计结果进行确定。本项目设计的交叉路线在设计终点处与道路硬路肩外边缘相接,由于道路主线存在路拱横坡,因此需要根据相接处主线设计高程确定交叉路线设计终点的高程,才能进一步进行交叉路线纵断面的设计。

在 PowerCivil 中可以通过路线偏移、纵坡投影等方式确定设计中需要确定的交叉路线设计终点的高程。根据主线的横断面设计可知,行车道 + 硬路肩宽为 5.25m(3.75m + 1.50m),其路拱坡度为 2% ,道路外侧土路肩宽 0.75m,坡度为 3% ,因此可以将主线设计线偏移 5.25m 绘制硬路肩外边缘线的平面线,按照 2% 的横坡绘制硬路肩外边缘线的纵断面,然后利用纵断面投影的功能将主线硬路肩外边缘线的高程投影到交叉路线的设计终点处。

1.平面交叉点投影至交叉路线纵断面

• 左键长按任务列表中【土木工具】→【平面几何】→┷【整路段等距偏移】,调出菜单列表,拖动鼠标选中【局部路段等距偏移】(图 5-47),放开左键,打开对话框,设置偏移值为"−5.25",左键选中主线,点击左键选择起终点,完成偏移,主线硬路肩外边缘线绘制完成,如图5-48所示;

图 5-47 局部路段等距偏移对话框

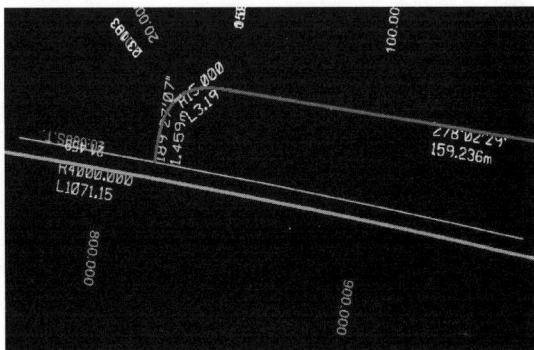

图 5-48 主线局部路段等距偏移

• 点击任务列表中【土木工具】→【纵面几何】→◢◣【基于参照纵坡按固定坡率绘制纵断面】,打开对话框,如图 5-49 所示设置坡度为 2% 并回车锁定(图 5-50),左键选中偏移出来的主线硬路肩外边缘线,选中后右键重置,完成选择,然后根据提示,左键选中主线,示坡线出现,确认提示信息,左键点击完成纵断面绘制;

图 5-49 基于参照纵坡按固定坡率
绘制纵断面对话框

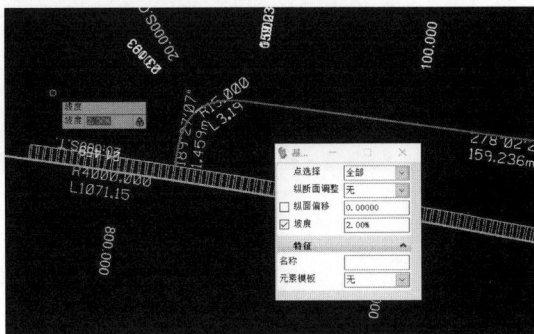

图 5-50 基于参照纵坡按固定坡率绘制纵断面

- 利用⊞【打开纵断面模型】功能,设置窗口2为交叉路线视图;
- 点击任务列表中【土木工具】→【纵面几何】→⌂【平面交叉点投影至其他剖面】,左键先点击交叉线再点击主线硬路肩外边缘线,然后右键重置完成投影,纵断面视图中出现一点,如图5-51所示即交叉路线纵断面竖曲线对应终点。

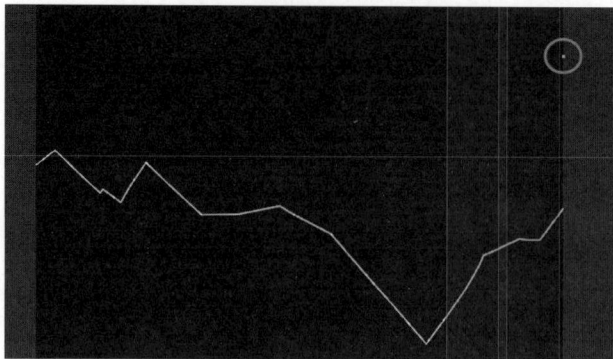

图5-51　交叉路线纵断面竖曲线对应终点

2. 交叉路线纵断面设计

交叉路线纵断面竖曲线绘制方法与主线相同不再赘述,唯一区别在于竖曲线终点(即投影点)已知,交叉路线纵断面竖曲线设计成果各交点元素信息见表5-7,设计成果如图5-52所示。

主线纵断面元素信息表　　　　　　　　　　　　　　　　表5-7

交点	桩号	高程	竖曲线半径(m)		纵坡(%)	
			凸曲线	凹曲线	前坡	后坡
0	K0 + 000	393.626	—	—	—	1.3
1	K0 + 123.138	395.227	—	2500	− 1.3	3
2	K0 + 203.888	397.852	—	—	− 3	—

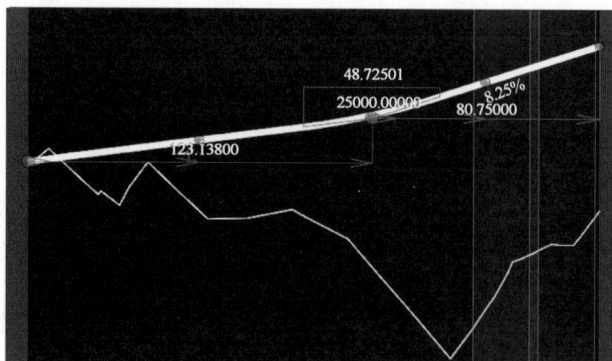

图5-52　交叉路线纵断面设计成果

第六节　创建横断面模板

本项目道路横断面模板的设计内容除了路基路面设计,还包含支挡构造物、排水沟、护栏等设计内容,横断面模板的设计充分体现了BIM设计的相关特点,其中包含了大量的设计信息。本设计项目中需要绘制的横断面模板及相关设计信息较多,下面以填方道路横断面模板的创建为例讲解相关操作。

横断面模板设计的主要工作内容有:横断面模板几何设计;横断面模板点约束设计;横断面模板参数标签设计;横断面模板材料设计。

新建一个横断面模板:

点击任务列表中【土木工具】→【廊道模型】→ 🏔【创建横断面模板】,打开创建横断面模板界面(图 5-53),创建一个新的模板。

图 5-53 创建横断面模板界面

一、路基路面设计

主线填方道路路基路面的相关设计在此不详述,具体设计成果见表 5-8 和表 5-9。

路基结构相关参数 表 5-8

公路等级		二级公路
车道数		两车道
路基标准宽度(m)		12.00
宽度组成	行车道宽度(m)	2×3.50
	硬路肩宽度(m)	2×1.75
	土路肩宽度(m)	2×0.75
横坡组成	行车道及硬路肩横坡(%)	2
	土路肩横坡(%)	3
填方边坡坡度		1:1.5

路面结构厚度及材料相关参数 表 5-9

层 位	结 构 名 称	厚度(cm)
面层	中粒式沥青混凝土(AC - 13C)	4
	粗粒式沥青混凝土(AC - 20C)	6
基层	水泥稳定碎石基层	20
底基层	水泥稳定碎石底基层	20

设计开始之前点击窗口左下角的动态设置开关🔲,打开动态设置功能,如图 5-54 和图 5-55 所示。

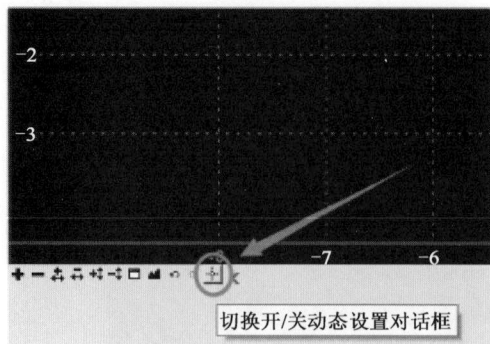

图 5-54 动态设置开关

图 5-55 动态设置对话框

在设计横断面模板之前应按照各部分的特点选择相应的组件创建模板。对于路面面层、土路肩以及排水沟等几何尺寸都是确定的部分,地形变化不会导致其尺寸变化,因此路面面层模板应采用"约束点"或者"非约束点",初学者建议选择"非约束点"创建,随后添加约束条件。对于边坡这类几何尺寸根据地形变化的部分,应选择"末端条件"创建。

路基路面横断面模板设计的主要工作内容如下。

1.横断面模板几何设计

利用非约束组件绘制路面面层和土路肩模板

• 右键点击窗口,选择【添加新组件】→【非约束】,如图 5-56 所示;

• 在动态设置对话框中输入 X、Y 坐标为"0,0",按回车键确定第一点位置,如图 5-57 所示;

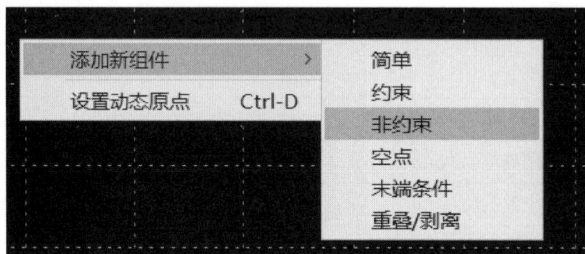

图 5-56 通过非约束创建组件

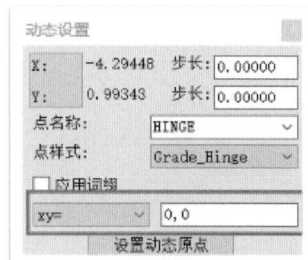

图 5-57 通过 XY 坐标输入点位置

• 按照相同方法通过输入非约束点位置,绘制组件,组件各点输入完之后,右键选择【完成】,完成组件绘制,各组件非约束点坐标见表 5-10(也可以不精确输入各点,先大致绘制出形状,在选择约束关系时通过约束关系调整各点位置),路面结构层各组件绘制结果见图 5-58。

路面结构层各组件坐标及输入顺序 表 5-10

组件	点顺序	X、Y 坐标	点顺序	X、Y 坐标	点顺序	X、Y 坐标
上面层	1	(0,0)	2	(5.25, -0.105)	3	(5.25, -0.145)
	4	(0, -0.04)	5	(-5.25, -0.145)	6	(-5.25, -0.105)

组件	点顺序	X、Y坐标	点顺序	X、Y坐标	点顺序	X、Y坐标
下面层	1	$(0，-0.04)$	2	$(5.25，-0.145)$	3	$(5.25，-0.205)$
	4	$(0，-0.1)$	5	$(-5.25，-0.205)$	6	$(-5.25，-0.145)$
基层	1	$(0，-0.1)$	2	$(5.25，-0.205)$	3	$(5.25，-0.405)$
	4	$(0，-0.3)$	5	$(-5.25，-0.405)$	6	$(-5.25，-0.205)$
底基层	1	$(0，-0.3)$	2	$(5.25，-0.405)$	3	$(5.25，-0.605)$
	4	$(0，-0.5)$	5	$(-5.25，-0.605)$	6	$(-5.25，-0.405)$
左侧土路肩			1	$(5.25，-0.105)$	2	$(6.0，-0.1275)$
右侧土路肩			1	$(-5.25，-0.105)$	2	$(-6.0，-0.1275)$

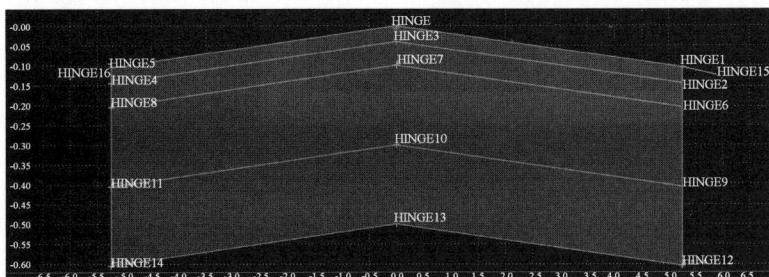

图5-58 路面结构层各组件绘制结果

[提示]

创建土路肩此类对称设置的组件时,点击右键打开【镜像】功能,两侧同时绘制。

利用末端条件组件绘制道路填方边坡模板

• 右键点击窗口,选择【添加新组件】→【末端条件】;

• 右键打开【镜像】功能;

• 左键点击左侧土路肩外边缘,确定第一点(道路边坡起点)的位置;

• 接着利用动态设置,勾选末端条件为无限,在VS坐标模式下输入坐标"-8,-0.6667"(纵向坐标-8m,坡度为1:1.5,超过8m以后会继续放坡),利用"末端条件"组件创建道路边坡如图5-59所示。

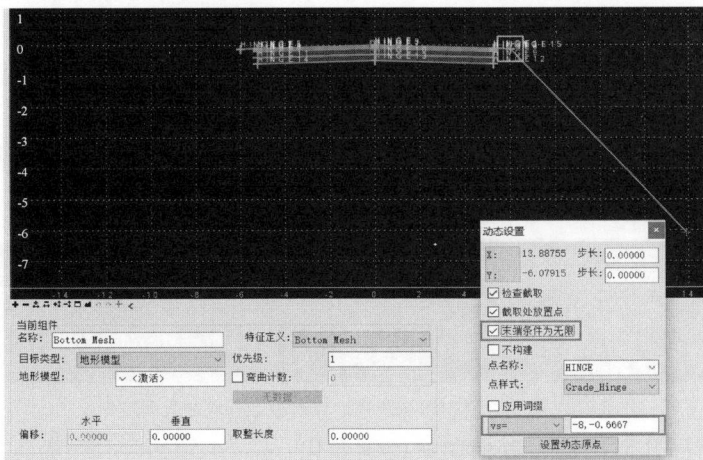

图5-59 利用"末端条件"组件创建道路边坡

2. 横断面模板点约束及参数标签设计

道路横断面模板约束后应满足:①道路边坡能够根据地面线按照固定坡率进行放坡;②路基宽度可参数化变化;③道路横断面几何结构可以横向按比例变化;④所有组件构造点能够随道路中心线构造点移动。

下面以面层结构组件各点约束关系设置为例讲述具体操作:

实现道路边坡能够根据地面线按照固定坡率进行放坡

由于边坡是通过"末端条件"组件创建的,坡脚线构造点已经自动与坡顶线构造点设置了约束关系,并且放置时是通过 VS 坐标确定的坡脚线构造点,其约束关系已经设置为坡率1:1.5,因此已经实现了道路边坡能够根据地面线按照固定坡率进行放坡。

如果放置时没有通过 VS 坐标精确放置,可以双击左键编辑点特性,将土路肩内边缘线构造点设为父约束,设置坡度和垂直偏差值。

实现路基宽度可参数化变化

- 左键双击右侧土路肩内边缘线构造点"HINGE1",打开点特征编辑界面(图 5-60);

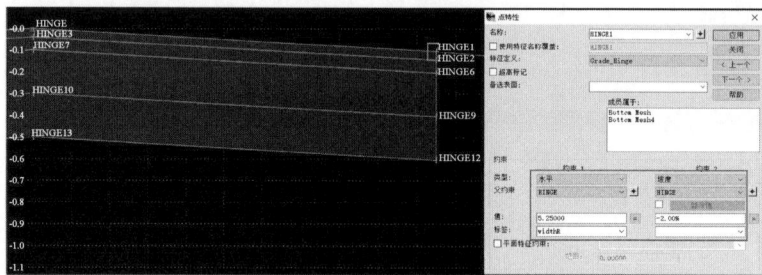

图 5-60　点特征编辑界面

- 设置约束 1 的类型为"水平",父约束点为道路中心线构造点"HINGE",值为"5.25000",标签名为"widthR"(widthR 即为右侧土路肩内边缘线到道路中心线距离的参数,初始值设置为 5.25m),设置约束 2 的类型为"坡度",父约束点为道路中心线构造点"HINGE",值为"−2.00%",最后点击【应用】完成约束设置;

- 通过同样方法打开右侧土路肩外边缘线构造点"HINGE15"的点特征编辑界面,设置约束 1 的类型为"水平",父约束点为"HINGE1",值为"0.75000",设置约束 2 的类型为"坡度",父约束点为"HINGE1",值为"−3.00%",最后点击【应用】完成约束设置;

- 以上设置完成后可以右键点击点"HINGE1",选择【测试点控制】→【测试点平面控制】,对平面点约束效果进行测试;

- 最后用同样方法设置左侧土路肩内边缘线构造点和左侧土路肩外边缘线构造点的约束关系(图 5-61),并且设置左侧土路肩内边缘线到道路中心线距离的参数为 widthL。

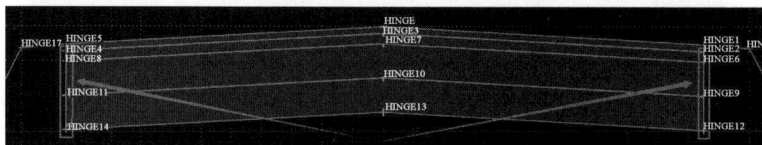

图 5-61　除土路肩内边缘线构造点模板最外侧的其余构造点

实现道路横断面几何结构可以横向按比例变化

要实现道路横断面几何结构可以横向按比例变化,只需要将模板最外侧的其他构造点,分别对应左、右侧的土路肩内边缘线构造点建立约束关系,以土路肩内边缘线构造点为父约束,设置各点与父约束点的坐标差为固定值,就能达到最外侧其他构造点随土路肩内边缘线构造点变化而变化的效果。

具体操作为:右键点击其他构造点选择【添加约束】→【添加完全约束】,点击对应侧的土路肩内边缘线构造点,弹出添加完全约束对话框(图5-62),点击【确定】完成约束设置,即可实现道路横断面几何结构可以横向按比例变化。可通过测试土路肩内边缘线构造点的平面控制检查约束效果。

实现所有组件构造点能够随道路中心线构造点移动

由于约束关系能够逐级传递,简单地说就是一个点的父约束,依旧对该点有约束效应。在本案例中,由于土路肩内边缘线构造点的父约束为道路设计中心点"HINGE",而土路肩外边缘线构造点和模板最外侧其他构造点的父约束点为土路肩内边缘线构造点,因此目前设置了约束关系的点都可随隧道道路中心线构造点移动。要实现所有组件构造点能够随道路中心线构造点移动,只需要把"HINGE"作为父约束,利用"添加完全约束"功能对剩余点(图5-63)设置约束关系即可。

图5-62 添加完全约束对话框

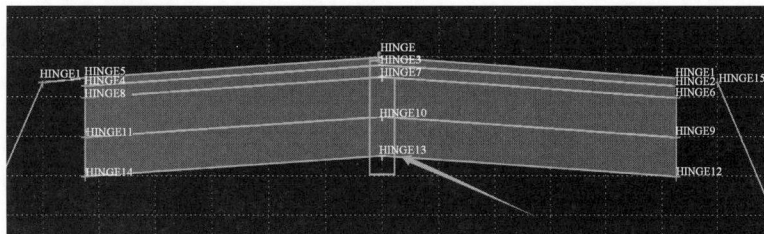

图5-63 剩余未设置约束的构造点

3. 横断面模板材料设计

以设置上面层材料为例讲解相关操作,具体操作如下:

* 右键点击上面层组件,选择【组件编辑】打开组件编辑对话框;
* 设置特征定义为对应材料"Road_Pave_Asphalt",点击【应用】完成材料设置。

其余组件按照同样方式设置特征定义,路面各层材料见表5-9,设计完成后路基路面横断面模板如图5-64所示。

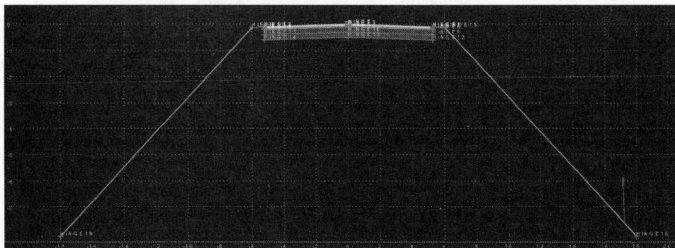

图5-64 路基路面横断面模板

二、排水沟设计

排水沟横断面的设计方法与路面结构层设计方法相同,都是采用约束或非约束组件创建。具体操作不再赘述。需要说明的是其约束效果,应是排水沟组件位置随边坡坡脚位置变化,因此在约束关系设置时可以将排水沟组件的所有构造点的父约束设置为边坡坡脚线构造点,测试如图 5-65 所示。

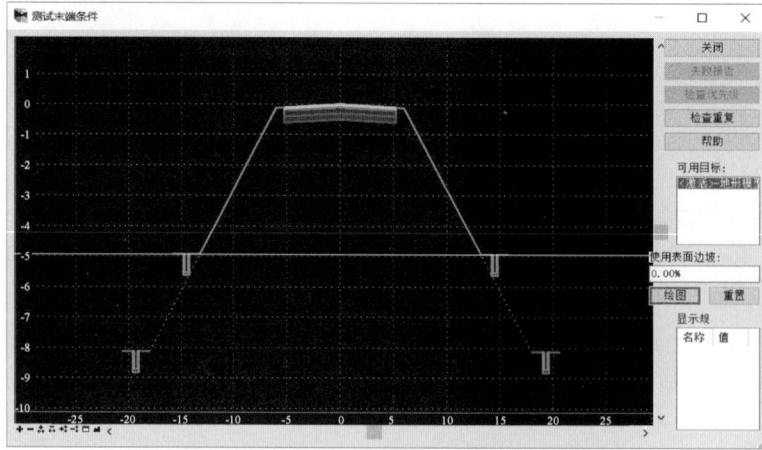

图 5-65   排水沟组件设置完成后末端条件测试

第七节   创建走廊带

创建走廊带一般主要利用"创建走廊带"功能将横断面模板以道路设计线为路径扫描创建实体走廊带,但是对于交叉口这类局部不规则道路需要采用"放置土木单元"的方法创建道路交叉口或其他局部不规则道路。下面以两处局部路段走廊带的创建为例,简述两种创建道路的方法。

一、根据横断面模板创建主线走廊带

根据横断面模板创建走廊带时需要根据不同路段的横断面结构创建相应的横断面模板,之前已经以填方路段横断面模板的创建为例简述了横断面模板的创建方法,本项目的横断面模板的类型有 9 种,分别应用在 24 个区段中,见表 5-11。

主线道路各段横断面模板   表 5-11

序号	桩号范围	模板名称	备注
1	K0 + 000 ~ K0 + 170	左填右挖路基横断面	宽度渐变段
2	K0 + 170 ~ K0 + 290	左侧重力式挡墙右侧挖方路基横断面	左侧重力式挡土墙
3	K0 + 290 ~ K0 + 550	左侧填右右侧路堑墙路基横断面	
4	K0 + 550 ~ K0 + 750	左侧加筋土挡墙右侧填方路基横断面	左侧加筋土挡墙
5	K0 + 750 ~ K0 + 813	填方路基横断面	
6	K0 + 813 ~ K0 + 826	左侧无边坡右侧填方横断面模板	左侧与交叉路相接
……	……	……	……
23	K3 + 498 ~ K3 + 685	左侧挖方右侧填方横断面模板	
24	K3 + 685 ~ K3 + 719. 227	左侧挖方右侧重力式挡土墙	宽度渐变段

在创建走廊带之前需要做以下准备工作,激活路线纵断面设计线、激活项目的地形模型、将所有横断面模板整合到同一个模板库中。

下面将以创建 K0 + 750 ~ K0 + 813 填方路段为例,简述根据横断面模板创建走廊带的具体操作方法。

- 点击任务列表中【土木工具】→【廊道模型】→【创建廊道】,然后左键选中主线,右键重置跳过激活纵断面,完成走廊带名称设置,设计阶段设置为"2-Design",最后点击左键打开根据横断面模板创建走廊带对话框(图5-66);

- 设置起点为"0 + 750.000",终点为"0 + 813.000",模板选择前面创建的填方道路横断面模板;

- 点击左键确认各项信息后完成走廊带创建;

- 窗口内长按【右键】选择【View Control】→【View 2D/3D】,打开3D模板视图,查看走廊带模型,如图5-67所示。

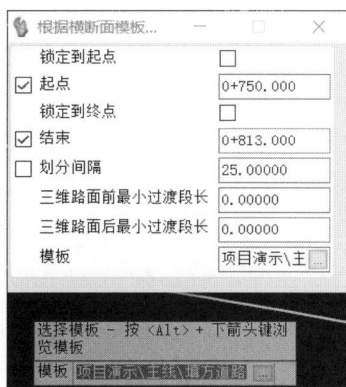

图 5-66 根据横断面模板创建走廊带对话框

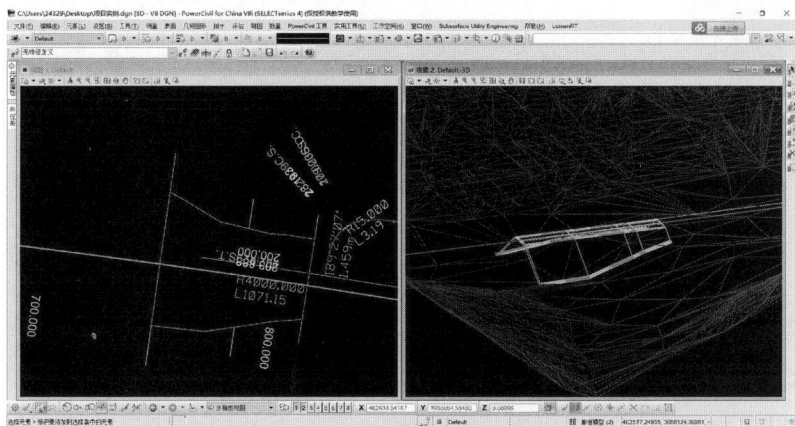

图 5-67 K0 + 750 ~ K0 + 813 填方路段走廊带创建成功演示

二、设置土木单元创建交叉口

设置土木单元创建交叉口的方法一般有两种:一种是采用"放置土木单元"功能,根据系统自带的土木单元或预设的土木单元创建交叉口,此类方法适用于常见的交叉口类型,操作方法比较简单在此不详述;另一种方法类似于前面章节讲述的"创建土木单元",采用"面模板"和"线模板"功能创建交叉口,适用于各类局部不规则道路。

"面模板"和"线模板"功能创建交叉口主要工作包括:①绘制交叉口轮廓线;②根据轮廓线创建地形模型;③利用"面模板"功能创建交叉口路面模型;④利用"线模板"功能创建边坡及排水沟。

1.绘制交叉口轮廓线

- 利用【土木工具】→【平面几何】中的【局部路段等距偏移】功能,将交叉路线两侧各偏移 3m;

- 利用【土木工具】→【平面几何】中的【插入简单切向圆弧】功能,在交叉路线偏移出来的局部路线与主线偏移出来的路线间插入简单圆弧;

● 利用【土木工具】→【平面几何】中的 ✐【直线】功能,用直线连接交叉口两侧轮廓线完成交叉口轮廓线平面线绘制;

● 利用【土木工具】→【纵断面几何】中的 ⌐【基于参照纵坡按固定坡度绘制纵断面】,按照2.00%的坡度设置轮廓线直线段的纵断面;

● 利用【土木工具】→【纵断面几何】中的 ⌐【插入过渡纵断面】,按照曲线起终点处直线的高程线性绘制纵断面,完成交叉口轮廓线的绘制,如图5-68所示。

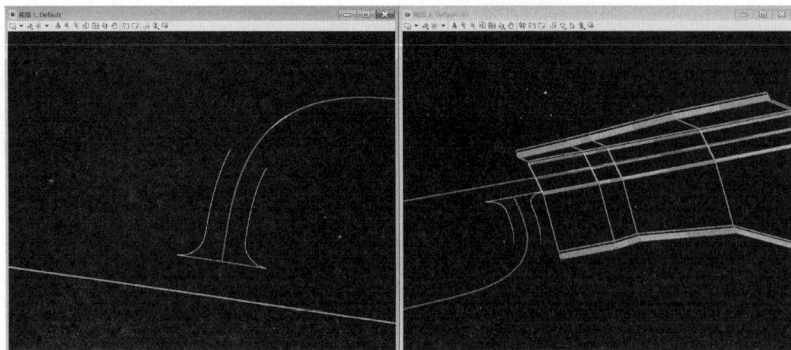

图5-68 交叉口轮廓线

2. 根据轮廓线创建地形模型

● 通过 ⌐【局部路段等距偏移】功能和 ⌐【基于参照纵坡按固定坡度绘制纵断面】,绘制交叉口处交叉路线的局部路线;

● 按住【Ctrl】键,选中交叉口轮廓线;

● 点击【土木工具】→【地形模型】→ ◢【从元素创建】,特征类型选择"边界",边界方法选择"最大三角形长度",最大边长长度选择"100",确认各选项信息点击左键创建地形模型;

● 点击【土木工具】→【地形模型】→ ◢【添加特征】,先选中地形模型(图5-69),再选中刚刚创建的局部道路中心线(图5-70)。

图5-69 交叉口地形模型

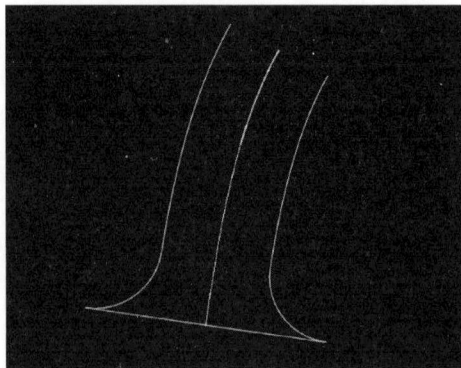

图5-70 交叉口轮廓线及中心线

3. 利用"面模板"功能创建交叉口路面模型

● 点击【土木工具】→【地形模型】→ ◢【应用表面模板】,选中地形模型,设置模板为预设

的路面面层模板(图5-71),确认各项信息点击左键完成表面模板应用,交叉口路面结构模型如图5-72所示;

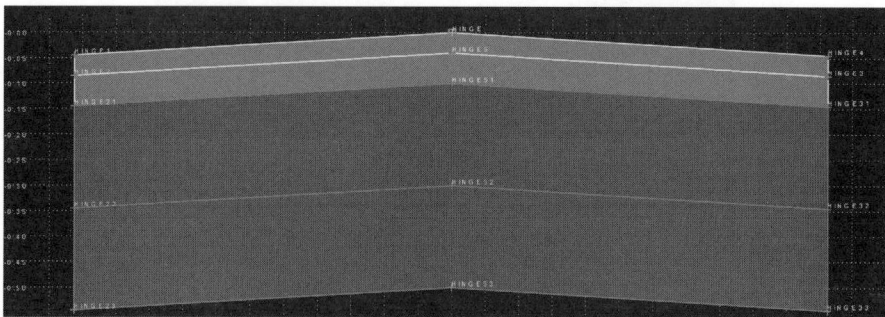

图5-71 预设路面面层模板

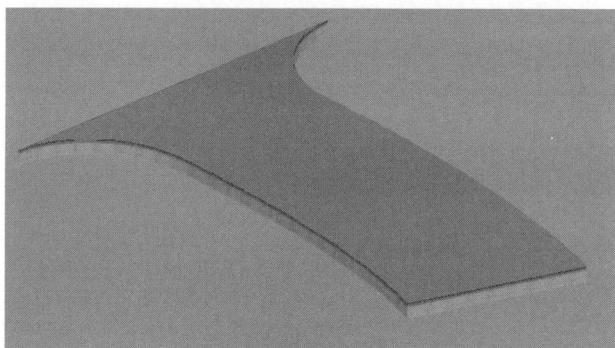

图5-72 交叉口路面结构模型

• 在表面模板创建完成后会出现地形模型与路面重合的现象,应调出地形模型的元素属性,关闭三角网显示。

4.利用"线模板"功能创建边坡及排水沟

• 点击【土木工具】→【地形模型】→ 【应用线性模板】,模板设置为对应的边坡和排水沟模板(图5-73),选中对应的交叉口轮廓线,完成起终点等其余选项的设置,创建边坡及排水沟,在创建时应注意设计场地地形模型激活,交叉口左侧局部边坡、土路肩和排水沟模型如图5-74所示。

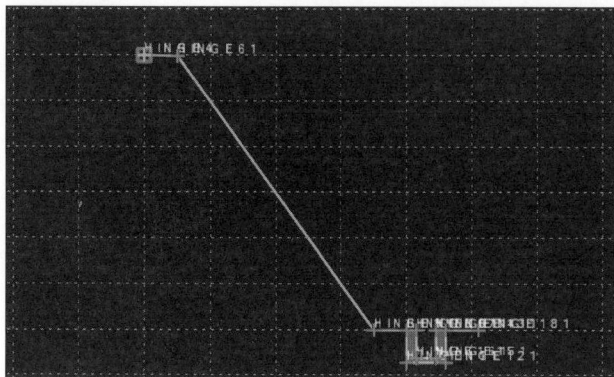

图5-73 土路肩、边坡和排水沟线性模板

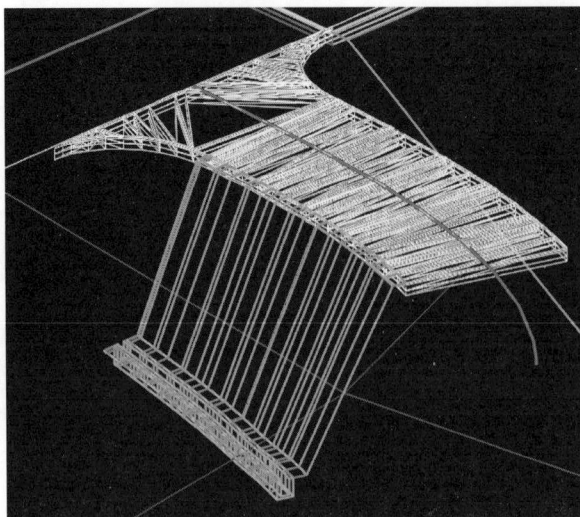

图 5-74　交叉口左侧局部边坡、土路肩和排水沟模型

　　其余部分按照同样方法创建,注意曲线处边沟可能出现重合现象,应单独设计,建成后效果如图 5-75 所示。

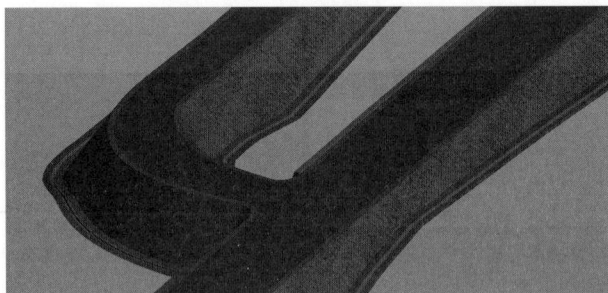

图 5-75　交叉口建成模型

第八节　交通安全设施

一、护栏设计

　　护栏设计方法主要有两种:一种是通过沿路径阵列复制的方法放置;另一种是创建3D 线型并添加到横断面模板中,随走廊带一起创建。由于第一种方法比较简单,在此不进行详述,下面详细讲述一下较为复杂的第二种方法。

　　护栏创建需主要解决护栏立柱的设置问题,由于护栏的栏板是连续的,因此可以在横断面模板中进行设置,随走廊带一起创建,而护栏的立柱需要间断设置,无法直接在横断面模板中绘制,所以需要利用3D 线型的功能间断设置护栏,可以将3D 线型附加到特征定义中,通过横断面模板设置单独点,并赋予点特征定义使护栏的立柱也随走廊带一起创建。

利用 3D 线型创建护栏,主要工作为:①设计单个护栏立柱;②创建护栏立柱的 3D 线型;③创建特征定义;④横断面模板中创建护栏栏板横断面和 3D 线型控制点。由于左、右护栏立柱的方向不一致,因此需要分别建立两个单独的 3D 线型,本设计以左侧护栏为例进行讲解。

1.设计单个护栏立柱

• 首先新建一个 DGN 文件,WorkSpace 设置与项目文件一致,种子文件选择 2D Metric 或 3D Metric 都可以;

• 利用【土木工具】→【绘图】中的创建图形功能和【实体建模】中的拉伸创建实体以及合并实体等功能创建一个护栏立柱的模型(图 5-77),并完成相应的材质和特征定义的设置;

• 绘制完成后将模型移动到坐标(0,0,0)处。

[提示]

图 5-76 顶视图中的护栏悬臂对应方向,左侧护栏悬臂朝向为向下,右侧护栏与其方向恰好相反,在设计时应注意顶视图是否正确,如果有误应利用旋转等功能调整。

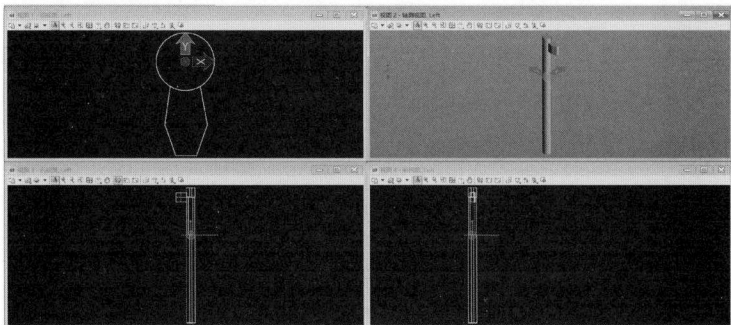

图 5-76 单个护栏立柱模型

2.创建 3D 线型

• 首先点击【土木工具】→【绘图】→ ✳【定义原点】,在键入命令框中输入"xy = 0,0,0",键入命令框如图 5-77 所示;

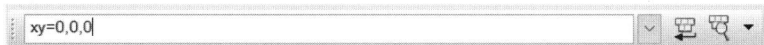

图 5-77 键入命令框

[提示]

注意应在顶视图窗口激活状态下进行,完成后顶视图中会出现正交十字,如果与 XY 坐标方向一致则为正确。

• 点击菜单栏中【元素】→【线型样式】→【编辑】,打开线型编辑器,如图 5-78 所示;

• 点击【文件】→【新建】,新建一个 RSC 文件;

• 点击【编辑】→【创建】→【名称】,自行重命名;

• 点击【编辑】→【创建】→【点】,选择刚刚绘制的护栏,点击点组件属性栏右下角【创建】按钮,设置名称,完成创建,再点击左下角【选择】,选择刚刚创建的点组件,点组件设置完成,如图 5-79 所示;

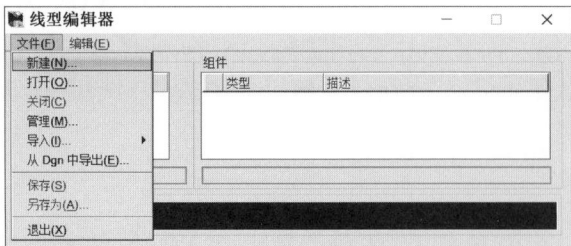

图 5-78　线型编辑器

图 5-79　将护栏立柱模型导入到点组件

• 点击【编辑】→【创建】→【划线图案】，点击划线图案中的添加，添加两个断点，将划线组件（图 5-80）分为两段，点击第一段区间，设置其长度为 0.14m，点击第二段区间，设置其长度为 1.86m，如图 5-81 所示；

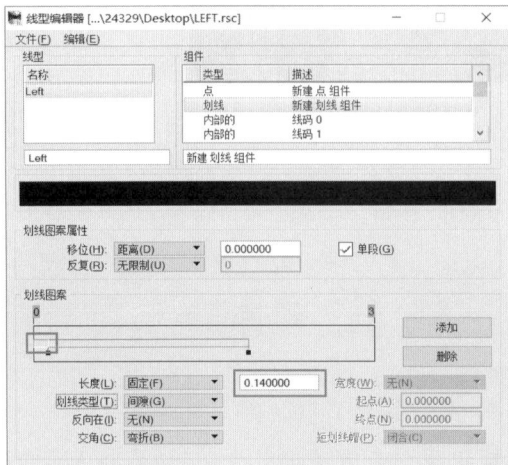

图 5-80　划线组件

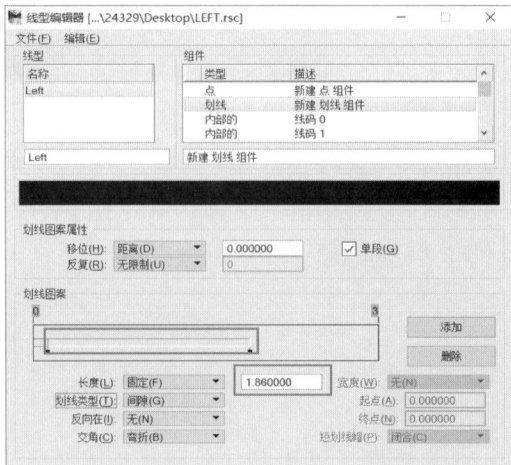

图 5-81　划线组件二段区间

• 点击【编辑】→【创建】→【复合】，点击【插入】选择刚刚创建完成的点组件和划线组件；

• 选中刚刚创建的复合组件，点击【编辑】→【链接】，完成链接；

• 在【编辑】中勾选【可捕捉】【实体】，点击保存；

• 点击【文件】→【导入】→【MicroStation 资源文件（RSC）】，导入 RSC 文件如图 5-82 所示，打开刚刚保存的左侧护栏 RSC 文件，选择"left"，点击输入即完成了护栏立柱 3D 线型立柱的创建，并且可以在线型下拉菜单中选择，护栏立柱 3D 线型效果如图 5-83 所示。

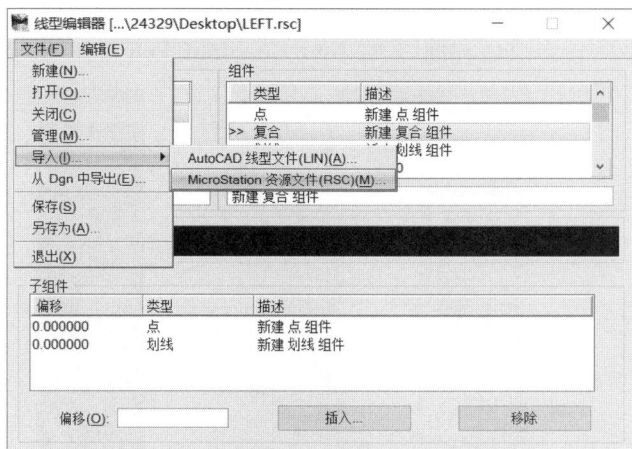

图5-82 导入RSC文件

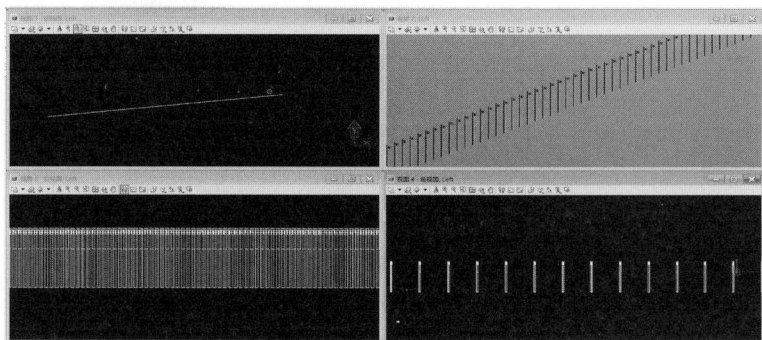

图5-83 护栏立柱3D线型效果

3. 创建特征定义

• 在打开界面打开 PowerCivil 安装目录

"WorkSpace\Projects\Examples\Bentley-Civil-Metric\dgnlib"下的"Feature_Definitions_Metric"文件,如图5-84所示;

图5-84 打开"Feature_Definitions_Metric"文件

• 调出项目管理器界面,找到 Civil 标准中的【特征定义】→【Liner】→【Roadway】列表中的"Road_Guardrail_3D_Left"(该文件为系统自带的护栏特征定义),右键复制,然后粘贴并重命

名为"New Guardrail_Left";

- 右键打开属性界面,修改名称前缀为"New Guardrail_Left",如图 5-85 所示;

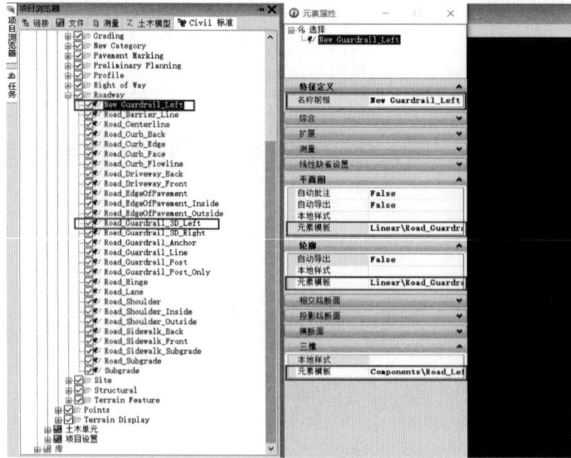

图 5-85 新建特征定义及其元素属性界面

- 在元素属性界面中找到平面图中的元素模板下拉菜单(图 5-86),点击管理模板打开元素模板界面,在列表中找到【Linear】→【Road_Guardrail_Line】,右键复制粘贴,重命名为"New Guardrail_Left"修改其线型为刚刚创建的左侧护栏立柱 3D 线型"Left",完成后关闭界面,如图 5-87 所示;

图 5-86 元素模板下拉菜单

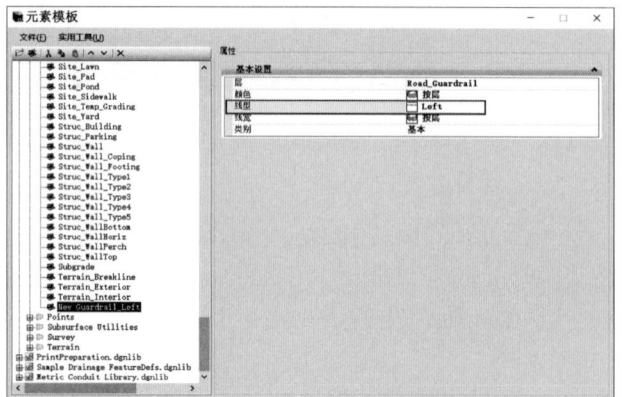

图 5-87 元素模板管理界面

- 在元素属性界面中设置平面图的元素模板和轮廓的元素模板为刚刚新建的"New Guardrail_Left";
- 在元素属性界面中找到三维项目中的元素模板下拉菜单,点击管理模板打开元素模板界面,在列表中找到【Components】→【Road_Left_Guardrail_3D】,右键复制粘贴,重命名为"New Guardrail_Left",修改其线型为刚刚创建的左侧护栏立柱 3D 线型"Left",完成后关闭界面,将三维的元素模板改为刚刚新建的"New Guardrail_Left"。

4.创建横断面模板

- 打开本项目文件;
- 点击【土木工具】→【廊道模型】→【创建横断面模板】,打开创建横断面模板界面,在

前面创建的填方模板中利用约束组件绘制出波形护栏的横断面,并设置相关的约束关系;

● 右键创建空点组件,在点编辑界面中,将其作为护栏立柱 3D 线型的构造线,设置其约束关系,设置特征定义为刚刚创建的特征定义"New Guardrail_Left"(右侧护栏已设计,如图 5-88 所示),添加护栏的填方道路模型如图 5-89 所示。

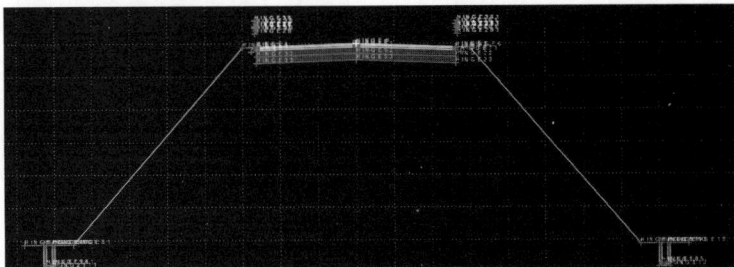

图 5-88 添加护栏的填方横断面模板

图 5-89 添加护栏的填方道路模型

二、标线设计

标线的设计方法有两种:一种是将标线做成线型,利用与创建护栏类似的方法链接到特征定义中,再随走廊带一起生成,但是这种方法在设置局部路段标线时需要特殊处理,十分不便;另一种是用"贴"标线的方法进行创建,该方法简单易懂,十分实用,适用于协同设计工作流程,因此本项目采用此方法。

● 首先新建一个 DGN 文件,WorkSpace 设置与项目文件一致,种子文件选择 2D Metric;

● 利用主线偏移等方法确定标线位置,利用【绘图】中的直线曲线等功能,结合修改线型和特征定义等方法绘制道路标线(具体方法功能见前面相关章节),如图 5-90 ~ 图 5-92 所示;

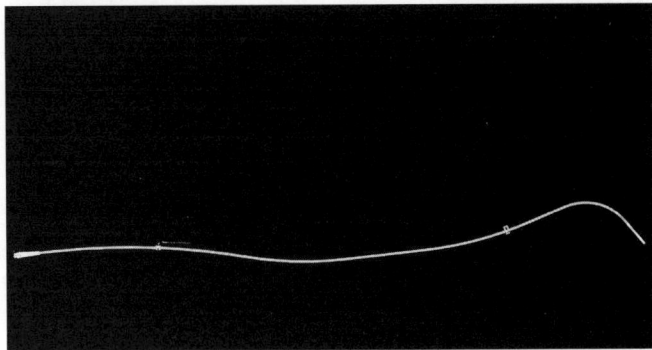

图 5-90 项目全线标线

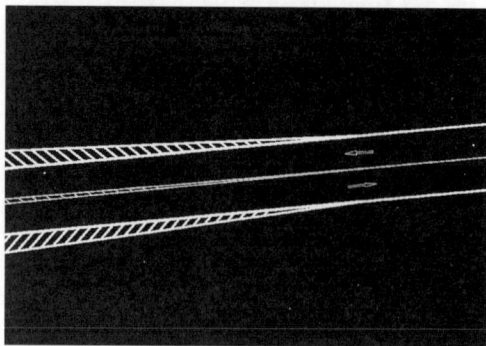

图 5-91　起点渐变段标线

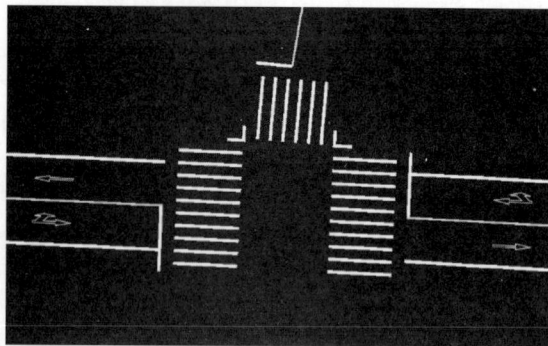

图 5-92　交叉口道路标线

● 绘制完成后,打开项目文件,在 3D 模板窗口下查看项目全线模型的顶视图,检查是否有模型遮蔽在路面上方,如本项目中隧道处,隧道模型遮蔽了道路路面(图 5-93),因此在层显示下拉列表中右键选择【按元素关闭功能】,关闭隧道上部遮蔽组件模型的图层显示,如图 5-94 所示;

图 5-93　隧道部分模型图层关闭前

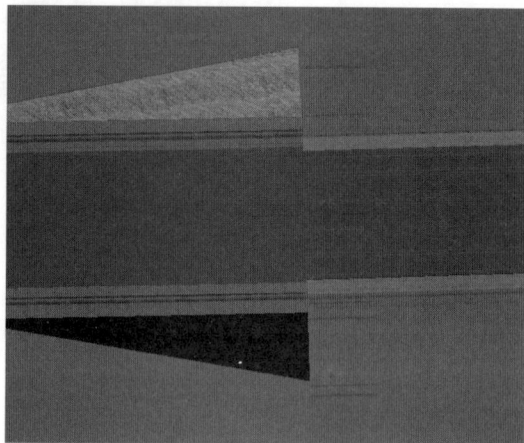

图 5-94　隧道部分模型图层关闭后

● 确认路面模型上无任何模型遮蔽后,将标线 DGN 文件参考到项目文件中,参考完成后效果如图 5-95 所示;

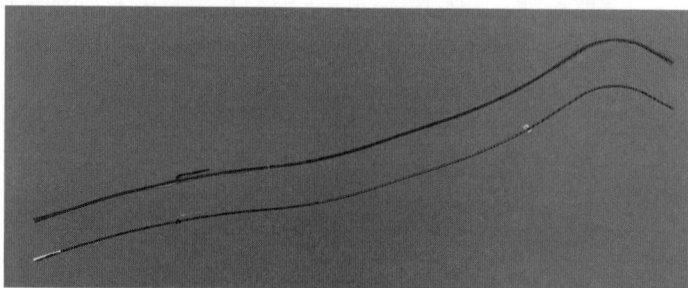

图 5-95　标线参考进项目文件后效果

● 调整视图为顶视图,检查模型是否将标线完全覆盖;

● 点击【土木工具】→【可视化】→ 【三维几何图形上的模板二维元素】,打开【模板参考

元素】对话框(图5-96),设置合适的曲面偏移、公差等参数;

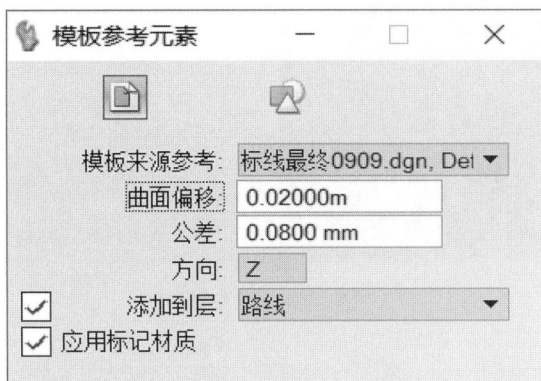

图5-96　模板参考元素对话框

● 在贴标线时,为了确保标线效果,应放大视图,观察局部,避免贴完以后虚线显示为直线等问题,放大视图后,窗口内点击左键,完成标线粘贴,交叉口标线效果如图5-97所示。

图5-97　交叉口标线效果

三、交通标志设计

交通标志设计主要由三部分工作组成:①结构设计;②应用材质;③交通标志放置。其中结构设计主要是利用实体建模中的相关功能绘制,在此不详述,交通标志的放置除个别需要特别处理外其余只需要简单的移动旋转即可,下面以单悬臂指路告知标志为例主要讲解应用材质的操作。

● 首先新建一个DGN文件,WorkSpace设置与项目文件一致,种子文件选择3D Metric;

● 利用【实体建模】中的相关功能绘制单悬臂标志牌的结构,如图5-98所示;

● 利用【实体建模】中的 ▭【放置矩形】功能,创建一个和标志牌大小一致的矩形,并利用移动功能使矩形与标志牌有一段微距离,避免出现材质重叠;

● 点击任务列表中【可视化】→ 🛢【应用材质】,打开材质编辑器界面(图5-99),点击【材质板】→【新建】,新建一个材质板,选中新建的材质板;

● 点击材质属性对话框中图案一行后面的 🔲 ▼ 图标,打开材质图案设置界面(图5-100),打开对应图案,单位选择曲面;

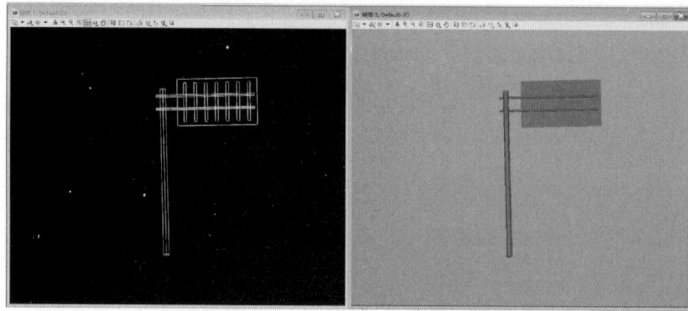

图5-98 单悬臂标志牌结构

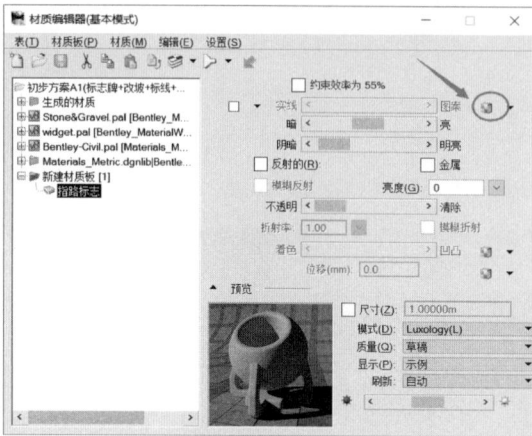

图5-99 材质编辑器界面

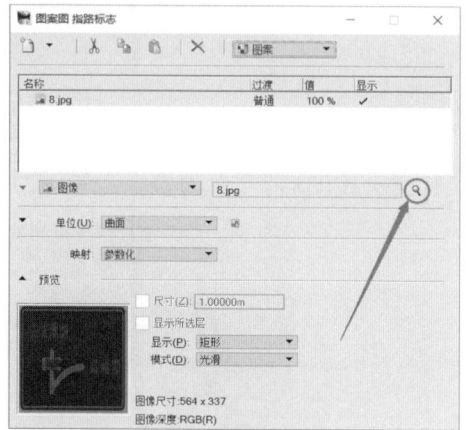

图5-100 材质图案设置界面

● 完成后关闭材质编辑器,打开刚刚新建的矩形元素属性界面,设置其材质为"指路标志"即完成材质应用;

● 将标志牌文件参考进项目文件(一般情况下利用参考中的移动旋转放置即可,必要时需要将标志牌模型合并到项目文件,只需要在参考界面右键选择【合并到主文件】即可,具体操作见前面章节),指路标志在实景模型中的效果如图5-101所示。

图5-101 指路标志在实景模型中的效果

第九节 地 模 修 剪

地模修剪是为了观察建成后的效果。具体涉及的功能与修剪的对象有关,修剪的对象一般有两种:第一种是根据传统勘测资料建成的数字地模,如本项目前期根据 DWG 等高线和高程点建立的地形模型;第二种是目前 BIM 结合较多的实景模型,如图 5-102 中的实景模型就是利用航拍照片建立的实景模型。对于第一种数字地模,修剪方法主要是利用【土木工具】中【地形模型】的相关功能对数字模型进行剪切,缝合;第二种方法涉及的实景模型一般较大,PowerCivil for China V8i(SELECTseries 4)版本运行较为困难,建议使用 MicroStation CONNECT Edition 版本或 OpenRoads Designer CONNECT Edition 版本进行设计。

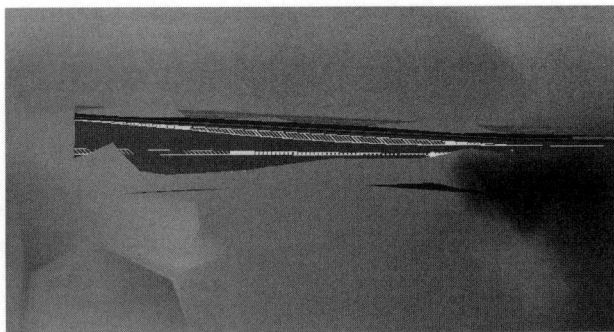

图 5-102　剪贴前项目起点渐变段道路模型与地模

剪切第一种地模对象具体操作时涉及的功能较多,包括:①利用道路模型剪切地模;②创建复合地模处理剪切产生的空洞;③检查地模进行细节处理。

以修剪项目起点的数字地模为例讲解相关操作:

- 新建一个图层并激活,点击【地形模型】→【创建剪切的地形模型】,选择地形模型;
- 在 2D 模块视图中,找到项目起始渐变段道路模型,点击模型外侧突出的短线段(图 5-103),选中整个模型,点击右键确认,设置剪切方法为"内部的",平纵偏移为 0,点击左键完成剪切,如图 5-104 所示;

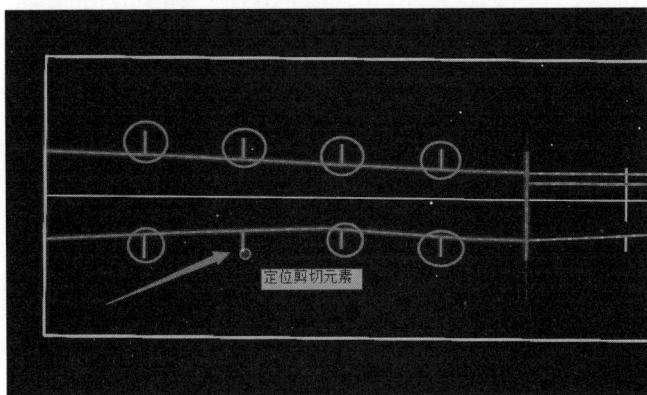

图 5-103　模型外侧突出的短线

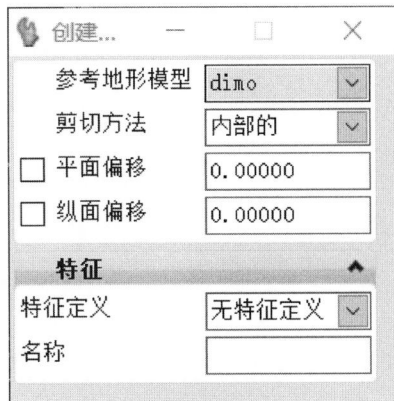

图 5-104　创建剪切的地形模型

● 关闭原地模的图层或在项目浏览器的【土木模型】中删除原地模,可见遮蔽部分地模已剪切完成,如图5-105所示;

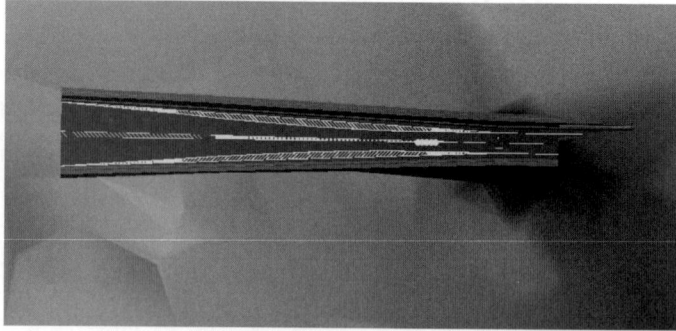

图5-105　剪切后项目起点渐变段道路模型与地模

● 要处理剪切完遗留下的空洞(图5-106),首先选中项目起始渐变段道路模型,打开元素属性界面调整设计阶段为"5—Final Top Mesh";

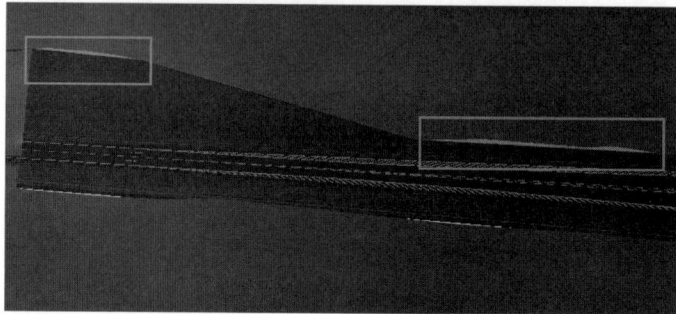

图5-106　局部边坡与地模间的空洞

● 点击【土木工具】→【地形模型】→▨【从元素创建】,点击渐变段道路模型,设置特征类型为"边界",边界方法为"不删除",创建一个道路模型表面的地形模型,并导出DTM(注意为了避免后期材质重叠的问题,生成应选择关闭三角网);

● 导出前面剪切地模的DTM文件;

● 新建一个DGN文件,种子文件选择3D Metric,打开后导入刚刚导出的两个地形模型;

● 点击【土木工具】→【地形模型】→▨【创建复合地形模型】,打开复合地形模型编辑器,设置剪切生成的地模为"基本",道路生成模型为"合并",模式选择"附加",编辑生成模型名称后,点击【完成】,如图5-107所示;

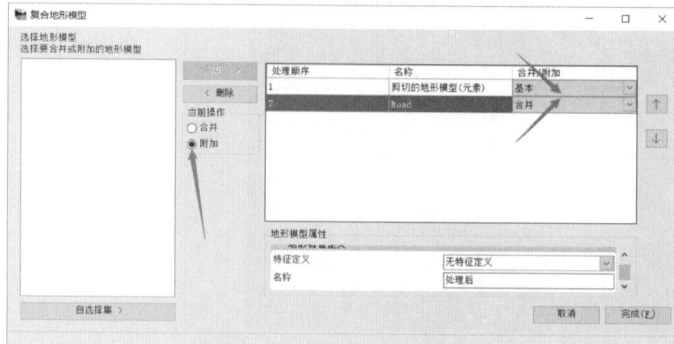

图5-107　创建复合地模修补空洞

● 导出创建生成复合地形模型 DTM(图5-108),将其导入到项目文件,关闭其他地模的层显示即可,空洞修补后效果如图 5-109 所示。

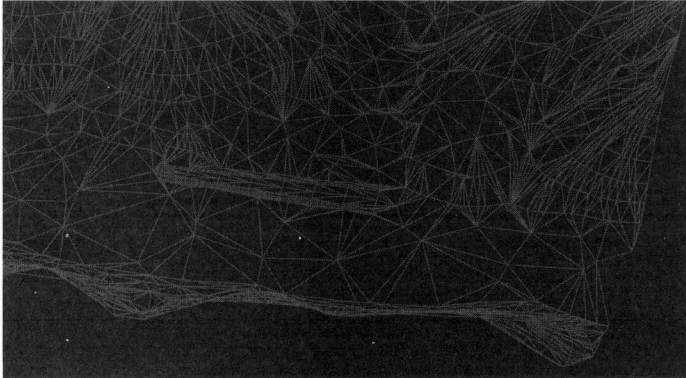

图 5-108　创建生成的复合地形模型

图 5-109　空洞修补后效果

第六章

BIM 发展趋势

第一节 概　述

随着我国基础设施的不断规划和建设,以及信息技术的飞速发展,两者的结合必然是未来基础设施建设的发展趋势。基于 BIM 技术和道路交通的特点,交通 BIM 的发展趋势主要有以下几个方面。

1. BIM 应用和地理信息系统(Geographic Information System,GIS)的结合

地理信息系统和建筑信息模型本来是两个不同的概念,两者诞生的背景、满足的功能均不相同,但是两者的结合已经成为 BIM 应用研究的新课题。随着 BIM 技术的发展,建筑外部空间的信息也需要加以定义,BIM 技术也逐渐应用于多方面的分析和模拟。例如路线的定线阶段需要地质资料信息,评价道路的安全性有时也需要气象资料信息,而这些在地球表层(包括大气层)空间中与地理分布有关的数据都可以借助 GIS 得到。反过来,通过 BIM 和 GIS 的集成,BIM 可以给 GIS 环境带来更多的信息,从而扩展 GIS 的应用,提高 GIS 的应用水平。虽然两者的结合能给交通基础建设带来新的发展,但是针对目前的技术来说,存在着很多不容忽视的问题。例如两者结合的关键是数据共享,但 BIM 是在 IFC 的标准体系下建立和管理数据的,而 GIS 是基于 3D 建模的 CityGML 编码标准来表达信息的,并且该标准对建筑的细节描述

能力十分有限。标准的融合虽说是二者结合的重点,但并不是唯一存在的问题,思想理念的不同、行业界限不同以及知识体系的不同都是不容忽视的。毫无疑问,BIM与GIS的结合是大势所趋,尽管前路坎坷,但是只要努力终会实现,BIM与GIS关系图如图6-1所示。

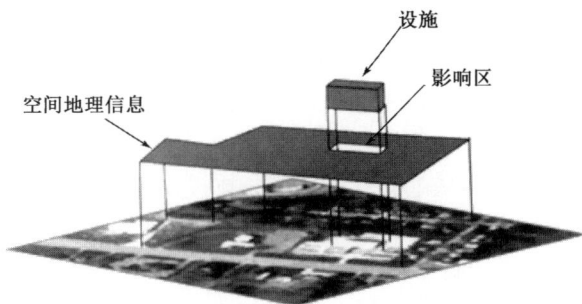

图6-1　BIM与GIS关系图

2. BIM与VR、AR技术的结合

虚拟现实(VR)是指完全展现出计算机模拟的环境,能够让使用者身临其境的一种技术。增强现实技术(AR)则是在其基础上增加了虚拟和现实之间的关联性,特别是头戴式设备的推出,使得大脑可以更加真实地感知现实世界。因此将BIM技术和当下流行的虚拟现实技术(VR)、增强现实技术(AR)以及其他一些科技手段应用到交通基础建设当中去,不仅会大大提高施工阶段的安全可靠性,也为后续运营管理打下坚实的基础。近年来提出的"智慧交通"中需要将公路等交通基础设施的信息与人进行交互,实现车辆、道路和驾驶员之间的关联,这样可以借鉴VR和AR中的一些视觉技术。BIM与AR结合流程图如图6-2所示。

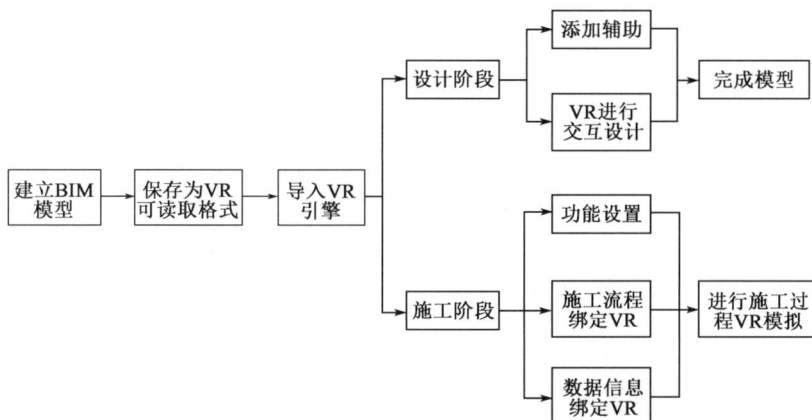

图6-2　BIM与VR结合流程图

3. BIM与养护系统的结合

目前我国的公路养护系统一般采用传统的二维地图显示方位信息,无法全面表示立面目标之间准确的相对关系,这样就不能通过信息系统对立面设施进行查询、观察和分析,严重影响了GIS技术在公路养护领域的应用。同时,由于公路系统内包括运营、路政、养护等多个部门有各自的信息系统,数据也是由各部门自行维护。因为采用不同的数据格式和交换格式,导致无法整合到统一的地理数据平台上进行统计分析和数据挖掘,不能有效实现业务数据共享,从而使得各个部门之间难以高效协同,决策者难以通过统一的数据展示平台及时全面地掌控

整体的公路运营状态。将 BIM 和 GIS 结合起来,利用移动数据采集系统提供道路养护检测所需要的数据,利用整合后的 BIM 模型信息,将公路资产管理与养护集成到三维可视化平台,同时基于 BIM 模型,提出预防性养护决策模型,为公路资产管理、道路养护管理等提供管理决策平台。其优势在于:基于数据库的管理系统,调用的是逻辑关联的信息,如公路基础设施三维模型与设施使用手册、运行参数、保养周期等关联,消除查阅纸质文件的不便;实现管理上的联动,提高运营可靠性,为公路运维及养护监测带来新的思路和方法。

此外,利用 BIM 及相应灾害分析模拟软件,可以在灾害发生前,分析灾害发生的原因,制定避免灾害发生的措施,以及发生灾害后人员疏散、救援支持的应急预案。当灾害发生以后,BIM 模型可以提供救援人员紧急状况点的完整信息,这将有效地采取突发状况应对措施。最后,在安全性方面,基于 BIM 系统评价和监测安全性能也是未来交通基础建设发展趋势的一个重要方向。

第二节　GIS 系统

地理信息系统是 20 世纪 60 年代后期发展起来的空间信息处理技术,具有强大的数据管理、地学过程模拟和空间分析能力,能对空间位置信息和非空间信息如自然、社会、人文、经济等属性信息同时进行分析、建模和处理,其应用领域由自动制图、资源管理、土地利用等发展到与地理相关的交通、邮电、军事等领域,同时 GIS 能对具有空间特征的信息进行可视化表达,能为信息使用者提供直观、全面、清晰、实时的信息表达方式,有利于提高决策和管理的科学性、及时性。随着社会数字化进程逐步加快,地理信息系统作为人口、资源与环境问题的公共平台,作为国家推动信息化、实现现代化的重要组成部分,在各个领域起着越来越重要的作用。

一、GIS 系统的简述及应用

GIS 系统是以地理空间数据库为基础,采用地理模型分析方法,适时提供多种空间和动态的地理信息,为地理决策服务的计算机技术系统。地理信息系统具有以下三个特征:

(1)采集、管理、分析和输出多种地理信息的能力,具有空间性和动态性。

(2)由计算机系统支持进行空间地理数据管理,并由计算机程序模拟常规或专门的地理分析方法,利用空间数据,产生有用数据,完成人类无法完成的任务。

(3)计算机系统的支持是地理信息系统的重要特征,使地理信息系统能够快速、精确、综合地对复杂地理系统进行空间定位和过程动态分析。

一个完整的 GIS 主要有四个部分组成,即计算机硬件系统、计算机软件系统、地理数据及系统管理人员。其核心是计算机系统,空间数据反映 GIS 的地理内容,管理人员和用户则决定系统的工作方式和信息表达方式。

GIS 系统可用于交通规划的各个阶段。它能为规划人员提供强大的工具,对城市交通规划中具有空间特征的信息进行可视化表达,提高规划的工作效率。并且通过系统开发,可以利用 GIS 将交通规划中具有空间特征的信息进行可视化表达,为信息利用者提供直观、清晰、全面的信息表达方式,提高决策判断的效率。此外,基于 GIS 系统的交通规划信息系统为规划方案的制订、交通分析评价等提供强有力的工具,有利于提高交通规划决策的科学性和合理性。

二、GIS 与 BIM 的比较

GIS 是一种通过使用计算机获取大量地理信息并对其进行多样性处理的系统,通过 GIS 技术不仅可以有效地管理具有空间属性的各种地理信息,对地理信息和实践模式进行快速和重复的分析测试,便于制订决策、进行科学和政策的标准评价,而且可以有效地对不同时期的环境状况及变化进行动态监测和分析比较,明显地提高工作效率和经济效益,所以它是通过这一系统的处理结果来解决实际问题的一种技术;而 BIM 是建筑物的数字化模型,可为建筑物从建设到拆除的全生命周期中的所有决策提供可靠的依据,并随时可以在 BIM 模型中插入、提取、更新和修改信息,我们可以以这种信息模型为基础开发数字模型并对项目进行设计、建造及运营管理。

GIS 系统一个宏观的技术系统,它是基于服务器—关系数据库且针对大量客户群的信息系统,其网络与客户端并存,不是单一的用户结构,信息参数较为简单、粗略;较 GIS 而言 BIM 只是一个微观的存在,它是基于文件方式且仅针对小数量用户群的信息模型,以客户端的方式给用户提供使用数据,其信息模型高度标准化、详细化,信息参数高度精确;由此可以看出 BIM 与 GIS 之间并无可替代性,而是更倾向于一种互补关系。

三、基于 GIS 平台的交通 BIM 发展趋势

未来交通会向着智能交通体系发展,而智能的实现很大程度上依靠 GIS 系统的发展。目前 GIS 平台不仅拥有一些基本功能,同时还具备许多交通特色功能,如交通规划、交通控制、交通基础设施管理等功能。若想进一步深化交通系统的智能化,就必须充分结合 BIM 技术。

在实现智慧交通的大背景下,基于 GIS 平台的交通 BIM 将会得到大力发展。BIM 系统为交通的规划与管理提供了大量可供深加工和再利用的数据信息,有效管理利用这些海量信息和大数据,需要数据管理系统的支撑。同时,BIM 各系统处理复杂业务所产生的大模型、大数据,对计算能力和低成本的海量数据存储能力提出了较高要求。而随着信息技术和 GIS 技术的发展,基于 GIS 平台的交通 BIM 的发展趋势非常清晰:在三维环境下实现交通 BIM 与 GIS 系统嵌入式地结合。

交通 BIM 是对交通信息的数字化表达,是数字技术在交通领域的直接应用,它代表了信息技术在我国交通规划管理中应用的新方向。

BIM 涉及整个建筑工程全生命周期各环节的完整实践过程,但它不局限于整个实践过程贯穿后才能实现其价值,而是可以由工程设计先行并实现阶段性的价值。基于此,随着我国 GIS 技术的快速发展、BIM 技术不断完善以及人们对工程项目建设要求的日益提高,BIM 设计行业应努力克服非本土化的诸多应用障碍。交通智能化变得越来越重要,不久的将来,基于 GIS 平台的交通 BIM 技术会越来越成熟。

第三节　VR 与 AR 技术

现阶段,BIM 能真正解决复杂工程的大数据创建、管理和共享应用等问题,特别是在项目管理方面,能提供数据、技术和协同三大价值支撑。BIM 已渗透到公路设计、公路施工以及公

路养护等各个方面。在设计过程中,实现更加精密的三维协同设计,提高工作效率,实现信息共享;在设计成果方面,实现了高质量和集成化的交付,使模型在施工和长期养护中发挥重要作用;在性能表现方面,空间性能、材料性能、环境性能等都经过充分的优化、完善,以满足绿色、健康、可持续的发展战略。虽然 BIM 的集成化在很大程度上对传统的设计流程进行了改变,但不可避免其自身目前也存在着许多问题。其中,最突出的问题就是"协同设计"。如何使如此庞大的设计团队在同一个高度集中的平台上有条不紊的共同工作,是 BIM 如今必须面对和解决的问题。

而 VR(Virtual Reality,虚拟现实)以及 AR(Augmented Reality,增强现实)的诞生给人们带来了不一样的感知交互体验。VR 与 AR 在本质上是相通的,可以理解为通过计算机技术构建三维场景并借助特定的设备让用户感知的一种体验。从上述的定义中,我们可以看出二者的共同点,即"3D"与"交互"。这两点恰好可以满足 BIM 集成化过程中"协同设计""可视化操作"等问题。因此二者结合势必会增强相互领域间的技术层次,让公路交通设计更加形象化、立体化。

一、VR 技术

VR(Virtual Reality,虚拟现实)是一种模拟体验虚拟世界的交互式仿真系统,利用计算机融合多源信息,通过三维动态视景去感知实体行为下的虚拟世界。借助于虚拟现实技术,可以最大效果地了解展示内容。随着计算机图形技术的发展和软件开发的不断深入,实现交互式三维立体功能是未来软件设计的发展方向,同时也是设计人员和业主沟通最有效的技术手段。

1. VR 技术原理

人们都生活在客观的三维世界当中,当我们看周围的事物时,由于我们两只眼睛的位置不同而得到的图像略有不同。也正是由于这种差别使得我们感知到物体的深度,让事物看起来更立体。而 VR 设备也正是利用这一视觉差别,为我们的视野提供了不同的画面,从而让我们感觉到画面的立体。无论是在为我们视野构建立体画面还是为使用者提供交互式体验,VR 设备的使用都包含了许多其他领域的新技术。

(1)基础设备

当前 VR 设备可以大致分成两个类别,一是需要借助外部硬件协助运算的,比如 Oculus Rift 和 HTC Vive,他们需要链接一台高性能的电脑才能正常工作。而由于高性能的电脑处理图形的能力较强,其对图形的渲染效率以及质量都较好,因此在使用过程中,这种设备的体验效果往往是最好的。另一种则是依赖设备内置硬件完成运算的,比如 Pico NeoVR 一体机等,这些 VR 设备无须其他设备辅助,可独立工作,使用上较为便捷,但体验效果较差。

(2)VR 设备中使用的新兴技术

①头部追踪技术

与被动地观看 3D 电影不同,我们在使用 VR 设备时更加强调交互式体验,比如伴随着我们在现实世界中移动,在虚拟实际中我们也要同样的移动,或者当我们向左看时,头部追踪技术能识别这一动作,设备的硬件会及时渲染出左侧的场景以供使用者观看。

②眼球追踪技术

眼球追踪技术是通过追踪我们的瞳孔实现的,算法能够根据我们注视的景物来变换景深,从而带来更出色的沉浸体验。比如：当我们视线的焦点在近处时,远处的事物就会变得模糊;相反,若视线的焦点在远处,近处的事物就会变得模糊。这正是景深不同带来的变化。而眼球追踪技术就是帮助 VR 设备知道我们在看哪里,从而模拟景深的变化,让虚拟的世界更加逼真。图 6-3 所示为 HTC 推出的 VR 产品。

图 6-3 HTC 推出的 VR 产品——Vive

2. VR 技术的特点

（1）沉浸性

沉浸性是指利用计算机技术产生三维立体图像,让人置身于一种虚拟的环境中,就像在真实的客观世界中一样,能给人一种身临其境的感觉。

（2）交互性

在计算机生成的这种虚拟环境中,人们可以利用一些传感设备进行交互,感觉就像是在真实的客观世界一样,比如:当用户用手去抓取虚拟环境中的物体时,手就有握东西的感觉,而且可以感觉到物体的重量。

（3）构想性

虚拟环境可使用户沉浸其中并获取新的知识,提高感性和理性认识,从而使用户深化概念和萌发新的联想,因而可以说,虚拟现实能够启发人的创造性思维。

二、AR 技术

AR（Augmented Reality,增强现实）,是通过计算机系统提供的信息增加用户对现实世界感知的技术,将虚拟的信息应用到真实世界,并将计算机生成的虚拟物体、场景或系统提示的信息叠加到真实场景中,从而实现对现实的增强。通俗点来说,就是利用摄像头、传感器、实时计算和匹配技术,将真实的环境和虚拟的物体实时地叠加到同一画面或空间。AR 技术最早于1901 年提出,随着电子产品运算能力的提升,增强现实的用途越来越广。利用 AR 技术,用户可以感受到在真实世界中无法亲身体会的经历。

1. AR 工作原理

一个完整的 AR 系统需要由显示技术、跟踪和定位技术、界面和可视化技术、标定技术构成。跟踪和定位技术与标准定位技术共同完成对位置与方位的检测,并将数据报告给 AR 系统,实现被跟踪对象在真实世界里的坐标与虚拟世界中的坐标统一,实现让虚拟物体与用户环境无缝结合的目标。为了准确定位,AR 系统需要进行大量的标定,测量值包括摄像机参数、视域范围、传感器的偏移、对象定位以及变形等。现阶段,AR 产品广泛应用于智能移动设备,AR 就是根据当前位置(GPS)、视野朝向(指南针)及收集朝向(方向传感器/陀螺仪),在实景中(摄像头)投射出相关心思并在现实设备上展示。

移动增强现实系统可以实时跟踪手机在真实场景中的位置和姿态,并根据这些信息计算出虚拟物体在摄像机中的坐标,实现虚拟物体画面与真实场景画面的精确匹配。

(1)显示技术——头戴式显示器

头戴式显示器能比普通显示器多产生一个广视角画面,通常视角都会超过 90 度。因为对应左右眼的显示屏通常是完全独立的两个显示屏,所以头戴式显示器一般都支持立体影像的播放。头戴式显示器通常可以接收交换帧、左右并排、上下并排、双通道 DVI 的信号,最新的头戴式显示器可以接受 HDMI 1.4 的 3D 封装格式。索尼医用头戴显示器如图6-4 所示。

(2)跟踪定位系统——GPS 与差分 GPS

对于 AR 设备而言,与 VR 相同。需要时刻知道用户相对于其周围环境所处的位置,而且需要检测到用户头部的转动以及眼睛视野的焦点位置。在现阶段,AR 技术的跟踪系统主要采用国际上比较成熟的 GPS 技术,以满足其在大范围开放区域的使用。但由于 GPS 接收器精确度大概在 10 ~ 30m,显然对于增强现实系统而言可以说是毫无实际价值。所以为了提高增强系统的精准定位及跟踪,我们常采用差分 GPS。它使用一台 GPS 基准接收机和一台用户接收机,利用实时或事后处理技术,就可以使用户测量时消去公共的误差源。差分 GPS 可以达到分米级别的精确度从而大大提高了增强系统的精确度。差分 GPS 如图 6-5 所示。

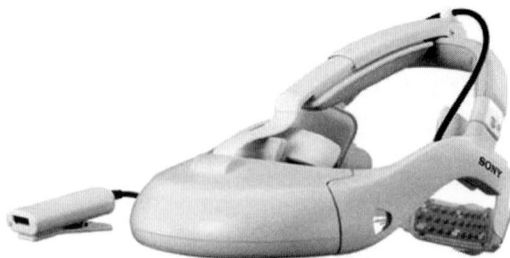

图6-4　索尼医用头戴显示器

图6-5　差分 GPS

(3)界面和可视化技术、标定技术构成——移动计算能力

对于早期的 AR 设备,由于受当时计算机技术的限制,AR 移动设备没有能力独立构建三维立体图形,只能依赖于电脑。而随着移动通信、互联网、数据库以及分布式计算等技术的发展,移动计算能力随之提高。移动计算技术将使计算机或者其他信息智能终端设备在无线环境下实现数据传输及资源共享。如 2003 年英特尔公司开发的"迅驰"(Centrino)移动计算技术是一种包括了 Pentium—M 处理器、Intel855 芯片组和 IntelPRO 无线网络连接模块的移动计算技术平台,标志着移动计算时代的来临。目前,移动计算技术广泛应用于通信系统、网络接入系统等。

2. AR 的技术特点

(1)真实世界和虚拟世界的信息集成

可以将显示器屏幕扩展到真实环境,使计算机窗口与图标叠映于现实对象,然后由用户用眼睛凝视或手势指点进行操作,让三维物体在用户的全景视野中根据当前任务或需要,交互的改变其形状和外观,将虚拟场景叠加到真实场景中。AR手机客户端如图6-6所示。

图6-6 AR手机客户端

(2)具有实时交互性(图6-7)

可以使交互从精确的位置扩展到整个环境,从简单的面对屏幕交流发展到将自己融合于周围的空间与对象中。这个时候,运用信息系统将不再是自觉而有意的独立行动,而是和人们的当前活动自然而然的融为一体,交互性系统也不再具备明确的位置,而是扩展到整个环境。

图6-7 交互式体验

三、BIM + VR/AR

长久以来,建筑行业存在如下两个痛点:一是建筑效果未知;二是工程质量控制难。建筑效果未知指的是建筑效果不可预测,施工方很难把握设计示意图,客户难以预知施工状况;工程质量控制难是指建筑过程缺乏统筹规划与项目组之间的沟通,难以控制工期、质量和成本。为了解决上述两个痛点,BIM应运而生。相比单纯的BIM应用,VR在BIM三维模型的基础上,加强了可视性、具象性和交互性。

(1)增强灵活性——"突破距离和环境限制"

BIM + VR的使用,可利用VR技术提升BIM应用效果并加速其推广应用。BIM是以建筑工程项目各项相关信息数据作为模型的基础,进行建筑模型的建立,通过数字信息仿真模拟建筑物所具有的真实信息,具有可视化、协调性、模拟性、优化性和可出图性五大特点。VR沉浸式体验,加强了具象性及交互功能,大大提升BIM应用效果,从而推动其在各行业的推广和应用。

(2)增强可视性——"所见即所得"

此外,BIM+VR还能加速推进交通行业转型,让建筑触手可及。BIM+VR除了能解决建筑行业最大的痛点"所见非所得"和"工程控制难",以及统筹规划、资源整合、构建具象化联系和平台外,系统化的BIM平台还能将建筑设计过程信息化、三维化,同时加强建筑施工过程的项目管理能力。VR在BIM的三维模型基础上,加强了可视性和具象性。通过构建虚拟展示,为使用者提供交互性设计和可视化印象。

(3)增强具象性——"可动化"

对于BIM厂商而言,如果搭载了VR技术,BIM系统就能提供沉浸式体验,从而有效提高资源整合能力,提高产品的竞争能力。例如,当前鲁班正在开展VR技术结合基建BIM系统的研发,将BIM技术贯穿基建项目的设计到施工、运营阶段,通过强大的数据、协调、3D可视技术,减少项目变更,减少材料浪费,缩短工期,为项目带来巨大效益;并通过引入强大的新型3D引擎,大幅提高画面的渲染效果,实现构件的真实物理属性和机械性能;基于VR技术与基建BIM系统的对接,使工程模型和数据实时无缝双向传递,在虚拟场景中对构件进行任意编辑。

第四节 道 路 养 护

随着国家公路网的建设,总里程的增加,道路养护的需求与日俱增。道路建成通车后,因承受车轮的磨损和冲击,受到暴雨、洪水、风沙、冰雪、日晒、冰融等自然力的侵蚀和风化,以及人为的破坏和修建时遗留的某些缺陷,道路使用质量会逐渐降低。因此,道路建成通车后必须采取养护维修措施,并不断进行更新改善。道路养护必须及时修复损坏部分,否则将导致修复工程的投资加大,缩短道路的使用寿命,并给使用者造成损失。道路维修还必须注意进行紧急服务和抢修,保持道路畅通无阻。在中国及其他发展中国家,道路养护还要对原有技术标准过低的路段、构造物和沿线设施进行局部改善、更新和添建,以提高道路的通行能力和服务水平。

一、道路养护概述

我国把道路养护工程按工程规模的大小、性质、养护技术难易程度和病害处治特征分为小修保养、中修、大修和改善四个工程类别,其划分原则如下:

(1)小修保养工程:对其养护范围内的道路及其沿线设施经常进行维护保养和修补其轻微损坏部分的作业。它通常是由养护单位在年度小修保养定额经费内,按月旬安排计划进行的养护工作。

(2)中修工程:对道路及其沿线设施的一般性损坏部分进行定期的修理加固,以恢复道路原有技术状况的工程。它通常是由基层管理机构按年季安排计划并组织实施的养护工作。

(3)大修工程:对道路及其沿线设施的较大损坏进行周期性的综合修理,以全面恢复到原技术标准的工程项目。它通常是由基层道路管理机构根据上级机构批准的年度计划和工程预算来组织实施的养护工作。

(4)改善工程:对因不适应现有的交通量增长的道路及沿线设施,提高其技术等级指标从而显著提高其通行能力的较大工程项目。它通常是由地市级或省级养路机构根据批准的实施计划和项目预算来组织实施或者完成招标的工作。

道路养护与管理的任务就是运用先进的技术和科学的管理方法,合理的分配和使用养护资金,通过养护维修使道路在设计使用年限内保持完好状态,并有计划的改善道路的技术指标,以提高道路的服务质量,最大限度的发挥道路的运输经济效益。主要包括路基养护、路面养护、桥梁涵洞养护、隧道养护及沿线设施养护。近几年来我国路面养护的机械化程度不断提高,新材料、新工艺、新机械不断在养护工程中得到应用。例如新型沥青罩面维修材料技术纤维沥青混凝土的使用;改性沥青在沥青路面大中修与封层技术中的应用;沥青路面再生利用技术以及除雪技术的应用。

虽然养护技术得到很大提升,但是在道路养护中仍存在以下问题:怎样科学合理地制定养护计划,确定养护工程项目;怎样最优地分配和使用有限的养护资金,保持尽可能高的服务水平;在整个道路网中,哪些养护项目应该先处理,什么时间处理,采用什么措施处理等。以及如何实现数据自动采集和储存,适时对道路进行检测,以机械代替人脑,将自动化、网络信息化、科学化完美的结合是道路养护技术发展的重点。多年来,国内外学者陆续将 BIM 技术引入到道路信息化管理,在道路建设、路政执法和资产管理方面取得较好的效果。

二、BIM 在道路养护中的应用

目前的道路养护系统应用一般采用传统的二维地图显示方位信息,无法全面表示空间目标之间准确的相对关系,这样就无法通过信息系统对立面设施进行查询、观察和分析,严重影响了信息化技术在道路领域的应用。同时,在国内的具体应用中,由于道路系统内包括运营、路政、养护等多个部门,各个部门有各自的信息系统,彼此之间的数据也是由各自部门维护。因为采用不同的数据格式和交换格式,导致无法整合到统一的地理数据平台上进行统计分析和数据挖掘,不能有效实现业务数据共享,从而使得各个部门之间难以实现高效协同,决策者难以通过统一的数据展示平台及时全面地掌控整体的道路运营状态。因此已有学者提出将BIM 和 GIS 结合起来,利用移动数据采集系统提供道路养护检测所需要的数据,再通过利用统一的数据标准,实现地理设计和 BIM 相结合,在此基础上建立基于 BIM 的交通设施资产及运营维护管理系统。利用整合后的 BIM 模型信息,将道路资产管理与养护集成到三维可视化平台,同时基于 BIM 模型,提出道路养护决策模型,为道路资产管理、道路养护管理等提供管理决策平台。

(1)数据采集系统

道路养护日常管理工作中,经常需要对现场情况进行直观的了解。如:需要查看某段路面病害所处位置,以及周边的环境情况。目前管理工作中,通常采用测量的方式对道路及附属设施进行查看和量测,通过图片进行现场情况展示,手段上存在一定的局限性。为了能够获得道路现状,确保道路通畅,管理部门希望能够获得现状地形图的同时,也能够获得即时的三维全景影像资料,做到及时、准确地掌握道路目前状况,快速查询道路且制定维护养护计划。目前已有学者提出采用"数字摄影摄像 + 陀螺仪 + GPS"三种技术组合的移动式道路实景信息采集技术。车载移动激光扫描技术代表着移动测量系统(Mobile Mapping System)的最新发展趋势,该技术可以快速获取高密集、高精度的激光点云数据,并同步获取与点云高精度匹配的数码相片。能够有效地获取道路养护专题信息并重建道路三维场景。当采用了基于 MMS 技术的实景三维 GIS 系统以后,可以将每一公里道路、每个立交、隧道、桥梁、收费站、服务区、停车区、边坡、涵洞、上跨下穿管线,任何要管理的构造物、设备都采集到路段、路网 GIS 数据库。同时,利用道路任意桩号 360 度的"可视"影像信息通过和高精度激光点云融合又实现了"可测",进一步分析又可以提取道路纵横断面、计算平整度、车辙以及路况破损数据。

(2)道路 BIM 模型创建

道路参数化自动 BIM 建模首先根据道路工程设计资料划分道路结构,其次准确地提取道路平面和纵断面参数及桥涵构造物和道路其他附属设施设计参数,最后利用自动化构建道路三维模型工具软件快速自动地生成道路 BIM 三维模型(如图6-8)。

图 6-8   道路 BIM 三维模型

道路 BIM 模型是按照道路设计资料创建道路组成部分的模型,依据道路建设规范将模型组装起来,并通过三维 GIS 平台展现,直接利用道路设计参数解析,通过道路设计资料的平纵设计参数或道路逐桩坐标对照表可以计算道路各桩号点的准确三维坐标。通过调整设计参数,实现数据和模型的实时关联,同步刷新,可以真实的反映标志的桩号、版面、结构和基础等各项参数信息。

道路附属设施主要指和道路相关的排水设施、安全设施、防护设施、监控设施、通信设施、收费设施、绿化设施、服务设施、管理设施、照明设施、消防设施、通风设施、渡口码头、交叉道口、苗圃菜地、界桩、测桩、里程碑、界碑等。通过搜集交通工程设计图纸,或者通过现场实际道路调查,获取道路附属设施种类、数量、位置等情况,批量构建所需要的单个道路附属设施模型。然后利用系统以独立模型或沿道路走向布置方式添加到真三维道路场景中。

(3)基于 BIM 模型的道路养护决策系统

基于 BIM 模型,提出符合道路管理业务的养护决策分析方法,真正实现养护决策与道路养护业务的紧密贴合。建立道路路况数据采集与技术状况评定系统,实现道路路况数据的多种方式采集,实现道路技术状况的计算、分析与评定。系统提供路基、路面构造物及沿线设施评价单元损坏调查表的录入功能和批量数据导入功能,并提供检测明细数据的导入接口,该接口包括路况自动化检测设备数据接口和人工检查数据接口等,明细数据可直接更新到按公里路段统计的各类损害调查表中。按行业标准规定的道路技术状况评价标准和评价模型,系统计算各路段的道路技术相关参数和技术状况分值,按分值进行技术状况评定,并提供技术状况修正、复核、审核、审定等功能,同时提供路况调查表、评定表等信息的查询功能,并能够导出相应 Excel 文件。

构建路面养护决策分析系统,实现较为全面和智能的养护决策分析功能,为合理计划和科学实施道路养护提供决策支持。系统可根据路面技术状况和使用性能,分析路网养护需求,进行资金约束条件下的路网养护优化决策,结合最终调整后的养护对策,生成养护计划明细数据。

根据需求分析或优化决策结果,系统可自动生成养护工程计划;用户可考虑项目实施和施工方面的影响因素,对基于系统分析的养护计划进行人工调整,改善养护计划的可行性;通过编制路面养护计划,提出路网的大修、中修和日常养护预算,为向财政部门申请道路养护资金,提供科学的"道路养护预算编制计划"。编制人计划编制完毕后提交给具有审核权限的用户进行审核,审核通过后计划生效。

第五节 灾害防治

由于我国路网密度的快速增加,越来越多的公路地质灾害威胁着人们的生命财产安全以及公路的正常运营。如何运用先进的 BIM 技术建立公路地质灾害防治系统及安全管理系统,对公路灾害的信息化管理及公路地质灾害的防治工作具有重要的理论意义和工程实践意义。

一、传统的公路灾害信息管理和应用存在的问题

随着我国经济的快速发展,我国的公路建设工程量也不断增加,尤其是建设山区公路等地质条件较为复杂的公路,因此我国面临的公路沿线的灾害防治问题也越来越多。公路受地震、暴风雨、台风等自然灾害的影响显著,灾害规模日益扩大,给人民的生命财产安全造成了严重影响,这使得公路灾害的防治工作迫在眉睫。公路灾害信息所涉及的数据具有很强的关联性,传统的公路灾害信息管理方法很难满足当今公路灾害防治工作(如灾害信息的统计与查询、安全性评价、灾害预警、风险评估等)的要求,主要体现在以下几点:

(1)管理方式单一。如今,我国多采用的是传统的数据库管理系统,而这样的系统无法建立一个具有空间特征的数据应用模型。

(2)信息处理速度慢。由于灾害信息资料的获取较难且信息处理速度慢,对于灾害信息的管理存在一定滞后性,这样严重影响了公路灾害管理工作的准确性。

(3)缺乏有效的资料管理方法。公路灾害信息包括图片、影像、文档和属性数据等形式且信息量非常庞大。传统的手工方式很难高效地管理这些资料,从而使得资料的查阅也十分困难。

二、BIM 在安全管理方面的六大优势

公路的灾害信息管理水平直接影响到公路的安全管理水平,而 BIM 技术的引入是一种极具前景的尝试,有望从根本上改善传统的公路安全管理的模式。BIM 在许多管理应用方面表

现出明显优势,具体可归纳为以下几个方面:

(1)日常安全管理

在公路的日常安全管理方面,传统的管理系统需要存储的信息包括表格、CAD 图纸以及文档资料等,这些信息彼此之间无时空对应,管理人员往往很难发现各个信息之间的冲突或错误。而基于 BIM 的公路安全管理系统能够建立有空间、时间关联的信息存储空间,安全管理人员可以对多种报表形式进行分析、实时监测公路设施安全,高效应用公路安全管理相关的数据,有利于公路的日常安全管理工作。

(2)安全应急管理

现有的公路安全应急管理工作仍停留在规章制度等文件的表面形式上,一旦发生道路损伤、交通事故、自然灾害等突发情况时,需要公路安全管理人员在现场进行指挥,这样给出的应急方案往往并不是最全面可靠的。若各管理部门的协调度不高,则更会影响到应急管理的反应速度,造成严重的人员伤亡和财产损失。而 BIM 技术所特有的三维空间展示和情景动画模拟功能,可以锁定具体的故障区域,为公路的应急管理提供相应安全管控预案和安全应急培训,实现了对突发状况的实时应对和提前模拟,给各管理部门的协同管理提供了平台,大大提升了公路的安全运行水平。

(3)养护维修决策

当涉及公路的养护和维修工作时,管理人员通常凭借经验进行决策,只有当公路出现明显损坏时才会进行养护和修理,因而在公路的预防性养护方面还存在较大的提升空间。基于 BIM 的公路运维安全管理系统可以为公路的运营和维护提供相关的决策依据,对公路设施的基础数据进行深度挖掘,在公路某设施出现问题前就可以预测到,及时采取合理措施进行解决,既保证了公路的安全运行,又降低了公路的养护维修费用。同时,BIM 可以对建筑设施在设计、施工以及运营维护等全寿命周期内的所有信息进行数字化表达,从而大大提高了公路的安全管理效率。

(4)突发安全事件处理

当发生突发安全事件时,如交通事故、自然灾害等,传统的处理方式周期较长,基于 BIM 的公路管理系统可以通过传感器自动监测和巡检发现设施故障情况,根据空间关系迅速定位事故具体位置,并将故障位置实时可视化地呈现出来,为各职能部门商议事故处理措施提供了极大的便利。

(5)异常状况预警

公路管理过程中的信息资料来源众多、形式多样,而传统的公路安全管理系统又无法很好地整合处理这些数据,因此很难通过分析历史数据等手段预测公路管理工作中可能出现的异常情况。基于 BIM 的公路安全管理系统可以规范化整合处理数据,按照统一的标准输入数据库中,结合 BIM 模型更为清晰和综合地对公路管理过程的基础数据进行记录、存储以及分析等处理。实现了对公路静态结构和动态运行过程的实时监测,一旦发现异常情况能立刻进行预警,保证了公路的安全运行。

(6)长期安全管理追踪分析

通过全方位的公路安全管理工作的长期追踪,可以利用 BIM 超强的数据挖掘能力分析当前安全管理策略的有效性和执行风险,并及时地调整安全管理策略,不断改善管理方式。特别是 BIM 的安全预案模拟可以根据现实执行情况的反馈不断修正和完善,比如通过灾后分析和经验总结优化预案。在公路安全管理中使用 BIM,符合现今设施管理方式日趋精细化、数据获取方式日趋多样化的趋势,BIM 优秀的数据挖掘和分析潜力以及分析结果的快速表达能力,都将有助于管理人员提升对公路安全服务能力的认识并提升公路的安全运行水平。

第六节 安全性评价

当今社会各界越来越重视基础建设的水平与质量,我国对于交通领域的安全评估系统和国外相比起步较晚,目前国内对基于 BIM 技术的道路安全评估系统正处于研究阶段。

一、BIM 在地铁设计中的研究

由于现在社会的发展越来越迅速,交通量越来越大,地面上的交通越来越堵塞,我们需要地铁来减少地面上的交通拥堵,但是地铁有施工周期长、工作量大、投资多、涉及面广等特点。因此,我们需提前做好地铁整体的规划工作,并建立完善的运营机制。此时,BIM 的优势就体现出来了,不仅可以为人们提供相关信息,而且能加强建设人员之间的协作,大幅度地提高设计人员的工作效率,节约设计成本,规划出舒适、经济、安全、高效的地铁工程。建筑的 BIM 三维模型由工程项目地质条件、道路桥梁情况、地下管线地形等部分构成,同时显示出人口密度、出行信息等相关信息。由此可见,BIM 模型涉及人文科学、自然科学等各个方面。通过建设BIM 信息平台,大大提高了地下空间规划的可行性,实现地下空间综合利用的目标。

在地铁的设计中,涉及各个专业,因为车站内部吊顶管线较多、工作量较大,管线综合排布成为了设计人员的首要工作。在图纸中,很难发现管线布置问题,但是在 BIM 中,利用自动碰撞检测功能,对车站内部吊顶管与桥架走向进行统一优化,且可以对标高进行调整,避免出现碰撞情况。通过 BIM 技术的应用,可以及时检查错漏碰撞的情况,为工程师提供设计上更为直观的参考,而且可以避免二维设计中不同专业信息传递的缺失,实现了建筑工程、结构工程、设备工程三者之间的协调统一,提高了施工质量。

综上所述,BIM 的使用不仅改善了传统的设计、管理方法,使得地铁的设计更加方便简洁,而且改变了传统的几何设计方法,采用全信息模型集成来表现,还可以使不同行业的人员协同起来,共同设计。目前,在我国城市地铁工程设计中,大部分设计单位非常重视对 BIM 技术的应用,以不断提高建筑设计水平,降低地铁建设成本,确保地铁的建设质量。可见,BIM 技术在轨道交通领域将会得到更为广泛的应用,未来将具有更广阔的发展前景。

二、BIM 全生命周期的应用研究

国内的桥梁建设具有周期长、投资大、施工管理复杂等特点,通过 BIM 从建筑全生命周期设计的理念和方法出发,把设计阶段、施工阶段和运营阶段的所有信息进行电子化的集成应用与管理,有效地避免了各阶段相对独立造成的信息孤岛和前后阶段无法沟通造成的信息断层的现象,为建设项目的各参建方提供了一个交流和协同工作的平台,从根本上提高了工程管理效率,减少了设计不当造成的施工返工,缩短施工工期,并节约了建造成本。

桥梁的设计是一个非常复杂的问题,如果一处出现错误,那么很有可能所有的图纸、信息都需要逐个进行修改。但是,BIM 完全避免了这个问题,它的各个部分有一定的逻辑关系,如果一个部分出现了问题,其他部分就会自动修改,这样大大提高了劳动力。

下面介绍一下 BIM 在桥梁各个阶段中的应用。在规划阶段,可以借助 BIM 的思想构建三维信息化模型。在三维信息化模型中,可以包括所在区域既有路网、规划网、交通方式等交通网信息;桥梁项目所在区域的人口、经济、政治、文化等社会信息;所在区域的地质、水文、地理、气象等工程信息。在设计阶段,针对 2D 图纸进行工程量统计,即使借助专业软件,也费时费力,且容易出现错误。采用 BIM 技术的信息化模型,可以通过数据库直接读取各个构建的工程量进行统计分析,生成材料清单和各种报表,用于造价分析。在施工阶段,存在"协同作业"的问题,桥梁施工过程中,业主、设计单位、施工单位、监理单位、材料供应商、监控单位、质量监督单位等项目各方进行文件交互和沟通协调,需要一个统一的数据信息交换平台。基于 BIM 的数字化建造系统可以搭载这些数据信息,使各个单位更好的了解掌握桥梁施工的有关信息。在运营阶段,需要建立基于 BIM 技术的桥梁信息管理系统,通过该系统,实现车流量信息管理和结构安全信息管理,建立桥梁的健康档案,保证桥梁的健康安全运营,降低桥梁运营养护费用,延长桥梁使用寿命。还可以充分利用智能监测技术和云技术,对桥梁病害进行智能化监测和预警,通过云技术建立跨平台的信息档案库,对桥梁的健康水平及时进行智能评估。

由此可见,BIM 在桥梁的设计与施工中有非常大的优势,不仅提高了效率和劳动力,而且使桥梁的设计更加可靠,所建造的桥梁更加的稳固,增加了安全性。

BIM 不仅仅在地铁和桥梁这两方面有着举足轻重的作用,在各个城市轨道交通中也十分重要。相对于传统的软件,BIM 在协同设计、提高生产效益与社会生产力方面有着不可取代的作用。有了这些优点,使得用 BIM 设计出来的道路、桥梁等更加得可靠、稳固,安全性也会相应的提高。

参 考 文 献

［1］ 李建成,王广斌.BIM 应用·导论［M］.上海:同济大学出版社,2015.

［2］ 王婷,肖莉萍.国内外 BIM 标准综述与探讨［J］.建筑经济,2014(5):108-111.

［3］ 何关培.实现 BIM 价值的三大支柱—IFC/IDM/IFD［J］.土木建筑工程信息技术,2011,3(1):108-116.

［4］ 美国国家 BIM 标准.第一版第 1 部分:National Institute of Building Sciences,United States National Building Information Modeling Standard,Version1-Part1［R］.

［5］ 黄强.我们该为 BIM 做点什么［J］.建筑,2016(5):9-13.

［6］ 何关培.中国 BIM 标准个人思考(二)［J］.土木建筑工程信息技术,2013(2):107-112.

［7］ 顾明.构建中国的 BIM 标准体系［J］.中国勘察设计,2012(12):46-47.

［8］ StrongN. Changeisnow［EB/OL］.［2005-09-30］.http://info. aia. org/aiarchitect/thisweek05/tw0909/tw0909bp_bim. cfm

［9］ 过俊.BIM 在中建国际设计公司的应用［J］.建筑设计管理,2012(3):22-24.

［10］ 杰里·莱瑟林,王新卫.BIM 的历史［J］.建筑创作,2011:06:146-152.

［11］ 何关培.BIM 总论［M］.北京:中国建筑工业出版社,2011.

［12］ 刘波,刘薇.BIM 在国内建筑业领域的应用现状与障碍研究［J］.建筑经济,2015,36(09):20-23.

［13］ 祝连波,田云峰.我国建筑业 BIM 研究文献综述［J］.建筑设计管理,2014(2):33-37.

［14］ 张健,陶丰烨,苏涛永.基于 BIM 技术的装配式建筑集成体系研究［J］.建筑科学,2018,34(01):97-102.

［15］ 刘祖雄,申祖武,王军武.基于 BIM 技术的桥梁工程施工材料精细化管理［J］.中外公路,2018,38(01):312-317.

［16］ 李静,王鹏,吕东琪,等.BIM 技术在工程全过程造价管理中的应用［J］.北京工业职业技术学院学报,2018,17(01):18-22.

［17］ 张梦琪,李晓虹,熊伟.BIM 技术的发展现状与前景展望［J］.价值工程,2018,37(06):212-213.

［18］ 张叶明.BIM 在综合管廊建设中的应用［D］.青岛:青岛理工大学,2018.

［19］ 王潇潇,姬付全,卢海军,等.BIM 虚拟技术在铁路隧道施工管理中的应用［J］.隧道建设,2016,36(02):228-233.

［20］ 刘智敏,王英,孙静,等.BIM 技术在桥梁工程设计阶段的应用研究［J］.北京交通大学学报,2015,39(06):80-84.

［21］ 史瑞英,贺洪波,张现林.BIM 技术在永川长江大桥施工中的应用研究［J］.图学学报,2016,37(04):556-560.

［22］ 李季晖,孙永震,曾绍武.BIM 技术在连续梁桥施工管理中的应用［J］.西部交通科技,2014(10):62-66.

［23］ 周红波,汪再军.BIM 技术在既有桥梁运维管理中的应用［J］.建筑经济,2016,37(12):45-48.

[24] 李祥进.BIM技术在地铁项目施工管理中的应用[D].长春:长春工程学院,2017.

[25] 冀程.BIM技术在轨道交通工程设计中的应用[J].地下空间与工程学报,2014,10(S1):1663-1668.

[26] 陈丽娟.基于BIM的地铁施工空间安全管理研究[D].武汉:华中科技大学,2012.

[27] 王亮.基于BIM的斜拉桥设计应用与信息管理研究[D].成都:西南交通大学,2016.

[28] 严丽娟.建筑信息模型(BIM)在高速公路项目管理中的应用研究[D].武汉:长江大学,2016.

[29] 何清华,钱丽丽,段运峰,等.BIM在国内外应用的现状及障碍研究[J].工程管理学报,2012,26(01):12-16.

[30] 纪博雅,戚振强.国内BIM技术研究现状[J].科技管理研究,2015,35(06):184-190.

[31] 赵顺耐.BentleyBIM解决方案应用流程[M].北京:知识产权出版社,2017,119-155.

[32] 张星远,臧元.关于美国和中国建筑领域对绿色BIM应用的研究[J].北方建筑,2018,3(01):74-78.

[33] 王智佳,武文龙.基于BIM技术的建设项目工程造价管理发展趋势探索[J].价值工程,2018,37(13):12-13.

[34] 俞少寅.BIM技术在当代建筑设计及工程运用的思考[D].杭州:浙江农林大学,2017.

[35] 孙斌.BIM技术的现状和发展趋势[J].水利规划与设计,2017(03):13-14.

[36] 曹兴.BIM技术在市政道路领域的发展趋势[J].山西建筑,2017,43(10):149-150.

[37] 陶博文.浅谈BIM+VR技术在监理项目管理中的应用[J].甘肃科技,2017,33(22):90-91.

[38] 刘延宏.基于BIM+GIS技术的铁路桥梁工程管理应用研究[J].交通世界(运输.车辆),2015(09):30-33.

[39] 秦利,赵科,李鹏云.BIM+GIS技术在桥梁工程施工中的应用研究[J].土木建筑工程信息技术,2017,9(05):56-61.

[40] 沈海华,王银辉.基于BIM的桥梁养护管理应用初探[J].公路与汽运,2016(04):280-283.

[41] 柏平,马志华.既有桥梁养护中BIM模型构件拆分与模型细度的讨论[J].科技创新导报,2016,13(03):28-31.

[42] 张观树,梁才.公路交通BIM应用差异及解决方案[J].公路交通科技(应用技术版),2017,13(02):294-297.

[43] 许强强,韩春华,卢玉韬.BIM技术在桥梁监测中的应用与探索[J].公路,2018,63(01):232-236.

[44] 李成涛,章世祥.基于BIM技术的桥梁病害信息三维可视化研究[J].公路,2017,62(01):76-80.

[45] 薛梅,李锋.面向建设工程全生命周期应用的CAD/GIS/BIM在线集成框架[J].地理与地理信息科学,2015,31(06):30-34.

[46] 陈雷鸣.基于BIM和GIS的智慧城市探索[J].土木建筑工程信息技术,2016,8(06):91-95.